上海文化发展系列蓝皮书
THE BLUE BOOK SERIES ON
SHANGHAI CULTURAL DEVELOPMENT

上海非物质文化遗产发展报告
（2017）

ANNUAL REPORT ON INTANGIBLE CULTURAL HERITAGE DEVELOPMENT OF SHANGHAI
(2017)

推动国际文化大都市建设中的非物质文化遗产保护

主编／荣跃明

执行主编／毕旭玲

上海人民出版社

上海书店出版社

上海文化发展系列蓝皮书
编辑部

摘　要

《上海非物质文化遗产发展报告(2017)》是第一本对上海非物质文化遗产传承、保护和研究进行较为全面的分析总结的年度发展报告,以新世纪初上海非物质文化遗产的传承发展为主要分析研究对象,积极贯彻习近平总书记讲话精神,提出在建设国际大都市的进程中,加强非遗立法工作,确保非遗有序发展;加强非遗的传承与教育,大力培育非遗人才;提振传统工艺,走可持续发展之路;鼓励非遗的开发与利用,实现文化传承与社会进步的共同发展。

本书总报告《上海国际文化大都市建设中的非物质文化遗产保护》指出:非物质文化遗产保护是上海文化大都市建设的内在需求,它是培育城市精神、传承城市文脉的重要举措,也是新形势下国际大都市可持续发展的重要资本和动力。随着文化大都市建设的推进,上海非物质文化遗产保护走出了富有国际文化大都市特色的路径。主要表现在:一方面,上海坚持海纳百川,把上海作为中国各地非遗展示的舞台、国际非遗展示的舞台;另一方面,上海也重视本地非遗的域外与海外的展示与推介,具有鲜明的国际视野。如何在国际文化大都市建设过程中进行非遗保护是重要和紧迫的课题,需要各方面的智慧和力量。

本书栏目之"非物质文化遗产的法规与政策"分析了日本与韩国在非遗法律体系、组织架构、准入规则、经费保障、社会平台、宣传教育、保护氛围、创新理念等方面对上海非遗立法的积极借鉴意义;强调了应该从完善现行法规、明确政府责任、建立市场规则、强化监管力度、鼓励社会团体参与等方面对非遗知识产权进行全面保护;探讨了从完善申报机制,细化管理体制,鼓励社会参与等方面使非遗保护工作更加长效化、规范化;介绍了松江区的非遗保护工作的经验。

本书栏目之"非物质文化遗产的传承与教育"认为应增强非遗方面的教学和科研力量，把高校转变为培养非遗保护人才的大本营；强调了非遗教育需要家庭、社会、学校合力攻关，需要贯穿人的幼、小、中、大各个学段，乃至人的一生；分析了上海市非遗传承之教育路径存在非遗与新形式结合创新不足，传承教育的连续性和深入性不足，传承教育者缺乏传承的自觉性等问题；以海派剪纸和西郊农民画为例，探讨非遗融入上海高校公共艺术教育与基于教育意义的非遗市场化问题。

本书栏目之"非物质文化遗产的开发与利用"强调非遗生产性保护一方面要避免过度产业化，另一方面应当鼓励非遗生产性保护领域的拓展，实现文化传承与社会进步的共同发展；分析了当代白蛇传景观生产中白蛇传佛教景观的爱情生产、神圣空间世俗化生产和世俗空间神圣化生产的交融与冲突；讨论了上海非遗项目普遍缺乏全球视野，应学习日本的"官民连携"、"整体推广"等模式；总结了上海非遗项目参与市场竞争中的成功经验与不足。

本书栏目之"非物质文化遗产类型研究"以城市化为背景，提出激活上海手工纺织技艺类非遗的对策建议；分析了宗教信仰类非物质文化遗产的保护要充分考虑宗教信仰文化的特殊性，而民俗节日在民间的鲜活传承有助于宗教信仰类非遗项目的保护；指出上海海洋类非遗的保护研究具有重要意义，是进行国际大都市建设的重要资源。

本书栏目之"非物质文化遗产个案研究"借助信息图谱的研究方法分析明朝至今三官神话的分布，指出三官神话变迁的研究有利于理解上海文化的包容性与多样性；认为上海本帮菜肴传统烹饪技艺是目前较好实践生产性保护的典型案例，但要注意培养本土的消费群体；探讨了随着上海城市化的发展，上海绒绣所面临的人才断层，行业内部不良竞争，缺乏资金支持等生存困境。

Abstract

The Annual Report on Intangible Cultural Heritage Development of Shanghai (2017) is the first annual report on the development of the inheritance, protection and research of intangible cultural heritage in Shanghai. It takes the inheritance and development of intangible cultural heritage in Shanghai at the beginning of the new century as the main research object, actively implementing the General Secretary Xi Jinping's speech spirit. It also proposes to strengthen legislation and to ensure the orderly development for intangible cultural heritage, to enhance the inheritance and education and to cultivate talents of intangible cultural heritage, to boost the traditional crafts and to take the road of sustainable development, to encourage the development and utilization of intangible cultural heritage and to achieve the common development of cultural inheritance and social progress in the Construction of Shanghai International Cultural Metropolis.

Themed as "the protection of intangible cultural heritage in the construction of Shanghai international cultural metropolis", the general report points out that the protection of intangible cultural heritage is the internal demand for the construction of Shanghai cultural metropolis and is one of the important measures to cultivate the city spirit and inherit the urban context. It is also an important capital and power for the sustainable development of the international metropolis under the new situation.

Along with the promotion of the construction of cultural metropolis, the protection of Shanghai's intangible cultural heritage has come out the path with rich characteristics of international cultural metropolis. On one hand, Shanghai is the display stage of intangible cultural heritage both abroad and overseas due to its cultural diversity. On the other hand, Shanghai also attaches importance to the display and promotion of the local intangible cultural heritage both abroad and overseas. How to protect intangible cultural heritage in the process of international cultural metropolis construction is an important and urgent task and needs all aspects of wisdom and strength.

Titled as "regulations and policies of intangible cultural heritage", section II analyzes the positive significance of intangible cultural heritage legislation in Japan and South Korea on intangible cultural heritage's legal system, organizational structure, access rules, fund guarantee, social platform, publicity and education, atmosphere of protection, innovative ideas. It suggests that the importance of conducting comprehensive protection of the intangible cultural heritage can be realized from several ways such as improving the current laws and regulations, declaring the government responsibility, establishing market rules, strengthening supervision dynamics and encouraging social organizations' participation. It is explained that the improvement of the declaration mechanism, a more refined management system and the encouragement of social participation can make the mechanism of protection of intangible cultural heritage more long lasting and standardized. It also introduces the experience of intangible cultural heritage protection work in Songjiang district.

Titled as "Inheritance and education of intangible cultural heritage", Section III proposes to strengthen the teaching and scientific research power on intangible cultural heritage, turning the colleges and universities into a stronghold of talent cultivation. It emphasizes that the education of intangible cultural heritage needs the joint efforts from the family, society and school and that it should be an ongoing process throughout in each period of education or even throughout one's life. It analyzes the current problems of the education path of inheritance of intangible cultural heritage in Shanghai, such as the innovation deficiency in combining the intangible culutural heritage with new forms, inheritance education's lack of continuity and profundity and the inheritance educators' lack of lineage consciousness. It takes the Shanghai style paper-cut and western suburbs peasant paintings as instances and discusses the intangible cultural heritage intergrating into Shanghai colleges' public art education and the marketization based on the education problem.

Titled as "development and utilization of intangible cultural heritage", Section IV emphasizes that the productive protection of intangible cultural heritage should avoid excessive industrialization, and it should be encouraged to expand in order to realize the common development of the cultural inheritance and social progress. It describes the integration and conflict of the secular production of sacred space and the sanctification production of secular space by analyzing the love production of buddhist landscape in the legend of White Snake. It points out the fact that Shanghai's intangible cultural heritage is lack of global view in general and may use Japanese's patterns such as "government and people's team work" and "overall promotion" for reference. It also summarizes the successful experience as well as the shortage of Shanghai's intangible cultural heritage projects participating in the market competition.

Titled as "typology research of intangible cultural heritage", Section V puts forward the countermeasures and suggestions on Shanghai's manual textile techniques during the process of urbanization. It comes to the conclusion that full consideration should be given to the particularity of religious belief and culture during the protection of religious beliefs of intangible cultural heritage and the living inheritance of folk festival contributes to the protection of religious beliefs of intangible cultural heritage. It is also pointed out that the protection and research of Shanghai's marine intangible cultural heritage is of great significance, which is part of the important resources for international metropolis construction.

Titled as "case study on intangible cultural heritage", Section VI analyzes the distribution of Three Officer Myth since the Ming dynasty up to now by the research methods of information map, pointing out that the research of the changes of Three Officer Myth helps to understand the inclusiveness and diversity of Shanghai culture. It is argued that Shanghai traditional cuisine cooking techniques is one of the typical cases for favorable productive protection practice at present while more attention should be paid to cultivating the local consumer groups. It is also pointed out that Shanghai woolen needlepoint tapestry faces the survival plight such as talent fault, bad competition within the industry, lack of financial support with the development of the urbanization of Shanghai.

目 录

总 报 告

非物质文化遗产的法规与政策

非物质文化遗产的传承与教育

非物质文化遗产的开发与利用

非物质文化遗产类型研究

非物质文化遗产个案研究

附　　录

CONTENTS

General Report

Regulations and Policies of Intangible
Cultural Heritage

Inheritance and Education of
Intangible Cultural Heritage

Development and Utilization of
Intangible Cultural Heritage

Typology Research of Intangible
Cultural Heritage

Case Study of Intangible Cultural Heritage

Appendix

总 报 告

1

上海国际文化大都市建设中的
非物质文化遗产保护

田兆元 *

摘 要 在国际文化大都市建设的时代背景下,上海非物质文化遗产保护运动在21世纪初拉开帷幕。以大都市的视野开展非遗保护,这是上海近年非遗保护的显著特征。但是随着国际化和城市化建设步伐的加快,本地区的非物质文化遗产受到了大量冲击。上海非物质文化遗产保护的道路还比较漫长。非物质文化遗产保护对上海城市文化发展具有重要意义,它是培育城市精神、传承城市文脉的重要举措,也是新形势下国际大都市可持续发展的重要资本和动力。如何在国际文化大都市建设过程中进行非物质文化遗产的保护是一个比较新的,同时也是一个重要的和紧迫的课题。

---

* 田兆元,华东师范大学社会发展学院副院长,教授,博士生导师,主要研究领域为民俗与非遗。

关键词　国际文化大都市　非物质文化遗产保护　特征

　　上海非物质文化遗产保护运动始于 21 世纪初。而 21 世纪初也是上海不断调整并最终确立"国际文化大都市"定位的关键时期。上海非物质文化遗产保护是上海国际文化大都市建设的重要组成部分，并在国际文化大都市建设的过程中不断发展，取得了众多成绩，也形成了上海本地特色与经验。在非遗开始之初，我们就大声疾呼，要保护大都市的非物质文化遗产，防止非遗保护重乡村轻都市的倾向。这些舆论对于大都市的非遗保护起到一定的促进作用。以大都市的视野开展非遗保护，这是上海近年非遗保护的显著特征。一方面，上海坚持海纳百川，把上海作为中国各地非遗展示的舞台、国际非遗展示的舞台；另一方面，上海也重视本地非遗的域外与海外的展示与推介，具有鲜明的国际视野。

一、 非物质文化遗产保护是国际
文化大都市建设的内在要求

　　上海非物质文化遗产保护起步于 2005 年。但早在 21 世纪初，上海就开展了民族民间文化保护工程。该工程围绕当时文化部规定的民族民间文化保护的七个重点类别在全市展开了普查，掌握了一部分资源，并将松江顾绣、青浦田山歌、三林刺绣等列入市重点保护项目。这些为其后的非物质文化遗产保护工作的开展奠定了比较好的基础。2005 年 7 月，上海市非物质文化遗产保护工作会议举行，确定组织申报第一批国家级非物质文化遗产代表作的推荐和申报工作。为了普及非物质文化遗产概念及相关知识，上海文化界进行了多方努力。2005 年 7 月 31 日的《文汇报》刊登了《非物质文化遗产：保护什么？为什么保护？谁来保护？》的文章，使上海民众开始对非物质文化遗产有了初步的认识。同年底，上海市启动了非物质文化遗产的试点普查工作。2006 年，上海市全面启动非物质文化遗产的普查行动，并逐步建立市级和区县级的保护名录,该普查工作一直持续到2008年。2006年5月,嘉定竹刻、松江顾绣、江南丝竹、乌泥泾手工棉纺织技艺、沪剧、锣鼓书、昆曲、京剧和越剧等被列入国家级非物质文化遗产名录。

上海非遗保护起步的大背景正是上海文化大都市建设的理念逐步明晰的过程。上海提出文化大都市建设的初衷来源于转变城市经济增长模式与发展模式的需要。20世纪90年代浦东开发开放以后,从1992年到2007年,上海经济发展连续16年保持两位数增长。但这种经济增长方式还属于主要依靠资金和资源投入的粗放模式。当上海逐渐失去了土地与劳动力方面的比较优势,当城市公共设施建设基本完成,粗放模式已逐渐显出颓势。当然,这也是后工业社会来临后,在全世界范围内出现的共同现象:传统工业停滞甚至倒退。面对制造业集中出现的严重衰退,越来越多的国外城市都选择了产业的升级和转型之路,致力于发展第三产业和知识经济。上海也不例外,也必须从一个以制造业为主的城市转变为以服务业和知识经济产业为主的城市。21世纪初,上海确立了"国际大都市"和"四个中心"的定位,与此同时也逐渐关注与城市定位相关的文化方面的建设,文化大都市建设因此被提上议事日程。2001年批准的《上海市国民经济和社会发展第十个五年计划纲要》中提出了要把上海建设成为"国际文化交流中心"。这一思路对国际大都市和四个中心定位进行了文化方面的拓展;2004年制定的《上海文化发展纲要(2004—2010)》提出要构建与国际经济、金融、贸易和航运中心相匹配的城市文化新格局,建设与国际化大都市的奋斗目标相协调的城市文化,实际已经指出文化大都市的发展方向;2007年,时任上海市委书记的习近平在调研文艺单位时提出要把文化的力量融入经济发展中,在经济发展中推进文化发展,全面推进文化大都市建设。

文化大都市建设的体系比较复杂,但城市精神建设绝对是其中的核心内容。城市精神在城市长期发展过程中逐渐形成,一代代延续至今,被市民广泛接受,并深入市民内心的思想道德和价值观念。城市精神是独特的城市文化,它具有连续性。城市精神并不像城市建筑那样显现于外,但他在城市发展过程中发挥着潜移默化的作用,能渗透至城市的各行业、各社区,以各种形式让公众感受到它的力量和价值。非物质文化遗产是城市精神的重要载体之一。联合国教科文组织在2003年颁布的《保护非物质文化遗产公约》说:"各个群体和团体随着其所处环境、与自然界的相互关系和历史条件的变化,使代代相传的非物质遗产得到创新,同时使他们自己具有一种认同感和历史感,从而促进了文化多样性和人类的创造力。"上海非物质文化遗产是上海先民奋斗和创造的历史实录,它传达出上海民众的情感、智慧、思维方式,以及世界观、价值观、审美观等。

上海非物质文化遗产项目与资源数量众多,但有两类非遗极具特色,一类是在上海先民的濒海生产生活过程中形成的蕴含着浓郁海洋文化特色的非遗,如原南汇地区与崇明岛的灶画,崇明岛的鸟哨,原南汇地区的哭嫁哭丧歌,上海港码头号子,金山农民画等。即使是那些看似与濒海生产生活无关的非遗,也与上海地处南北水(海)运交通的中转地,与上海的港口有密切的关联。如昆曲、京剧、越剧、淮剧等传统戏曲都因上海特殊的地理位置而在此获得巨大的发展,取得极大的成功。

上海非遗的另一大特色是与民族工商业相关的非遗项目,资源特别丰富。到目前为止,上海宣布了五批市级非物质文化遗产名录,共220项。这些市级非物质文化遗产项目总共分为十大类,其中数量最多的要数"传统技艺"类非遗,共有83项(参见后文表1),占到全部非遗总量的38%左右。其代表性项目如:朵云轩木版水印技艺、老凤祥金银细金制作技艺、培罗蒙奉帮裁缝缝纫技艺、亨生奉帮裁缝缝纫技艺、南翔小笼馒头制作工艺、功德林素食制作技艺、鲁庵印泥制作技艺、钱万隆酱鸭酿造工艺等,绝大部分是在上海工商业发展过程中产生和累积的。无论是具有海洋文化特色的非遗,还是与工商业相关的非遗,都共同具有包容广大、不断进取的特点。海洋文化就不用说了,工商业的发展也离不开沟通交流,不能包容就不能发展。经历了漫长历史时期的浸润,上海非物质文化逐渐内化为上海民众的普遍气质,从而形成上海的城市精神——海纳百川、追求卓越、开明睿智、大气谦和。这是难以模仿和再生的。

国际大都市建设势必要打破原来相对封闭的地方文化系统的稳定,由此导致了文化趋同现象的产生,比如相似的城市建筑外观,随处可见的西式快餐厅,乃至广受年轻人欢迎的洋节。在这种大环境下,城市居民生活方式、行为与心理也逐渐趋同。但非物质文化遗产的存在,对它的强调以及保护,使城市从根本上保留了其地方特色。又因为非物质文化遗产中蕴含和传承着城市的集体记忆,这些集体记忆决定了城市居民的认同感。因此保护非物质文化遗产其实就是保持城市居民对城市的认同感,从而增强了城市的凝聚力与向心力;此外,随着城市节奏的加快,竞争压力的增大,个体的城市居民在实现自己物质追求的同时,却很难寻找到精神的家园。而非物质文化遗产在传承城市记忆的同时,也启迪市民反思现代工业文明的负面效应,使他们主动追寻自己的精神家园。以传统民俗节日和庆典为例。民俗节日是时间洪流中的刻度与标记,是具有特殊意义的时间节点。它规律性地出现在日常生活中,赋予日常生活节奏与意义,让民众有机会释放在重复的日常生活中累积的情绪和压抑的精神,从而协调人与人之间的关系并使社会和谐。这些正是非物质文化遗产的重要价值所在。由此,文化大都市的建设才能保持本民族的文化基因动摇,才能不偏离根本轨道,才能顺利进行并最终取得成功。从这个角度来看,非物质文化遗产保护是上海文化大都市建设的内在需求。

二、 非物质文化遗产保护随着文化 大都市建设的推进不断发展

2010 年的上海世博会,是上海文化大都市建设的过程中的一个重要契机和里程碑,它使上海迈出了走向国际文化大都市的步伐。2010 年的上海世博会是第一次在发展中国家举办的综合类世界博览会,并首次以"城市"为主题。上海世博会以"城市,让生活更美好"为主题,给世界各城市提供了一个交流城市建设经验的平台。本届世博会举行的大背景是全球兴起的非物质文化遗产保护运动。与以往展示最新科技和工业品成果的历届世博会都不同,它集中展示了文化与科技的和谐。不少国家以及中国的不少省区,都选择了最具代表性的非物质文化遗产作为展示地域形象的重点。世博会所发布的《上海宣言》认为和谐城市应该是建立在可持续发展基础之上的合理有序、自我更新、

充满活力的城市生命体，是生态环境友好、经济集约高效、社会公平和睦的城市综合体。上海世博会留下了宝贵资源，产生了重要影响，它所展现的城市发展理念和实践创新加速了上海城市转型发展，促进上海国际大都市建设的战略目标。

世博会后的一年，上海提出了"建设社会主义国际文化大都市"的建设目标。2011年11月通过的中共上海市委关于贯彻《中共中央关于深化文化体制改革推动社会主义文化大发展大繁荣若干重大问题的决定》的实施意见指出："到2020年，市民综合素质和城市文明程度显著提升，城市文化软实力和国际影响力显著增强，建成文化要素集聚、文化生态良好、文化事业繁荣、文化产业发达、文化创新活跃、文化英才荟萃、文化交流频繁、文化生活多彩的国际文化大都市。"至此，上海城市文化发展目标突破了21世纪前10年的文化大都市的定位，走向了世界城市体系中的最高层。这标志着上海要向国际文化要素的集聚和辐射中心迈进，从此逐渐占据世界文化活动的制高点。2014年2月，《关于编制新一轮上海市城市总体规划指导意见的通知》强调"要传承和弘扬上海城市精神，努力提升文化原创力和影响力，建设充满魅力、令人向往的国际文化大都市"，并提出"保护弘扬传统优秀文化，传承创新地域特色，增强城市魅力和软实力，提升城市文化国际影响力"的总体发展思路。

在迈向国际文化大都市的过程中，上海市非物质文化遗产保护也取得了诸多成绩。从2007年至今，上海市共宣布5批共220项市级非物质文化遗产。其中，2007年6月5日公布第一批上海市非遗名录83项；2009年6月22日公布第二批上海市非遗名录45项，第一批扩展项目名录5项；2011年7月12日公布第三批上海市非遗名录29项，及扩展项目名录8项；2013年9月10日公布第四批上海市非遗名录22项，及扩展名录13项；2015年7月9日公布第五批上海市非遗名录41项，及扩展名录16项[①]。表1显示了各批次上海市非物质文化遗产名录的数量。

---

① 因扩展名录是对正名录的补充而非增加，所用项目序号与编号均与正名录中相关项目相同，所以220项的统计中不包含扩展名录。

表 1　上海市市级非遗数量统计表

	第一批	第二批	第三批	第四批	第五批	各类别总量
传统音乐	9	1	3	2	1	16
传统舞蹈	3	2	3	2	0	10
传统戏剧	8	2	0	0	0	10
曲艺	5	0	1	0	0	6
民间文学	5	1	2	3	3	14
传统体育、游艺与杂技	4	4	2	1	3	14
传统美术	13	7	7	2	5	34
传统技艺	27	19	8	7	22	83
传统医药	1	5	3	2	4	15
民俗	8	4	0	3	3	18
各批次总量	83	45	29	22	41	220

　　在以上这 220 项上海市市级名录中,有 58 项被列入各批次国家级非遗名录,进入国家级非遗的比例高达 28% 左右。其数量不仅高于周边江苏、浙江两省的省会城市南京(10 项)与杭州(34 项),也高于同为中国一线城市的广州(16 项),而仅次于首都北京(91 项)。图 1 显示了上海与上述四个城市所拥有

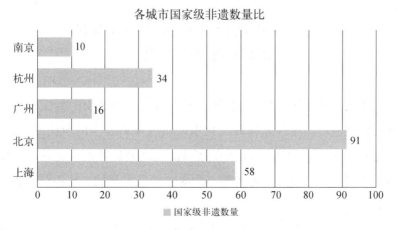

图 1　上海与其他城市国家级非遗数量对比

的国家级非遗数量的对比。

但是考虑到各城市面积及常住人口的数量不同，各城市单位面积所拥有的非遗数量，以及单位人口所拥有的非遗数量更具可比性，而且更能反映各城市的国家级非遗水平，如表2所示。

表2　各城市国家级非遗水平

	面积（单位：百平方公里）	常住人口（单位：万人）①	国家级非遗数量（单位：项）	每百平方公里拥有的国家级非遗数量	每万人拥有的非遗数量
上海	63.40	2 415.27	58	0.915	0.024
北京	168.08	2 170.5	91	0.541	0.042
广州	74.34	1 350.11	16	0.215	0.012
南京	65.97	823.59	10	0.152	0.012
杭州	165.96	901.8	34	0.205	0.038

根据表2显示，上海拥有的国家级非遗水平不仅与江苏、浙江两省的省会城市南京与杭州相比较高，甚至也高于广州这样一线城市。上海市面积在五座城市中最小，但每百平方公里拥有0.915项国家级非遗，远远高于其他城市的水平。上海市人口在五座城市中最高，但每万人所拥有的非遗数量仅次于北京与杭州，而高出广州与南京两倍。

三、　具有国际文化大都市特色的
上海非遗保护之路

最为中国一线大城市之一，上海在漫长的文化发展史中积淀和传承了丰富的物质文化遗产。这些非物质文化遗产不仅承载着上海市民的生活方式、审美理念和文化性格，更是上海历史文脉的显现和独特的文化符号。而这些非物质文化遗产的形成与上海大都市的地位是分不开的。比如跻身世界非物

---

① 表中所显示的各城市常住人口数量均来自2015年各城市国民经济和社会发展统计公报。

质文化遗产的京剧,虽然其形成可以追溯至四大徽班进京,但"京剧"名称却最早出现在 1876 年上海的《申报》,并在上海获得了很大成功,并最终成为全国性大剧种。早在 1866 年,京剧就已经传入上海。哀梨老人的《同光梨园纪略》记载说同治五年,上海罗某建造了一座满庭芳戏园,邀请北京京剧演员去演唱,市场反应很好。第二年,上海刘某也建造一座丹桂戏园,邀请北京京剧演员二十余人演出,曾演出十本连台本戏《五彩舆》,很受欢迎。到了光绪年间,上海已成为京剧在中国的第二基地。上海观众将京班的皮黄戏称之为京调,或京调大戏,然后逐渐有了京戏或京剧的称呼。京剧在上海取得成功以后,沿着长江及其支流,在南京、杭州、南昌、汉口传播,并向南远播至福建、广东、四川、云南等地。由此,京剧逐渐扩展为全国性剧种。不仅京剧如此,昆曲、越剧等剧种都在上海获得了极大的发展。

到了当代,随着文化大都市建设的推进,上海非物质文化遗产保护走出了富有国际文化大都市特色的路径,主要表现在如下几个方面:

第一,以政府为主导,积极吸纳企业、社会组织与个人参与非遗的传承与保护工作。在上海文化大都市建设的过程中,越来越多的企业、社会组织与个人都参与到本地非遗的传承与保护中来,体现了社会大众对非遗的认知和热情,扩大了本地非遗的影响,提高了非遗保护工作的效率。比如作为朵云轩集团自筹经费建设的朵云轩艺术馆就多次策划、承办了非遗展。2013 年上半年,文化部国家非遗保护中心与上海朵云轩集团在北京签订了战略合作协议,国家非物质文化遗产南方展示中心将落户朵云轩艺术中心。当年 7 月 23 日至 30 日举行的"江、浙、沪非遗精品展"作为国家非遗南方展示中心的预演,展示了多位国家级非物质文化遗产传承人的作品,展品涵盖木版水印、宋锦、玉雕、御窑金砖、苏扇、宜兴紫砂、龙泉青瓷等多个品种。2016 年初,上海朵云轩集团携手长三角 20 多个城市文广局、上海对外文化交流协会和凤凰文化等机构共同发起了"江南百工——首届长三角非物质文化遗产博览会"。此次博览会展示了龙泉青瓷、宜兴紫砂、云锦织造、苏州制扇、苏州玉雕、上海顾绣与红木雕刻等长三角地区的优秀非遗项目。2016 年 3 月在上海滩大美术馆开幕的"天工开物——非物质文化遗产全国精品邀请展"同样也是企业、社会组织和个人共同参与非遗保护的一个案例。此次展览的展品包括了由全国 50 余个非遗保护单位及传承人提供的 200 余件工艺类精品，展出内容不仅有海派黄杨木雕、海派玉雕、老凤祥金银细工制作技艺、海派旗袍、顾绣等来上海本土的非遗项目，还有北京的金漆镶嵌髹饰技艺、江苏的苏绣、浙江的龙泉青瓷、河南的汝瓷烧制技艺、安徽的歙砚制作技艺、福建的建窑建盏烧制技艺（福建）等。

因为企业与社会组织的参与，上海非遗展览中逐渐加入了市场运作模式，比如"天工开物——非物质文化遗产全国精品邀请展"就出现了精品展览、衍生品销售和作品拍卖相结合的市场化运作模式，还创新性地采用了"互联网＋"的办展思路，为优秀非物质文化遗产面向市场，走向市民生活进行了有开创意义的探索。

第二，注重以多种形式宣传、推广本地精彩非遗，努力塑造本地文化形象。非物质文化遗产的宣传推广的过程就是塑造本地文化形象的过程。上海文化部门一直以来都比较注重本地非遗的宣传与推广工作，通过组织、参与各类非遗展览、展示、展演、体验活动，塑造了上海地区历史悠久、资源丰富的海派文化形象和特点。在上海市内，我们注意到：一方面是每年四月的上海市民俗文化节、六月的"文化遗产日"、端午节、重阳节、春节等成为本地非遗宣传的重要时机，有相当丰富的各类活动；另一方面是上海非遗宣传推广中比较注意发挥长三角地区的联动作用，文化部门组织了多次长三角剪纸大赛、江南丝竹汇演等活动。

上海非遗的外地推广活动也相当丰富。比如 2015 年，上海市非遗保护中心就组织参与了多项中国国内的非遗展示活动，如在河南洛阳举办的"第 33 届中国洛阳牡丹文化节丝路非物质文化遗产博览会"，在四川成都举办的"第五届成都国际非物质文化遗产节"，在湖北武汉举办的"2015 中国长江非物质文化遗产大展"，在安徽黄山举办的"第二届中国非物质文化遗产传统技艺大展"，在江苏举办的"2015 年江浙沪国家级非物质文化遗产传统戏剧类项目展演"等。

第三，推动上海非遗在港澳台及海外的展示，努力打造国际文化大都市的形象。上海非遗保护部门尤其重视将具有海派特色的非物质文化遗产在港澳台推广和在海外宣传。2011 年 7 月,"海派文化艺术节·上海戏曲季"在台北举行。整个戏曲季共上演 15 台 23 场上海戏曲剧目;2013 年 6 月 29 日,上海非物质文化遗产精品展在台北举行。展览展示了以传统技艺和传统美术为主的 14 个专案 200 多件作品;2014 年 8 月,上海本土非遗项目参加了在澳大利亚南澳首府阿德莱德国家原住民艺术中心举办的《芬芳土地——中澳原住民艺术展》,上海金山农民画代表性传承人曹秀文、莘庄钩针编结代表性传承人金龙华还在开幕式上与澳大利亚艺术家一起进行互动表演,激发了澳大利亚观众对上海非遗的热情;2014 年 5 月,上海非遗管理部门还组织金山农民画艺术、民族乐器制作技艺、朵云轩木版水印制作技艺、海派绒绣等非遗项目参加了亚信峰会。

　　第四,文教结合,重视非遗知识在学生间的普及教育,多方共育未来非遗传承力量。上海在非遗保护方面文教结合的形式和内容都很丰富。比如由上海非遗管理部门主办的"上海学子非遗展馆行活动"已经举行了 6 届,其中的非遗展馆也扩展到了 20 家左右,包括:上海市群众艺术馆、上海工艺美术博物馆、土山湾博物馆、黄道婆纪念馆、林曦明现代剪纸艺术馆、上海笔墨博物馆、嘉定竹刻博物馆、七宝皮影艺术馆、上海宝山国际民间艺术博览馆、三山会馆、中国武术博物馆、长宁民俗文化中心、上海纺织博物馆、金山农民画院、崇明灶文化博物馆、上海海派连环画中心、上海洋泾绒绣陈列馆、松江非物质文化遗产传习基地、江南三民文化村、海派旗袍艺术馆、上海海派漆器艺术馆等;除非遗管理部门的组织之外,华东师范大学、上海师范大学、上海财经大学等学校的师生也自觉在传统节日期间举办丰富多彩的校园非遗宣传推广活动。华东师范大学社会发展学院的师生们从 2009 年开始每年举行端午游园会,宣传推广传统文化和非物质文化遗产。这项活动已经坚持了 7 年,成为华师大文化建设的重点支持项目;除了各种非遗进校园的文化活动之外,非遗也逐渐走进了上海中小学生的课程和教材。不少区县和学校结合,开发了多种区本和校本课程,如金山区廊下小学的剪纸课程,枫泾小学的农民画课程,嘉定区迎园中学的皮影戏课程,虹口区四平中学的面塑课程等;此外,还有一些形式新颖、注重体验与参与的活动受到了少年儿童及家长的欢迎。如以"传承非遗文化,展示非遗魅力"为主题的"我是非遗小传人"比赛,以及市群艺馆在节假日举办"乐·非遗"亲子体验活动。

　　第五，制定《上海市非物质文化遗产保护条例》，为本地文化遗产传承保护和发展保驾护航。《上海市非物质文化遗产保护条例》于2016年5月1日起正式颁布实施。上海非遗条例坚持了"政府主导，社会参与"等理念，为本地非遗的传承保护与发展提供了有力的法治保障。该条例在《中华人民共和国非物质文化遗产法》的基础上，根据上海的实际情况而确定，主要针对上海非遗文化的浓厚的工商文明特色，在保护老字号方面更有效。上海条例的一个突出特色就是提出了"生产性保护"的概念。条例第二十一条明确规定："对具有生产性技艺和社会需求，能够借助生产、流通、销售等手段转化为文化产品的传统技艺、传统美术、传统医药药物炮制等非物质文化遗产代表性项目，市和区、县人民政府及其有关部门应当通过扶持、引导、规范对项目的合理开发利用，实行生产性保护，使该项目的核心技艺在生产实践中得以传承。"

　　虽然上海非物质文化遗产在国际文化大都市的建设过程中持续发展，取得了不错的成绩，形成了自己特色。但是我们也经常可以看到随着国际化和城市化建设步伐的加快，本地区的非物质文化遗产受到了大量冲击。这种冲击不仅表现在非遗的物质载体（如民居建筑）的破坏带来的非遗资源的削弱甚至消失，更表现在生活方式和价值观的改变带来的对非遗的疏离和漠视。在这方面，上海非遗保护的路还很遥远。鉴于上海国际文化大都市建设目标的提出还不久，如何在国际文化大都市建设过程中进行非物质文化遗产的保护也是一个比较新的课题。但我们也必须明白这是一个具有重要性和紧迫性的课题：要建设充满魅力、令人向往的国际文化大都市，必须传承和弘扬上海城市精神。而非物质文化遗产保护是培育城市精神、传承城市文脉的重要举措，也是新形势下国际大都市可持续发展的重要资本和动力。非物质文化遗产保护不好，将影响城市精神的建设，从而使国际文化大都市建设丢掉民族基因的内核，使其失去方向。因此，必须尽快解决好在国际文化大都市中保护非物质文化遗产的问题，政府相关部门、企业、社会团体、学者都必须在这个过程中努力贡献的智慧和力量。这是我们的责任，也是我们的义务。

非物质文化遗产的法规与政策

2

日本韩国非物质文化遗产立法调研报告

上海市文化广播影视管理局非物质文化遗产立法调研课题组

摘　要　日本和韩国,与我国同处东亚文化圈,是世界上较早通过立法形式对
　　　　非物质文化遗产进行保护的国家。早在 20 世纪 50、60 年代两国就
　　　　先后制定了文化遗产保护法律。通过多年努力,两国文化遗产保护
　　　　传承成效显著,传统文化传承与现代化建设融合发展,传统文化认同
　　　　深入人心,传统文化产品遍布世界。为深入学习调研两国在非物质
　　　　文化遗产保护方面的经验和做法,加快推进上海市非物质文化遗产
　　　　地方性法规立法进程,市文广影视局于今年 5 月专门组建工作团队,
　　　　赴日本和韩国进行了实地调研。调研报告对日韩两国非物质文化遗
　　　　产的法律体系、组织架构、准入规则、经费保障、社会平台、宣传教育、
　　　　保护氛围、创新理念等方面进行了介绍、比较和分析,对本市非物质
　　　　文化遗产立法有着积极的借鉴意义。

关键词　非物质文化遗产　立法　日本　韩国

5月7日至14日，上海市非物质文化遗产立法调研团一行8人赴日本和韩国进行了调研。全程历时8天，共赴日本京都府、奈良县、石川县，韩国首尔特别市、大田广域市5地进行调研。期间，先后与日本京都府教育委员会事务局文化财①保存课、京都府商工劳动观光部、京都市产业观光局、奈良县教育委员会事务局文化财保存课，韩国文化观光部文化财厅文化遗产政策局无形文化财保护课5个政府机关，日本公益财团法人京都产业21、京都传统产业交流馆、石川县立传统产业工艺馆，韩国首尔市无形文化财工艺馆（首尔市无形文化财技能保存会）4个公益性保护机构，日本京都工艺美术馆、西阵织会馆，韩国文化精品馆3个社会主体，日本文化功勋赏艺术家、大樋烧第十代陶艺传人大樋年朗、第十一代传人大樋年雄2位代表性传承人进行了座谈交流，并对有关设施和场所进行了实地调研。

日韩两国非遗保护的主要经验和做法

（一）不断完善的法律体系

日本、韩国的文化遗产保护法律都有着悠久的历史。1871年颁布的《古器旧物保存法》是日本历史上最早的文化遗产保护法律。此后，日本还制定了《古社寺保护法》（1897年）、《史迹名胜天然纪念物保存法》（1919年）、《国宝保存法》（1929年）、《重要美术品等的保存相关法律》（1933年）等重要法律。1950年，日本政府正式颁布《文化遗产保护法》，1974年，再次颁布《传统工艺品产业振兴法》，从产业角度对传统工艺品进行保护和振兴。韩国的文化遗产保护工作因历史因素受到日本的深刻影响，自20世纪初起也曾颁布过多部法律。1962年，韩国政府正式颁布《文化遗产保护法》。

两国的《文化遗产保护法》颁布实施后，法律文本根据执行情况进行了多次修订和完善，其中最鲜明的特征是对"无形"文化遗产保护内容的大幅增补。

---

① "文化遗产"在日语汉字和朝鲜汉字中均表述为"文化财"。本文除日韩两国政府机关、机构、单位、部门等的名称中保留"文化财"说法外，其余场合均统一表述为"文化遗产"。

自颁布64年来,日本《文化遗产保护法》共历经37次修订,其中1954年、1975年的2次重要修订提出了"无形文化遗产、有形民俗文化遗产、无形民俗文化遗产、文化遗产保存技术"等与"无形"文化遗产相关的重要概念,并在认定、解除、公开、保护、保障等方面作出一系列规定。韩国《文化遗产保护法》迄今为止共进行了18次修订,逐步新增了对无形文化遗产、民俗材料的保护条款。在不断完善的过程中,两国将"无形"文化遗产确定为传统的表演艺术、工艺技艺、民俗3个基本分类,与联合国教科文组织《保护非物质文化遗产公约》基本一致,与我国"非物质文化遗产"的定义和分类也基本对应(我国非物质文化遗产代表性项目体系中的"传统医药"未列入两国法律)。与此同时,"无形"文化遗产概念作为新增内容不断纳入国家文化遗产保护法律体系中,客观上没有人为割裂物质文化遗产和非物质文化遗产的联系,有利于非物质文化遗产的整体性保护。

(二)健全完备的组织架构

日本的国家文化和传统产业的主管部门分别为"文部科学省"和"经济产业省"。文部科学省专设"外局"文化厅(相当于我国文化部管理的国家文物局),上设"文化审议会"为最高咨询机构,文部科学省下达的重大文化遗产保护决策都须经文化审议会同意,下设"文化财部"负责主管文化遗产保护工作。"文化财部"下设的"传统文化课"负责非物质文化遗产保护工作,有专职人员分别负责表演艺术、工艺技艺、民俗3个基本门类的管理。日本全国47个省级行政区域一般设"教育委员会"(相当于我国省级教育委员会和文化厅局)负责管理地方文化教育工作,设"商工劳动(观光)部"负责管理地方劳动、产业和旅游工作。教育委员会内设"文化财保护(存)课",商工劳动(观光)部内设"传统产业振兴课(室)",这两类部门是日本文化遗产,尤其是非物质文化遗产保护工作的基层中坚力量,一般配有专职管理人员,如奈良县教育委员会的文化财保存课有专职人员20名,涉及非物质文化遗产保护的还细分美术工艺品、民俗等职位,均为地方公务员编制。市级行政区域层面,1742个市町村中部分设有文化财保护课和传统产业振兴课(室)。韩国文化观光部为国家级文化旅游主管部门，其下直接设文化财厅主管全国文化遗产保护工作，全国16个省级行政区域一般都设"文化体育观光局"，内设文化遗产保护部门。

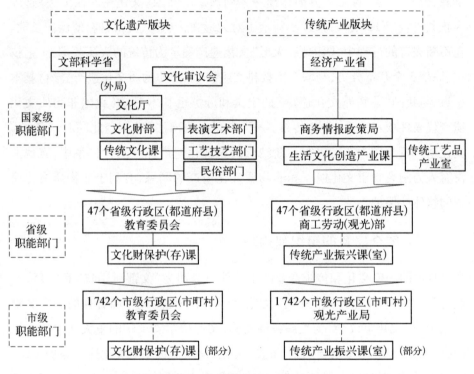

日本非物质文化遗产保护工作组织机构图

（三）明晰严格的准入规则

日本政府在《文化遗产保护法》颁布后不久，即制定了《重要无形文化遗产指定以及保持者和保持团体认定标准》（1954年），明确规定了无形文化遗产项目和代表性传承人的认定标准，经咨询文化审议会后，由文部科学大臣予以指定或认定。比如无形文化遗产项目按照艺能、工艺技艺分类，必须满足"具有特别重要价值的"、"在历史上占据特别重要地位的"或"地方性或流派性特色显著"3个条件之一。对"重要无形文化遗产保持者"，即"人间国宝"（意为"人的国宝"，与"物"的国宝相对应，相当于我国的国家级非物质文化遗产项目代表性传承人)的认定,不仅限于个人,也包括个人组成的团体。他们必须满足"能高度体现、掌握、精通项目技艺"或"两人以上融为一体,高度掌握技艺,构成团体"等条件。在传统产业方面,经济产业省对"传统工艺品"有着明确的定义。凡列为日本"传统工艺品",须满足五个条件:一是物品必须在日常生活中使用;二是主要工序必须采用手工制作;三是制作工艺传承百年以上不变;四是使用材料传承百年以上不变(个别稀有材料因客观原因无法采用的,经论证后可以采用代替品);五是从事该工艺品生产的行业需达到一定规模,企业数量不少于 10 家,从业手工艺人

日本国家指定传统工艺品认证 LOGO

不少于 30 人。国家认定的传统工艺品,可以贴上专用的认证标签(附图)。掌握传统工艺品制作技艺,具有 12 年以上从业经验,原则上在产地居住的手工艺人,通过传统工艺品产业振兴协会组织的专业考试,可以被认定为"传统工艺士"。不论是无形文化遗产项目、保持者(传承人),还是传统工艺品、传统工艺士,一旦发生项目全体保持者死亡、团体解散、保持者个体死亡、工艺品生产企业规模萎缩至认定标准以下或传统工艺士个体死亡等情况,上述相应的指定(认定)将自行解除。

在明晰严格的准入规则下,日本的非物质文化遗产项目、传统工艺品品目,传承人、传统工艺士形成一定规模,但总量合理可控,呈现"少而精"的特征,一定程度上保证了项目较高的价值水准和传承人较高的社会地位。目前日本全国有重要无形文化遗产 107 项,重要无形民俗文化遗产 279 项(这两项相当于我国国家级非物质文化遗产代表性项目),58 年来仅认定"重要无形文化遗产保持者"(人间国宝)340 名(健在 113 名,去世者已自动解除认定),团体 28 个;全国有 218 种"传统工艺品",4 441 名"传统工艺士"。

(四)稳定充足的经费保障

日韩两国均十分注重对非物质文化遗产保护的经费投入。在代表性项目

方面,日本以奈良县为例,国家财政对奈良县内的国家认定无形文化遗产和无形民俗文化遗产的保护工作经费给予50%的补助,奈良县给予25%的配套经费,市町村(第三级行政区域)再予以适当补助。奈良县财政对于本县级的项目则给予50%的经费补助。韩国对国家确定具有重要价值的非物质文化遗产给予100%的经费保障;省、市确定的非物质文化遗产国家给予50%经费保障,剩余由所在地区筹集资助;在传承人方面,日本政府对"重要无形文化遗产保持者"(人间国宝)每人每年补助200万日元(约合12.2万元人民币)用于传承工作。对于国家认定的掌握文化遗产保存技术的传承人,日本政府每年最多给予110万日元(约合6.7万元人民币)的经费补助,用于材料采购、用具维护、后继人才培养和技术提高。韩国对本国199名"人间国宝"的公演、展示会等各种活动及用于研究、扩展技能、艺能的经费给予全额补助,并拨付每人每月100万韩元(约合6 000元人民币)的补贴,并提供医疗保障。对于不具备《传统工艺品产业振兴法》所规定条件的传统工艺品及其从业人员,日本政府则采用另外的激励机制。经济产业省对那些60岁以上的,长期在未经指定的规模较小的传统工艺品企业中工作的,并在提高传统工艺技术、培养后学人员、对地方传统工艺品产业振兴等方面做出贡献者进行表彰。每年奖励80人,每人发给10万日元的奖金。同时,为了鼓励青年人传承传统工艺,对那些年龄在40岁以下、在传统工艺品产地从事某项传统工艺品制作不足5年、但又期望通过进修提高技术者,由经济产业省通过发给提高技术奖励金的方式进行资助,每年资助120人,每人发给30万日元。上述经费投入后,政府都对经费使用提出明确要求,日本规定"人间国宝"必须将经费用于磨炼技艺和传习活动,并向政府报告经费使用情况;韩国规定传承人须履行每年举行国内外2次以上公演的任务,同时必须将其技艺传给后人。此外,两国政府还对非物质文化遗产的展览展示、表演艺术演出等公开活动,后继人才培养,资料收集,采集录制,设备维护,工具维修等方面给予一定经费保障。

（五）形式多样的社会平台

在文化遗产保护工作的长期实践中,日韩两国政府逐渐从具体工作的第一线退出,转向扶持、引导各级各类保护机构、社会组织、企业等社会主体通过"搭建平台"的形式,为保护传承工作提供各种支持。

一是网聚资源的平台。公益财团法人京都产业 21 是隶属于京都府政府的公益性组织。"京都产业 21"于 2007 年成立了社会组织"京都传统产业协同 BANK",将京都传统产业工坊和手工艺人资源进行整合。近期,针对日本家庭普遍使用传统工艺日用品,存在大量工艺品修复需求的现状,"协同 BANK"策划推出了一项"京都职人修复 NET"服务。"协同 BANK"首先将京都掌握工艺品修复技术的艺人(职人)资源汇总起来,再通过网络、宣传折页、公益广告形式面向全国发布服务信息。有需求的顾客即可与"协同 BANK"联系,免费咨询修复事宜,"协同 BANK"再根据顾客需求,将资源库中合适的手工艺人推荐给顾客,后续事宜和修复价格由顾客和手工艺人自行协商,"协同 BANK"不从中收取任何费用。这一平台不但解决了民众的现实需求,也解决了许多手工艺人的就业和收入问题,大大促进了手工艺职业发展。"传统工艺品产业振兴协会"是得到国家、地方、公共团体、产地组合等出资的财团法人组织,在振兴日本国内传统手工艺方面发挥着不可估量的作用。它的主要职能是:1. 进行调查,建设工艺品信息网站,为各产地的工艺品生产与经营提供信息,疏通产地与消费者的联系。2. 进行专业技术认定。对从业 12 年以上的手工艺人进行认定考试,合格者即授予"传统工艺士"。3. 把超过 4 000 人的全国"传统工艺士"组建成"传统工艺士会",加强交流,提高技能,提升社会地位。4. 每年表彰和奖励在产品生产中有贡献与成就者。5. 对传统工艺品的持有者进行奖励,鼓励民间收藏业的发展。6. 每年的 11 月为"传统工艺品"月,在这个月中分别组织"文化节"、"劳动感谢日"等展览展销活动。7. 建立"地方传统工艺品产业人才培育与支持交流中心"、"传统工艺产业会馆"、"体验工房"、"体验教室"、"专卖店"等,这些会馆与设施在振兴传统手工艺方面起着十分重要的作用。

二是传承技艺的平台。韩国首尔市无形文化财工艺馆(首尔市无形文化财技能保存会)是首尔市的公益性社团法人。工艺馆中共汇集了漆艺、金银细工、螺钿、编结、木工、制弓、玉器制作、酿造等 23 个非物质文化遗产项目重要传承人。政府每年固定投入 7 亿韩元（约合 420 万元人民币）用于展馆运营，并对传承人进行补贴。传承人结合自身安排，在每周固定时间前来工艺馆，安心磨炼技艺、创作作品、带教后人。观众也可以在现场购买传承人的作品，销售收益中的一部分将返还展馆，如顾客用现金支付则政府不再征税。此外，工艺馆一般每年组织固定 2 次外出展示活动。此类展馆在韩国全国各行政区域均有分布。石川县立传统产业工艺馆也是日本石川县的公益性团体，馆内汇集了石川县的风情水土所孕育的 36 种传统工艺品。在馆内一楼大厅，每天都有许多从事木工艺、竹工艺、陶艺的青年志愿者自发前来开展传统工艺的传承活动，观众可以免费参观、体验和学习。

三是展示才华的平台。日本京都传统工艺大学是日本目前唯一专门培养传统工艺人才的专业院校，开设陶艺、木雕、佛像雕刻、木工艺、金属工艺、漆工艺、竹工艺、石雕和纸工艺 9 大专业，学制 3 年。该校财团于 2003 年投资兴建学校附属的京都工艺美术馆，专门用于展示该校学生的作品和技艺。馆内格局精致、布置精美，设置大师作品陈列、青年艺术家演示、学生毕业作品展示、学生作品销售等多个区域，不但展出金井政之、吉田美统等陶艺大师（人间国宝）的作品，也积极推介从该校毕业的青年艺术家，更为刚刚毕业以及在校学生提供展示才华的平台。在学生作品展区的入口处，展馆还贴心地设计了导语——"从刚刚入学时的门外汉，到现在在老师的悉心指导下创作出如此精美的艺术品"，对学生的创作进行大力推荐和充分激励。

（六）丰富多彩的宣传教育

举办文化遗产专题展览是日本政府开展传统文化宣传的主要方式。"日本传统工艺展"是日本历史最悠久的传统工艺展览，创办于 1954 年，与《文化遗产保护法》第 5 次修订，明确无形文化遗产地位，确立重要无形文化遗产和保持者（人间国宝）认定制度一同启动。展会由日本工艺会发起，分陶艺、染织、漆艺、金工、竹木工、人偶、其他工艺 7 大门类，汇集日本全国顶尖传统工艺艺术家和人间国宝，一年一度，连续举办 60 届未曾中断。工作团队实地调研的京都府、奈良县同属近畿地区，日本工艺会近畿分会还积极发起日本传统工艺展的"京都展"、"近畿展"等地方性展览,由近畿地区的京都府、大阪府、奈良县、滋贺县教育委员会、NHK 大阪放送局、朝日新闻社等共同举办。为提升展示效果,促进文商融合,展览往往选址高岛屋、伊势丹等高端商圈楼层,并邀请松下电器、三得利等知名企业提供资金赞助,对观众仅收取低价门票,对学生免费开放。"京都展"、"近畿展"不但有丰富多彩的工艺作品展示,还特别注重对传承人的推介,展览期间几乎每天安排传承人的作品解说或互动活动,观众络绎不绝。在传统文化青少年教育方面,日本政府历来十分重视。文化遗产进校园起步很早,许多中小学都配有非物质文化遗产教科书。在京都传统产业交流馆,日方向工作团队介绍了一部由京都市产业观光局、京都市教育委员会共同编写的教科书《我们的传统产业——1200 年历史的京都孕育的传统工艺的文化和心灵》。该教材专为小学四年级学生设计,采用大量生动活泼的卡通插图和浅显易懂的文字说明,向青少年介绍京都的传统产业概况、17 种国家认定传统工艺品、56 种地方工艺品、4 个专题项目的工艺流程说明和京都传统工艺展示互动设施等,使用范围覆盖京都市 200 所小学,政府还不定期邀请传承人到学校进行讲解,传播教育效果非常显著。

(七)无处不在的保护氛围

本次调研所到的日韩两国各地,大到城市建设、节庆风俗等规划安排,小到商铺经营、穿衣打扮等生活细节,处处流露政府和民众对文化遗产的珍视与爱惜,营造了浓郁的城市文化遗产保护氛围。初入京都,就可以感觉到浓郁古风,与临城大阪在城市风格有着显著差异。日本建都京都长达千余年,城市未遭二战严重破坏,保留大量宫殿、寺庙、神社、民居等木建筑古迹。政府为保护京都传统文化氛围,对古建筑进行全面保护,旧居老宅亦不可随意拆除,所有现代建筑物不得超过京都电视塔的高度,并将深褐色定为城市建筑基调色。据说,横扫全球的快餐品牌"麦当劳"进驻京都时,也不得不作出妥协,将店招上鲜艳的红色主基调改为深褐色。漫步街头,日本诸城沿街常可见到西阵织、九谷烧、金泽金箔、加贺友禅等当地知名传统工艺店铺,百年老店、数代从业者比比皆是,尤其是以传统元素开发的新型产品琳琅满目,令人啧啧称奇。如薄如蝉翼、吹弹欲破的金泽金箔经过精心设计后"摇身一变",依附屏风、匣盒、筷箸,五光十色;飘进美酒、咖啡、清茶,落英缤纷;嵌入信笺、琉璃、杯盏、流光溢彩;恋上冰激凌、化妆品,新奇诱人。无论是繁华的商业中心,还是静谧的小巷弄堂,常常可以看到身着和服、不同年龄的女子穿梭其间。在京都如穿着和服搭乘出租车,可以享受九折优惠,穿着和服进入公共展示场所,往往免收门票。华灯初上,京都城内主干流鸭川河畔处处可见众多传统日式建筑,古典风格与现代环境融为一体,餐馆、酒肆、传统旅店等星罗棋布,成为年轻人夜晚休闲、体味民风的最佳去处。路边的大小日式料理店前大多挂着一个一个大灯笼,上书"祝'和食'人类无形文化财登录",自发庆贺"日本料理"于去年12月入选联合国非物质文化遗产代表作名录。聚焦民俗,京都的"祇园祭"(祭的形式相当于我国的庙会)与大阪的"天神祭"、东京的"神田祭"被并称为"日本三大祭",内容以行街表演为主,自每年7月1日起,长达一个月。每年有40万名游客前来京都观看,这些节庆活动都由保护单位或社会主体严格按照岁时节令举办,观众自发参与,政府重点做好节庆民俗场景的采集录制工作,不干预活动,不组织观众。走进韩国,走下飞机舱门,进入韩国仁川国际机场国际乘客通道,"宗庙祭礼乐、江陵端午祭、阿里郎、板索里"等韩国非物质文化遗产的大幅公益广告取代传统的商业广告映入游客眼帘,整个通道几乎成为韩国传统文化符号的世界。该项目由韩国文化财厅联合旅游部门共同策划,抢抓外国游客对韩国的第一印象,成功地推广了韩国的传统文化。

(八)融入生活的创新理念

日本石川县拥有丰富的传统产业资源,且特别注重传统产业与现代生活的结合。石川县立传统产业工艺馆不但是传统工艺的展示馆,也是后继人才比拼才艺的竞技场,更是利用传统元素研发新产品的试验田。在学习过程中,有两个亮点令我们印象特别深刻。

一是"牛首捻线绸"的重生。"牛首捻线绸"是石川县特有的纺织面料,1988年即被指定为国家"传统工艺品",采用双头蚕蛹的蚕茧直接抽丝制成,十分坚固结实,据说该绸若被钉子勾住反可将钉子拔出,多用于和服及其配饰。但因其工艺繁复、后继乏人,生存状态面临困境。为此,传统产业工艺馆专门为"牛首捻线绸"制定了新的产品开发计划,结合其面料特性,创造性地将其与皮革结合,制成"一面是皮革面料,另一面是牛首捻线绸面料"的手套,不仅充分发挥了其坚韧的特性,也大大增强了传统皮手套的透气性和舒适性。获得专家论证通过后,传统产业工艺馆还负责为传承人和生产企业牵线搭桥,推动其进入生产和销售环节,产品取得了不错的市场反响。

二是设计灵感碰撞的火花。传统产业工艺馆会定期邀请年轻设计师,利用传统工艺和素材,结合现代生活,开展各类专题创意设计活动。比如围绕现代常见的杯装方便面杯身偏软、烫手、不好把持、不够美观等缺点,共同提出"杯装方便面"问题解决方案。一位年仅 25 岁的设计师制作了"杯面两用环",将一段金属棒的大半段箍成环型,剩余的小半段箍成耳朵状与环体平面垂直,结构整体再采用传统工艺和纹饰进行加工。撕开方便面的铝箔杯盖,注入开水后,将环体平面扣在杯盖上,环体的口径和金属的重量恰好压住杯盖不会翘起,保证热气不漏出。此时耳朵状的结构与环体间的直角区域形成一个自然搁架,恰好可以架起一双未掰开的一次性筷子。设计师还在文字说明中使用了一个风趣的比喻描述这个场景:"杯面前的自己仿佛一位武士审视着自己的爱刀,以澄净庄重的心境等待面的成熟。"3 分钟后,杯面泡开,将环体翻转,从下往上套住杯子,耳朵形的结构随即变成了杯子的把手,用手轻轻一握即可提起,巧妙地解决了所有问题。此外,利用传统竹编制成的隔热杯套,利用榫卯结构制成的木质托架、古典风格的陶瓷碗托等创意都十分精彩。

3
上海非物质文化遗产知识产权保护的实践研究

陈文媛*

摘　要　随着经济的发展和国家文化的倡导,尤其是国家对非物质文化遗产的挖掘和保护工作的开展,具有民族与地方特色的民间文学艺术逐渐回归到人们的视野中,非物质文化遗产中蕴含的巨大的人文价值和商业价值引起社会的注意。市场化的运作凸显了非物质文化遗产的经济价值,同时也导致了知识产权遭受侵犯的情况屡见不鲜。许多具有独特地方特色的非物质文化遗产技艺,凝结着特定群体的智慧创造,具备知识产权的一些特征。然而,非物质文化遗产门类众多,涉及多方利益,内容复杂,运用现有的知识产权保护理论体系,在确定非物质文化遗产技艺的权利主体和独创性时又似乎无从下手。本文对上海市非物质文化遗产知识产权保护的实践进行探讨,并且从完善现行法规、明确政府责任、建立市场规则、强化监管力度、鼓励社会团体参与等方面对非物质文化遗产知识产权保护提出建议。

关键词　非物质文化遗产　知识产权保护　实践研究

---

* 陈文媛,上海社会科学院2016级硕士毕业生,从事法律相关工作。该文源自其硕士毕业论文。

一、 上海非物质文化遗产知识产权保护现状

（一）背景

1. 随着非遗日益受到人们的重视以及非遗产品的市场化行为日益增多，非遗知识产权问题逐渐凸显

随着市场经济的发展和文化产业的兴盛，政府对非遗的保护理念发生了变化，从原先的"保护"转变为"鼓励有条件的项目参与市场运作"，非遗的经济价值也越来越多地被挖掘。

非物质文化遗产是人类文化"活的记忆"，呈现的是各种文化符号的活态聚合。[①] 我国自古以来以技艺为核心的民间美术、传统技艺、传统医药、饮食类非遗项目，在历史上便与市场相互依存，现代社会中其物化的产品包括工艺品、艺术品、膏方、药方、美食等依旧不乏市场。除此之外，非遗所蕴含的丰富的、独特的文化资源可以转化为具有经济价值的文化产品和产业，如以传统节日、风俗节庆为卖点的地方旅游业；融合地方戏曲、民间文学艺术作品的演艺行业；将民族元素融入服饰、家装等等。非遗的市场化行为日益增多，成为其活态传承的重要方式，但是随之而来的是越来越多的知识产权问题。

2. 由于非遗知识产权保护法律的缺失，使得非遗产品受侵权现象日益严重

为美国公司赚的盆满钵盈的好莱坞影片《功夫熊猫》中，道具、背景、服装均充满了中国元素，其中也不乏中国的文化、艺术、建筑，我国作为传统文化拥有者没有任何回报，被诸多人诟病。非遗资源利用不当的问题在国内也屡见不鲜，如中国地质大学教授郭宪状告国家邮政局非法使用其剪纸作品、山西剪纸艺术家白秀娥的剪纸未经允许印制在邮票上进行发售。

非遗资源的无偿使用与滥用是对文化的不尊重，对开创者与传承者都是不公平的。

[①] 李昕：《非物质文化遗产保护与文化产业发展》，江苏人民出版社，2010 年，第116页。

非遗产品屡被侵权与法律保护缺失有很大的关系。2011年颁布实施的《非遗法》是我国在非遗保护方面的首部、也是法律效力最高的法规，这部法规对非遗的项目、代表性传承人、保护单位以及行政部门的职责等方面都做了规定，其中非遗保护中涉及知识产权的部分，适用相关的法律、行政法规。如非遗的某项传统医药类项目的商业秘密遭到泄露、专利遭到侵犯，其知识产权保护就指向了与其相关的《中医药条例》，而《中医药条例》中涉及知识产权的条款却很少，这就暴露了《非遗法》在非遗的知识产权保护方面的不足。

（二）现状

2011年我国出台了非遗保护方面的首部、也是法律效力最高的法规，即《非遗法》。《非遗法》的出台使非遗保护工作有了保障，但是却没有知识产权保护方面的具体细则，在非遗的知识产权保护方面仍有不足。其中附则第四十四条规定："使用非物质文化遗产涉及知识产权的，适用有关法律、行政法规的规定。"但是由于非遗内容丰富，种类繁多，包罗万象，因此相关的法律、行政法规并不健全，非遗知识产权保护难以落到实处。

从地方立法的情况来看，全国大多数省（市、自治区）的非遗保护条例在知识产权方面与《非遗法》相同，都为原则性的表述，这是由多方面的因素决定的，包括：地方立法难以突破上位法；非遗涉及文化、经济等多方利益难以调和；非遗门类众多，调查与调研过程复杂。2015年12月30日，《上海市非物质文化遗产保护条例》由上海市第十四届人民代表大会常务委员会第二十六次表决通过。条例中关于知识产权仅作了原则性表述，即第二十七条："基于非物质文化遗产所产生的著作权、商标权等知识产权，依法予以保护。"

不管是我国的《非遗法》，还是地方非遗保护条例，对知识产权问题都一笔带过，不作深入讨论，因此我国的非遗知识产权保护在法律层面上依旧算得上是空白的。

上海作为一个大城市，有着发达的市场经济基础与旺盛的生活消费需求，它们为上海非遗项目的市场化开拓与发展奠定了重要的基础。上海目前共有近百个项目具有较强的商业化特征，近半数项目的生存状况较好，尤其是与大众日常生活关系比较紧密的项目具有较好的自我造血功能,如王家沙本帮点心制作技艺、南翔小笼制作技艺、龙凤旗袍制作技艺、杏花楼广式月饼制作技艺、功德林素食制作技艺、老正兴本帮菜传统烹饪技艺、中式服装盘扣制作技艺、钱万隆酱油酿造工艺等等。上海有 20 多项非遗项目是"中华老字号",在消费者心中"中华老字号"是产品质量与品牌信誉的重要标志,因此拥有"中华老字号"称号的非遗项目在市场化运作上更具有优势。

上海的非遗项目中,最具特色的是近代工商业文明遗存,它们与上海都市社会中老百姓的生产方式、生活方式紧密联系在一起,有一定的市场需求,具有转化为文化市场的基础。这种转化,除了要有资金、政策扶持外,知识产权作为法律保障也必不可失。目前上海市非遗知识产权保护还存在不足。

民间美术类项目遭侵权现象严重,部分从业者缺乏知识产权保护意识。大多数自古流传至今的民间美术类项目的底稿都是其行业内流传的"老样子",即作品底稿相同或者几乎相同,部分从业者仍然具有较浓重的传统观念,并没有认识的自主创新的重要性,缺乏对原创作品的保护意识;网络技术的发达带来了信息检索的便利,美术作品在网络上易获取为盗版、仿冒提供了便利。

商标侵权影响传统手工技艺类项目品牌发展。手工技艺类项目往往具有扎实的技术和良好的口碑,不法商家利用仿冒商标谋取利益损害品牌形象。下沙烧卖在南汇地区流传百年,2011 年下沙烧卖制作技艺被列入浦东新区非遗项目名录,下沙烧卖的品牌拥有者已经注册了商标,为了保证质量并不大规模发展加盟店,目前下沙烧卖在上海的门店也不过 8 家。但是即便如此,随着下沙烧卖知名度日隆,大街小巷打着"下沙烧卖"招牌的店铺比比皆是,甚至有的商家直接在标牌上打着"非物质文化遗产"的旗号,更有甚者直接在项目代表性传承人郑玉霞店铺门口开店。面对这种情况,郑玉霞向浦东新区航头镇文化行政管理部门反映情况,但是文化行政管理部门并没有执法权,无法对这种现象进行管理和查处。

保护工作者经验不足,难以对知识产权保护给予指导。非遗浦东新区新场镇是中国历史文化名镇,也是民间文化艺术之乡,以锣鼓书为代表的7项非遗项目是新场镇重点打造的文化品牌。紧邻上海自贸区和上海迪士尼乐园,"城市更新"和"乡土重建"为新场古镇带来了发展机遇。镇文化行政管理部门认为非遗的传承与发展要与时代结合,与文化创意产业结合。2015年,某公司找到新场镇政府,想要镇政府将新场古镇7项非遗项目打包授权给该公司,该公司将以创新、创意等手段对新场古镇的非遗项目进行文化创业产业开发。新场古镇非遗工作负责人对镇政府是否有权利与该公司签订项目打包授权合同存在疑问。① 实际上,镇政府只是新场古镇7项非遗项目的管理者,并非拥有者,并没有权利签署"授权合同"。在非遗保护的过程中,除了资源拥有者或权益人应当提高知识产权保护意识外,保护工作从业者亦应当学习非遗知识产权保护知识,提高业务水平。

二、 上海非物质文化遗产知识产权保护实践中的具体方式探讨

非遗作为法律保护的一种新的客体,超出了现有的知识产权制度。但是知识产权制度不是一成不变的,是随着社会的演变而发展变化的。② 唐广良教授有个经典的说法,他提出:"知识产权是一个开放的领域,是一个随着时代的变化而变化的领域,是一个永远无法限定的领域。只要人类社会还在进步,还会有新的、不能为其他法律规范加以调整的社会现象出现,知识产权的范围必然会不断扩大。"③

传统的知识产权制度体系包括文学产权和工业产权两大类,但是随着时间的推移,知识产权制度体系不断扩大,著作权、版权、商标权、商业秘密、专利权、邻接权等都成为知识产权制度的内容。现有的知识产权保护

① 2015年12月24日,"加强浦东新区非物质文化遗产制度化建设"座谈会。
② 赵方:《我国非物质文化遗产的法律保护研究》,中国社会科学出版社,2009年,第92页。
③ 安雪梅:《非物质文化遗产保护与知识产权制度的兼容与互动》,《河北法学》2007年第12期。

制度是一种私法保护,其确认非遗资源拥有者的专有权,有利于非遗的传承和发展。①

(一)非物质文化遗产的著作权保护

1. 常见版权侵权方式

著作权亦称版权,是指作者对其所创作的作品依法享有的精神权利(人身权)和经济权利(财产权)。② 现阶段我国非遗涉及著作权保护的主要有民间美术、音乐、戏剧、舞蹈、曲艺、民间文学等方面。由于易模仿的特性,版权侵权在非遗作品中非常常见。

(1)临摹侵权

2014 年 9 月,全国农民画展在江西举行,此次画展从参展的 300 幅作品中评出金奖 5 幅、银奖 11 幅、优秀奖 284 幅,③其中一幅银奖作品与金山某位农民画家已经版权登记过的某幅作品一模一样。原作者联系了金山农民画院,画院与活动主办方取得联系,将银奖得主的侵权行为告知。原来这幅作品的临摹者曾经在金山学习金山农民画的创作手法和风格,与原作者也相识,获得银奖的农民画是他在金山学习时临摹的作品。由于画展对提交的作品数量有一定的要求,临摹者为了凑齐参加画展的作品数量,于是将临摹的作品一并提交,却也没想到最终获奖的竟然是临摹作品。对此,临摹者打电话向原作者表示了歉意,原作者也并未对其提出经济上的补偿。

事实上,艺术品的临摹与复制所带来的版权问题至今仍然莫衷一是,争论不断。临摹与复制彼此重叠,但是又有一定的社会性的差异,尤其是将临摹行为作为一种技艺传承和艺术品再造的必由之路的中国,由此产生的问题常常会带来新的认识角度。④ 尽管临摹画在视觉上与原画几乎一样,但是临摹画不

① 孔晓玉:《非物质文化遗产的知识产权保护研究——论我国非物质文化遗产知识产权制度的构建》,西北大学,2008 年。
② 吴汉东:《知识产权基本问题研究》,中国人民大学出版社,2005 年,第 38 页。
③ 邱云峰:《盛世飞壮歌,丹青抒豪情——"我们的中国梦·全国农民画展"在万安县隆重举行》,《江西画报》2014 年第 27 期。
④ 张西昌:《传统手工艺的知识产权保护研究》,西安美术学院,2013 年。

同于机械的复制，同时也加入了临摹者的审美、情感，所以有时临摹画可以看作是临摹者对原画的演绎作品。如果临摹者在临摹画中标明了原作的出处，可以将这种行为看作仅仅是一种复制行为；如果将临摹画当作真画来出售，这就不仅仅是非法复制了，而是假冒作者进行造假的行为；当临摹者将自己的名字标注在临摹画上，对外宣称自己是作者时，这就是抄袭或者剽窃行为了。全国农民画展中获得银奖的临摹者将带有自己名字的临摹画拿去参展，未表明原作者的身份，事实上等于剽窃了原作者的作品，根据《著作权法》第四十七条的规定已经变成了侵权他人著作权行为。

（2）版权侵犯

2014年，某国酒企业找到知名农民画家曹画家，以每张一万元的价格买断其六幅以家和、家美、家安、家庆、家兴、家福为主题的农民画版权，并将六幅农民画做成礼盒套装的外观来进行销售。礼盒上市之后，邱画家发现其中五幅是自己委托拥有农民画买卖营业执照的曹画家代售的作品，于是找曹画家交涉。原来，曹画家将邱画家的五幅作品署上自己的名字，并且连同自己的一幅作品一起将版权卖给了国酒企业，使用权也归国酒企业，作者本人亦无权使用。最终在金山农民画院的协调下，曹画家赔偿邱画家8万元，但是邱画家的版权也拿不回来了。

当民间美术的著作权产生纠纷时，首先要确定权益主体。我国《著作权法》第十一条对著作权作了明确规定，作者是文学、艺术、科学作品的创作者，作者通过自己的聪明才智和劳动创作出作品。因此，在通常情况下，著作权属于作者，作者与著作权人是同一的。画家们在处理作品著作权的过程中，要注意自己与买家签订的是著作权许可还是著作权转让合同。著作权许可就是著作权人允许他人在一定的时间和地方使用自己的作品，而著作权转让通俗地说就是买断或卖断。著作权转让后，原著作权人对作品就不再拥有所有权和财产权，著作权转让是不可逆的。邱画家将美术作品放在曹画家店里寄售，并没有将著作权转移给曹画家，曹画家将画卖给国酒企业时签署的著作权转让合同更是让反映出农民画家对知识产权保护与交易的认识不足。

（3）仿冒侵权

普通的工艺美术从业者与取得国家级大师称号的从业者美术作品价格可能相差数倍，甚至十倍、百倍，于是工艺美术作品巨大的价格差距使得仿冒之风盛行，而普通消费者为了追求性价比往往更倾向于仿冒品，这也给仿冒作品带来了市场。上海世贸商城的一家礼品店中，一位号称孔子后代的艺人明目张胆的仿制李守白剪纸进行售卖，一幅售价近千元的正版李守白剪纸在礼品店中仅需二分之一甚至三分之一的价格就可以买到，在侵权行为被揭发后，他立即登门道歉，并且承诺不再销售仿冒的剪纸作品。

（4）擅用侵权

李守白创作的剪纸巨作 17 米长卷《上海童谣》中，神情各异的儿童跃然纸上，中间穿插上海人耳熟能详的上海童谣，将弄堂的童年回忆浓缩于剪纸中，再现了上海的弄堂文化和人文情怀。上海地铁公司想将这幅展示上海地方特色的剪纸作品应用于世博会时的地铁墙面装饰，但是因为种种原因，最终李守白并没有将作品授权给该公司。然而世博会期间，这幅作品仍然出现在地铁某一站的墙面上，墙上的童谣作品保留了李守白《上海童谣》的关键元素，但是对作品做了细微的修改，并且没有署名，于是在协商未果的情况下，半年之后李守白将上海地铁公司告上法庭，最终在法院中调解成功。地铁公司在未经李守白同意的情况下，擅自将他的剪纸作品用于地铁装饰和宣传，根据我国《著作权法》的规定，已经构成了侵权。

2. 版权保护的困难及措施

上海民间美术类非遗著作权被侵犯问题尤为突出，但同时保护成果也是最为明显的。

2001 年初，上海文联新增设了"权益处"，在此之后，上海文联又先后建立了"上海文学艺术著作权协会"、"上海市文学艺术家权益维护中心"（以下简称上海文联维权中心）、"上海文艺知识产权司法鉴定中心"等，搭建了完善的艺术家维权体系。上海振鼎鸡事业发展有限公司广告中的"雄鸡"形象被认为抄袭了已故海派剪纸名家王子淦的剪纸作品《一唱雄鸡天下白》，王子淦的子女将振鼎鸡公司告上法庭要求停止使用该雄鸡图案，振鼎鸡公司没能提供证据证明其使用的广告图案系其独立设计完成，因此被法院判处侵权行为成立。实际上，在当事双方对峙法庭之前，王子淦的子女曾经求助于上海文联维权中心，请上海文联维权中心的工作人员出面进行调节，尽管最终没有调解成功，但是上海文联维权中心为王子淦子女推荐了知识产权方面经验丰富的律师来代理该官司。① 上海文联维权中心与多位知识产权领域的律师联系密切，努力维护非遗作品权益人的著作权不受侵犯。数字绘画技术发达的今天，连环画底稿价值不菲，有的连环画作家尽管作品已出版几十年，但是底稿依旧留在出版社，为帮助作者追讨连环画底稿，上海文联维权中心多次组织法律专家、相关画家、出版社召开座谈会协商解决。② 除此之外，上海文联还举办知识产权相关的讲座，宣传法律知识。为维护农民画师的合法权益，2015 年 4 月 15 日，上海文联联合金山农民画院举办"金山农民画的版权保护"专题讲座，金山农民画家近 30 人参加。上海文联维权中心邀请律师通过翔实的案例讲解农民画的维权等法律专业问题，提高画师的知识产权意识。

尽管上海非遗的著作权保护在相关社会团体和政府的共同努力下颇有效果，但是维权之路并不容易。

一是著作权被侵犯难以取证并且成本高。随着百姓生活水平的提高，审美意识和水平也不断提高，对文化产品的需求也越来越大。在经济利益的诱惑下，民间美术市场出现比较混乱的情况，小作坊或小型企业在缺乏创新能力的情况下，仿冒产品来获得经济利益。仿冒品在礼品店、特产店出售时无法开出正规发票，所以难以取证。金山农民画色彩鲜艳，用色大胆，形象生动，深受外地游客和国外友人的喜爱，有人盯上了金山农民画的经济价值，制作销售农民画衍生品。但是售卖衍生品的特产小店多是在游客较多的景点，经营不正规，开不出发票，甚至有的还是流动摊贩。市场上售卖的景德镇杯子上的图案是李守白的剪纸作品，但是景德镇瓷器产业发达，小企业生产不正规，印刷李守白剪纸的企业根本没有办法查找。深圳大芬村油画村，临摹李守白的作品

---

① 2015 年 10 月 12 日于上海文联维权中心调研。
② 《帮助文艺家维权，上海文联出实招见实效》，《中国艺术报》，2015 年 4 月 24 日。

进行销售,这种情况暂且不说取证困难,即使真的想要维权,时间和金钱成本也难以估量。

二是维权过程复杂。民间美术作品获得渠道众多,尤其是在互联网如此发达的社会,美术素材唾手可得,有的设计工作从业者在没有取得作者同意的情况下将网上的美术作品使用在自己的设计图纸中,缺乏对他人创作成果的基本尊重。如莘庄某家刚开业的餐厅将李守白的画挂在墙上作为装饰,李守白去该餐厅吃饭并要求开发票以取得侵权证据,结果开出的发票商家居然不是该餐厅,后来在多次努力下,终于拿到餐厅开出的发票,于是李守白将该饭店经营者告上法庭。被告律师在明知其代理人已经侵犯了李守白作品版权的情况下,依旧趾高气扬,要求李守白拿出证据证明他在民间美术界的地位和他的作品价值,李守白不得不奔波于上海民间文艺家协会等多家单位开证明以自证"身价"。民间工艺美术作品的侵权行为,即使在有法可依的情况下,想要维权依然有很大的困难。

三是法律意识薄弱。仿冒、制作衍生品、抄袭等等一系列行为都发生在非遗作品有经济价值、有利可图的情况下。李守白认为社会缺乏诚信,一旦非遗作品有商业空间就会出现侵权现象,甚至有的人认为"这是扬名"的机会,这种观念暴露了国人法律意识薄弱。

知识产权不仅对企业的生存和发展起着重要作用,而且是企业赢得市场竞争和发展壮大的关键,大企业具备良好的知识产权保护意识和知识产权管理方式,与大企业合作可以有效规避管理不规范带来的风险。因此,为了维护自己的著作权,李守白目前主要与星巴克等世界知名品牌合作,进行定制、限量销售,往高端市场发展。

尽管我国著作权法对民间艺术作品采取自动保护的原则,也就是说,即使作品没有登记,在版权受到侵犯时也会受到保护。但是通过版权登记明确剪纸作品客体、创作时间,以法律可识别的方式确定下来,为维权打下基础。金山农民画画师对版权保护越来越重视,农民画及时进行版权登记,是对农民画版权保护的一种便捷方式。自2013年开始,上海市作品版权登记保护应用平台为金山农民画作品做免费的版权登记。金山农民画院设立了版权登记办公室,派专人负责对农民画家的作品登记进行服务。2013 年共有 14 名画师,共计 67 幅作品,相继在该平台上做了登记,2014 年登记人员从画师扩展到画家,陆续审核通过作品达到 42 幅,到 2015 年 5 月份为止共登记 100 多幅作品。

版权登记的推广,为金山农民画的画家和画师维权提供了依据。2014 年底,金山农民画院接到农民画师王阿妮的求助,她发现自己 2006 年创作的一幅表现农村妇女生完孩子后,通过可视电话报喜讯给远在国外亲属的作品——《报喜》,未经允许被淘宝某糖果店铺用作喜糖外包装。在与店主多次交涉无果后,王阿妮向金山农民画的保护单位金山农民画院求助。作为王阿妮的委托方,金山农民画院与违法商家联系商谈,要求他们立即把网上所出售的相关商品全部下架并与王阿妮协商赔偿,商家仍旧不理睬。随后,金山农民画院向该购物网站自身的知识产权平台提起了投诉,并提供了上海市版权局出具的《报喜》的版权登记相关证明,商家在确凿的证据面前才承认了错误。进行版权登记的农民画作品有利于进行授权、交易,实现经济价值;同时也有利于维护农民作家的合法权益,一旦遇到版权纠纷,版权登记可以为解决纠纷提供初步的证据。

(二) 非物质文化遗产的专利权保护

专利权是指由申请人就一项发明创造向国家专利局提出专利申请,经专利局依法审查核准后,将申请人授予在规定时间内对该项发明创造享有的独占权。① 主要包括发明专利、实用新型专利和外观设计专利三种。

进行专利权保护主要是为了鼓励发明创造,提高创新能力。非遗项目往往有长达百年的历史,似乎并不符合专利权保护的目的。但是如果在保存非遗的精神内涵与价值的基础上,进行新的发明创造、外观设计,既可以传承和发扬非遗,又能获得一定的经济价值。

上海非遗项目的传承人注重创新,不拘泥于行业内流传下来的老样子与传统技术,在外观设计、发明创造等方面都有所创新。如海派玉雕用料精细、

---

① 刘春田:《知识产权法》,中国政法大学出版社,2005 年,第 258 页。

造型精致、独具匠心,体现上海海纳百川、兼容并蓄的风格,于 2011 年列入国家级非遗保护名录。海派玉雕的代表性传承人、玉雕大师们的作品不但屡获大奖,而且还申请了多项发明专利和外观设计专利。海派玉雕大师刘忠荣设计发明了"六面围雕法",打破传统玉雕样式,将玉雕呈现多维变化,刘忠荣申请了"新疆和田玉白玉子料牌六面围雕法"的专利权,成为全国和田玉雕刻行业知识产权登记第一人。卢志勇是青年海派玉雕大师的佼佼者,他独创的沐白牌——"财运到",首次将圆雕引入到牌子中,独创了一种新的玉雕牌型,卢志勇已经为该创新申请专利。游高轩是海派玉雕新生代代表人物之一,他的作品《貔貅》、《金蟾》分别于 2007 年和 2008 年获得国家外观专利。

始创于清道光年间的老凤祥已有百年历史,2008 年"老凤祥金银细工制作技艺"被列入国家级非遗保护名录,百年品牌老凤祥勇于创新,不断开拓进取,老凤祥原创中心至 2013 年的十多年间,获得国家设计专利 300 余件,其中包括外观设计专利、新型实用专利以及技术创新专利等多方面成就。

上海非遗的专利权保护以民间美术、手工技艺类居多,上海的传统中医药资源也颇多,却极少申请专利。传统中医药药膏、药方关系人们的健康,随着屠呦呦获得诺贝尔奖,未来中医药势必会越来越受到重视,中医药产业也会随之发展,因此中医药需要尽早进行知识产权引导和布局。

有人认为,专利权的授予应当具备新颖性、创造性和实用性,而传统医药并不符合专利新颖性的要求,因此在申请专利时受到限制。然而截至 2014 年 4 月,美、日、韩、法、德、印度等国申请人在我国针对中医药领域提交的专利申请中,共有 1 604 件获得授权。中国的中医药产业因为被他国的专利限制或自身不能充分利用专利制度而造成市场竞争优势被削弱。①

上海非遗传统医药类资源的拥有者及政府应当认识到其在专利保护方面的不足,将传统中医药的资源优势转变为专利优势,既合理保护非遗资源又能

① 中医药产业亟需进行专利布局, http://www.sipo.gov.cn/mtjj/2016/201601/t20160127_1233995.html。

使非遗项目得到创新性发展。

上海黎辉绒绣艺术有限公司（以下简称黎辉绒绣公司）是上海市唯一一家绒绣厂，目前仅剩 12 名工艺师，绒绣传承人青黄不接、后继乏人，国家税收优惠政策难以落实，以文化产业为主的黎辉绒绣公司必须与普通企业缴纳同样的 17% 的增值税，糟糕的生存环境使上海绒绣技艺处在消亡的边缘。

自 2005 年起，黎辉绒绣公司开始申报专利。2005 年申报实用新型专利 2 件，外观设计专利 85 件；2006 年申报外观设计专利 95 件；2007 年申报外观设计专利 120 项；2015 年申报外观设计专利 1 项。面对后继无人的上海绒绣项目和日益沉重的公司负担，黎辉绒绣公司总经理、上海绒绣项目代表性传承人包炎辉决定利用近几年公司申请到的 300 多项外观设计专利来创立自己的品牌，走文化创意产业发展的道路。

QueensBack 是黎辉绒绣公司打造的以高端市场为主的品牌。QueensBack 希望通过创新，将传统文化、手工技艺与现代思想主流相结合，使手工艺重返当代时尚生活，完成传承非遗绒绣文化及复兴传统手工艺的梦想。[①] QueensBack 推出上海绒绣与皮质相拼接的手包，时尚的造型外观也早已申请外观设计专利，手包的与绒绣结合的手工艺价值也是一大亮点；与知名设计师合作的绒绣男靴已经入驻香港著名品牌店，并且在时装周上作为走秀鞋被展示；QueensBack 还与雕塑大师毛关福共同创作大型绒绣艺术雕塑作品《爱·鹿》和《梦·鹿》，每匹鹿都是用纯手工绣制的绒绣画片拼接而成，将手工制作的价值发挥到了极致，两个作品被中国国家博物馆收录并展出。

（三）非物质文化遗产的商标权保护

商标权亦称商标专用权，是指商标使用人对其注册、核准的商标依法享有的独占权利。[②] 商标是经济活动中为了凸显自身并且区分其他形象的文字或者图形，地理标志、标号、原产地标志都属于商标。

---

① 贾霜霜：《绒绣再现女王范》，《中华手工》2014 年第 3 期。
② 刘春田：《知识产权法》，高等教育出版社、北京大学出版社，2003 年。

商标可以依靠续展而一直延续下去,这与非遗的传承性不谋而合;权利人可以申请集体商标或者地理商标,商标权归集体所有,这与非遗的集体性特征相符合;①申请商标进行产业化运作,挖掘非遗的经济价值,将非遗的文化资源转化为经济利益,可以用收益更加积极地参与非遗保护事业。

上海的非遗资源商业属性明显,部分非遗项目市场化运作成熟,非遗资源拥有者具有强烈的商标意识。如上文提到的拥有老凤祥金银细工制作技艺的上海老凤祥有限公司,是"中华老字号"的著名金饰品牌,具有百年历史。再如保持传统的手工制作技艺的鸿翔女装,具有极高的民族品牌价值。三林刺绣具有浓郁的江南气息,三林刺绣公司对深受国内外欢迎的刺绣工艺品进行了多方位的开发,研发创制了以刺绣镜框画为主,兼有刺绣服饰、刺绣摆件、刺绣日用品等多种形式的三林刺绣产品,不但提高了绣庄本身的经济效益,而且也对本区民俗刺绣工艺的发展起到了很大的促进作用。2008年初,三林刺绣公司又被指定为负责生产上海世博会工艺礼品的特许生产商,将自己的产品进一步推向了国际化的市场,扩大了三林刺绣公司的品牌影响力。除此之外,与饮食相关的非遗资源注册商标更容易在行业内树立口碑,如"功德林"、"王家沙"、"南翔小笼"、"杏花楼"、"乔家栅"、"高桥松饼"、"鼎丰腐乳"、"小绍兴白斩鸡"等,都是在上海百姓中颇有口碑的品牌。

2011年5月,"培罗蒙奉帮裁缝缝纫技艺"被国务院认定为国家级非物质文化遗产。"培罗蒙"品牌始创于1928年,品牌历史悠久,早在1981年3月1日,经国家工商行政管理局核准注册"培罗蒙"商标,更于2002年被认定为西服商品的驰名商标。上海培罗蒙自2001年开始,经历了多次商标权被侵犯的案件。

司马迁《史记·货殖列传》言:"天下熙熙皆为利来,天下攘攘皆为利往。"经济利益的诱惑是"培罗蒙"商标权遭到侵犯的主要原因。"培罗蒙奉帮裁缝缝纫工艺"被列入国家级非物质文化遗产保护名录,成为品质优良、诚信经营的代名词。与这项传统手工技艺产生唯一且确定关系的上海培罗蒙西服公司也在消费者心目中树立了良好的形象,品牌的力量在消费者在选择产品时往

---

① 尚书成:《非物质文化遗产的知识产权保护研究》,黑龙江大学,2014年。

往能起到指导作用。持续稳定的市场、商业价值的吸引，使得一些人利用不正当手段混淆品牌，甚至冒充品牌来获取经济利益。而公司注册时间满一年就可以变更名称，变更名称手续费用低、等待时间短，侵权成本低使得他人恶意侵犯商标权，混淆市场的现象屡见不鲜。

除此之外，在知识产权保护领域，地理标志保护也是属于其中一种，适用于地域文化保护。某一特定地域中的产品具有的质量、声誉或其他特性，在本质上是由这个地区的自然和人文环境所决定的，这种产品经审核批准以该地区的名称进行命名，即为地理标志产品。金山农民画多以生活民俗、四季风光入画，尽管每个人创作技巧、绘画手法、色彩风格不一样，但是特定的地理环境、人文风俗和生活方式外化成江南水乡的艺术风格，受地缘文化的影响，金山农民画区别于其他地区的农民画。随着金山农民画经济价值与文化价值的凸显，不乏外地农民画家模仿金山农民画的风格，并且打着金山农民画的旗号进行宣传与售卖。当金山农民画作品的著作权被侵犯时，可以将《著作权法》作为维权依据，金山农民画作为一项非遗项目进行保护时，应该如何保护其整体风格？

金山农民画与地理标志保护的定义比较契合：一是由于地缘性的特征，地名与产品紧密相连，消费者可以根据"金山农民画"来判断产品的产地，了解产品的品质、风格等，而金山农民画的品质、风格正是受其独特的人文环境影响的；二是产品是基于原产地的条件和劳动者的集体智慧所产生的，具有集体性的特征，属于原产地集体劳动者所有，金山农民画作为金山地区的特色文化和传统民间艺术，亦具有集体性的特征。非遗最重要的特点是活态传承、活在当下，地理标志保护没有时间限制满足了非遗活态传承的要求①。

三、 非物质文化遗产知识产权保护的建议

（一）完善现行的知识产权保护体系

我国已经出台了《非遗法》，但是由于非遗内容复杂，涉及各方面的利益难

---

① 张西昌：《传统手工艺的知识产权保护研究》，西安美术学院，2013 年。

以调和,最终颁布实施的法律中并没有涉及民事保护,成为一部单纯的行政法。从全世界范围看,不管是发达国家还是发展中国家都没有一部直接保护非遗知识产权的专门法律。在没有形成系统的非遗知识产权保护制度之前,借用现行的知识产权保护法律体系进行保护是最好的选择。

在此之前首先应该厘清非遗的不同门类和形式,针对不同资源的特色进行针对性的保护。一般来说,对知识产权问题比较敏感的项目主要集中在传统技艺、传统医药中的药物炮制技艺和部分民间美术,主要涉及现有的知识产权制度中的版权、专利权、商标权和地理标志等方面。具体内容包括:

1. 完善著作权保护体系

目前非遗关于著作权的诉求主要集中在三个方面:一是作品的署名权,二是作品的有偿使用,三是精神赔偿。针对这种情况,我国的《著作权法》应当根据不同项目的特点,将在著作权保护范围内的非遗项目进行特别保护。一是他国使用我国非遗资源时应当给予一定经济补贴;二是对扭曲、篡改非遗,伤害民族、人民利益和感情的行为进行处罚;三是成立非遗保护基金会,商业性利用非遗的个人和组织需要向基金会交纳一定的费用;四是非商业性利用非遗资源时,应当注明出处和来源;五是对被侵权者进行适当的精神赔偿。陕北剪纸艺人白秀娥就曾在自己的博客中写道:"这场持续了五年的官司(诉国家邮政局邮票印制局侵犯其著作权一案)把我的创作激情彻彻底底扼杀,摧毁了我之所以在剪纸生涯中苦苦挣扎守望二十余年的唯一信念和希望。"[1]因此要对传承人进行一定的经济赔偿。

2. 完善商标权保护体系

目前我国非遗的品牌保护意识仍然落后,大部分非遗资源所有者没有注册商标的意识,而非遗商标遭他人抢先恶意注册的情况也不在少数,滥用、冒充的行为严重影响非遗的价值。同时,注册商标困难也是阻碍非遗的保护和发展。商标是产品质量、价值的外在表现,对非遗这种具有特殊价值的文化遗

---

[1] 曹婷:《从陕西民间剪纸艺术看非物质文化遗产的法律保护问题》,西北大学硕士论文,2012 年。

产,符合《商标法》要求的应该进行商标注册。国家相关部门在审核时应当严加把关,防止"李鬼"冒充非遗的名义蒙混过关;对审核没有问题的,应当缩减注册手续,加快注册进程。

国外已有相关内容的法律,如在加拿大,当有人擅自将原住民的称谓、词汇、象征符号、图案等内容注册为商标使用时,原住民群体可以启动异议程序予以阻止,从而保护自己的传统文化表达中的词汇、图案等不被他人擅自用作商业化用途。[①] 商标权本身就具有排他性,加强非遗注册商标的防御性保护,禁止他人利用知识产权制度非法使用或者仿冒非遗相关的商标。

3. 完善专利权保护体系

非遗创意产品的研发需要投入时间、人力和物力,但是复制容易、侵权成本低。产品问世后,往往会出现仿冒的情况,仿冒者不需要付研发用,在价格上会比正品更具有优势。应当加强对非遗创意产品和作品的专利保护,这既是非遗项目和资源创新性发展的需要,也能为传统技艺的传承提供法律保障。

为了方便检索非遗专利申请情况,防止专利的不当申请与使用,可以在非遗数据库中设立专利登记检索专区,方便查阅。

4. 健全地理标志保护制度

非遗往往是集中在某一区域的、集体拥有的智力成果,体现当地的特色。当某一地区的非遗项目或者产品在该地区具有规模化的发展,在全国享有较高声誉、又比较有影响力时,该地的非遗附加的经济价值将会更加诱人,此时往往会引来其他地区或其他人的模仿或者仿冒。如果将该地的非遗注册为地理标志,将会对其进行更好地保护。

我国目前地理标志保护范围较狭窄,保护内容有限,应当扩大地理标志保护的范围。一旦受到地理标志的保护,对非遗项目也起到宣传作用,往往能够收获更大的经济利益,同时反哺于非遗的保护与传承。

5. 建全邻接权保护制度

尽管非遗的部分特性决定了其与现行的知识产权制度有一定的冲突,但

---

① 管育鹰:《知识产权视野中的民间文艺保护》,法律出版社,2006 年,第 125 页。

这并不妨碍对其邻接权的保护。对于传统音乐、舞蹈、戏剧、曲艺和杂技,其作品本身不能受到著作权的保护,但其衍生品应受到《著作权法》领接权的保护,如云南的民间舞蹈、民间歌曲等非遗被使用在商业演出中,这些非遗资源的权益人应当获得经济补贴,或者用商演的获利成立相关的文化基金以保护和传承发展非遗,保障文化的多样性。

(二)加强专业培训,提高知识产权保护意识

非遗的行政保护是世界各国和公约组织最常采用、也是最有效的方法,《非物质文化遗产保护公约》也对各国政府在非遗保护方面的义务作了规定,将政府放在非遗保护的主要位置上。

非遗的知识产权保护非常重要的一点要落实到操作层面上,也就是谁来实施的问题。各地的非遗保护中心工作人员一直走在非遗保护工作最前线,对当地的非遗是最熟悉的,因此应当引进法律界人士加入非遗知识产权保护队伍。

面对非遗庞大的资源体系,专门的工作人员需要有全面的眼光、独特的角度、复合型知识结构和正确的判断力。培养高素质的非遗从业人员、加强人才队伍建设,对非遗知识产权保护进行专业化指导,是非遗知识产权保护的重要基础。

除此之外,政府主管部门应当定时组织知识产权保护的宣传培训班,加强非遗保护工作人员和代表性传承人的知识产权保护观念。

(三)"行政认定"私权保护,防止非遗主体受到侵犯

对于为非遗提供在知识产权制度框架下的私权保护方式,学界的批驳中最为严厉的观点是,由于非遗就是群体创作并在流传过程中不断发展形成的,私权的排他性与非遗与生俱来的本性有着难以调和的冲突。[①]

尽管如此,私权的介入仍然可以对处于公共领域的非遗起到保护作用,对

---

① 冯晓青:《非物质文化遗产与知识产权保护》,《知识产权》2010 年第 3 期。

非遗的保护应该采取公权与私权结合的方式。在确定非遗的知识产权保护时,可以依据"行政认定",由行政机关制定并公布适宜纳入知识产权法受到私权保护的标准,防止非正当权利主体侵占非遗资源。对非遗保护的客体应进行更细致的分类研究,如某些历史久远的非遗资源,其文化价值、核心部分及产权归属等,都需要相关部门及专业人士进行大量的研究、审核和认定。使用非遗资源应当严格遵守相关规定,禁止歪曲、篡改、贬损,保证其正常和合理开发利用。

(四)规范行业标准,强化商标注册制度

工商管理部门与相关的文化管理部门应当在对非遗项目进行评估的基础上,鼓励符合条件的非遗项目注册商标,一旦注册商标,在出现假冒或抄袭现象时可以用法律武器维护合法权益。在品牌化竞争的时代,品牌成为企业形象、信誉的"代言人",越是强势的品牌就越具有竞争力和影响力。针对非遗资源开发和发展中的商标注册混乱、傍大牌、随意更改商标名称、缺乏品牌建设和品牌保护意识等问题,相关部门应当规范商标注册标准,强化商标注册制度。

(五)健全文化保障体系,打通非遗维权渠道

协会的非营利性、自治性、正规性的特征使其参与非遗保护具有合理性。非遗保护协会与政府部门相比,具有相对的独立性和灵活性;与纯粹的民间组织相比,更加规范,也更加专业。[1] 非遗保护协会作为官方与民间的桥梁,要发挥在非遗知识产权保护方面的作用。

非遗相关的社会团体可以组织各个行业的专家,成立专家委员会,帮助传承人提高对非遗价值内涵的认识、树立非遗保护的自我意识,对非遗的合理开发利用进行指导和参谋,在产品质量、包装设计、经营模式等方面提供决策

---

[1] 贾峻峰:《非物质文化遗产保护中社会团体作用研究——以民间文艺家协会为例》,东北大学,2009年。

咨询。

相关社团组织和社会组织可以成立维权中心,在非遗传承人的合法权益受到侵犯时提供法律支持。当传承人权益受到侵害时,个人维权往往会遇到成本高、取证难等困难,甚至有的传承人被侵权后因维权困难而放弃维权。在这种情况下,需要维权中心帮助维权,作为被侵权人代表出面进行协商、沟通。

(六)建立监管机制,加大处罚力度

非遗的保护与传承需要政府与社会、传承人共同参与,非遗保护法规中除了对传承人、保护单位的义务做出规定外,也要规定政府的责任和义务,明确政府的行为规则。当非遗资源遭受损失和破坏时,政府主管部门应当对其进行干预和引导。政府各部门间应当建议联席会议制度,加强联合监督。当发现非遗知识产权侵犯行为时,对情节较轻的,给予警示,并限期改正;对拒不整改或情节较重的,应当依据相关法律追究责任。只有加大处罚力度,才能警示社会组织或个人,避免侵犯非遗的知识产权。

主要参考文献:

1. 刘春田:《知识产权法》,中国政法大学出版社,2005 年。
2. 李昕:《非物质文化遗产保护与文化产业发展》,江苏人民出版社,2010 年。
3. 赵方:《我国非物质文化遗产的法律保护研究》,中国社会科学院出版社,2009 年。
4. 管育鹰:《知识产权视野中的民间文艺保护》,法律出版社,2006 年。

4

非物质文化遗产项目申报和
保护机制的反思

林　静*

摘　要　在政府的主导与推动下,我国已建立了较为完整的四级代表性项目
　　　　和代表性传承人名录体系,保护工作取得了很大的成绩,但也存在着
　　　　申报机制过于粗陋、模糊,导致真实性、整体性、权威性无法保障、名
　　　　录比例不均衡、名称混乱,管理体制不顺、错位、保护单位不匹配、传
　　　　承队伍弱化、资金投入不足等诸多问题。针对在非遗申报和保护中
　　　　出现的问题,我们可以学习国外成熟的经验和做法,针对现阶段体制
　　　　和制度中不足的部分予以改进,完善申报机制,细化管理体制,鼓励
　　　　社会参与,采取更加合理有效的措施,使非遗保护工作更加长效化、
　　　　规范化。

关键词　申报　保护　机制建设

　　自 2001 年昆曲被联合国教科文组织列入首批"人类口头和非物质文化遗
产代表作"起,非物质文化遗产保护理念与实践开始慢慢进入国人视野。在政
府的主导与推动下,我国自上而下掀起了空前的保护热潮,开展了一系列的保
护工作,取得了显著成就,呈现出蓬勃发展的良好态势:一、非遗保护法律体
系逐步建立;二、全面确认非遗保护对象的名录体系基本形成;三、非遗保护

---

　　*　林静:上海市非物质文化遗产保护中心业务指导,长期从事本市非物质文化遗产项目保护指
　　　导工作,曾完成多个相关研究课题。

工作机构逐步完备;四、各级财政稳定支持的机制正在形成;五、保护方式多样、社会参与度不断提高的保护传承体系正在形成;六、非遗学术研究成果不断涌现;七、非遗宣传展示氛围日渐浓厚;八、可持续的工作机制正在建立。经过十余年的努力,全国名录体系建设已形成规模,建立了较为完整的四级代表性项目和代表性传承人名录体系,现有国家级项目1 372项,国家级代表性传承人1 986名。国家非物质文化遗产保护工作专家委员会委员田青用一句话总结了我国非物质文化遗产保护的特点:起步晚,速度快,成效大,问题多。

在经历了摸着石头过河的初期快速发展之后,我们需要静下心来对十余年来非物质文化遗产项目的申报和保护机制进行回顾,总结以往的经验和教训,对今后的保护工作开展一定会有所助益。

一、 申报中存在的问题

(一)真实性存疑

《中华人民共和国非物质文化遗产法》第四条指出,保护非物质文化遗产,应当注重其真实性、整体性和传承性。"真实性"作为首要原则最为重要,但目前这一原则并没有很好地保证和执行。我国的名录和代表性传承人评审,采取的是自下而上的申报制度,申报单位到所在地非遗保护机构递交材料,逐级申报,提交的申报资料都是由项目申报单位自行完成。囿于对非遗概念及其保护理解的不准确,对项目缺少科学全面的把握,项目申报单位提交的文本和材料存在着概念界定不清、内容把握不准、表述缺乏依据等问题,造成了项目内涵不全面、不准确、不严谨,扭曲了项目的本来面目。

文化部在非遗申报的制度设计中,要经过全面普查、筛选、鉴别、认定、申报、审核、评定、批准等严格的工作程序,各个环节环环相扣,彼此前后衔接。大量细致的前期工作是必不可少的。2005年开始的全国非物质文化遗产普查,主要有两个目的:一是确定一个地区流传的非物质文化遗产的主要类别、形态、蕴藏情况、流布地域、传承范围、传承脉络及衍变情况等;二是发现一批代表性传承人,并记录、采集他们的口述史和作品。在普查的基础上,建立国家、省、市、县四级非物质文化遗产名录体系。这种先自上而下的普查再自下而上的申报的制度设计是合理的。但在现实操作中,普查所挖掘的资源和申报的项目在一定程度上是脱节的、不一致的。缺少完整的普查报告对所申报的事项作细致的、微观的描述,对申报项目的历史价值、艺术价值、科学价值、审美价值及其传承历史、演变发展做全面、科学、客观的考察,进入名录项目的真实性就不可避免存在瑕疵。

(二) 整体性缺失

非物质文化遗产是在特定生存环境、生活方式、文化氛围等诸多因素组成的立体空间中生成、传承,那么对其保护则应实施整体性的文化空间保护。民俗类项目是整体性保护的典型,不仅包含文学、音乐、舞蹈、体育竞技等多种艺术表现形式,更与其赖以生存的文化空间密不可分。如果不注意其关联性、完整性而进行单一项目的保护,就会造成内容和意蕴的缺失,其"整体性"也会受到损伤,从而对非物质文化遗产造成破坏。

整体性缺失不仅体现在项目保护中,更体现在代表性传承人保护中。传统戏剧是由表演、文学、音乐等多重因素构成,但实际上民众关注的焦点是舞台表演,文学、音乐、服饰等组成要素往往被忽视。已认定的代表性传承人大多为戏曲表演艺术家,导演、编剧、服饰、音乐、乐师的代表性传承人屈指可数,甚至根本没进入到保护单位的视野中。

这些现象的出现既与项目申报单位认识的偏差有关,也与代表性传承人条件设定的不合理有关。文化部对代表性传承人认定的要求是掌握并承续某项非物质文化遗产,但现实是绝大多数非物质文化遗产项目都不是单人可以独立完成的,而是根据工艺流程或者呈现方式掌握某一部分的技艺,讲究的是多个环节的配合和协作。如皮影戏、京剧、劳动号子、朵云轩木版水印技艺等,都是靠团体的力量共同传承的。在评定这部分项目的代表性传承人时就存在很大的缺失,也引起了很多争议。与规模较小的团体传承不同,民俗类项目通常都是由更多的人——众多传承团体共同传承的,例如龙华庙会、豫园灯会这些项目要认定代表性传承人就更不合理。

（三）比例不均衡

在全国各省市的非遗名录中,可以看出传统美术、传统技艺类的项目申报热情最高,所占比例最高,因为这与申报者的切身利益密切相关。被认定为项目保护单位及代表性传承人即意味着他们得到了政府的肯定,他们的名声和身价随之水涨船高,作品的销售价格也节节高攀。食品类项目更是无数商家趋之若鹜,不惜血本也要拿到这块金字招牌。相比之下,传统医药、民间文学类的项目则冷清很多。在保护中,美术类和技艺类的项目常常因为可展可售可互动获得了更多宣传的机会,成了社会关注的焦点和宠儿,代表性传承人也活跃于各大场合,成了非遗保护的最大受益者。而民间文学和部分小众项目由于投入成本大而后期收益小常常得不到重视,即使列入名录也默默无闻。

（四）名称混乱

非物质文化遗产所包含的类别和形态过于丰富,就目前公布的名录看,存在着种属类型混杂排列的不当问题。虽然文化部对于项目认定出台了一些标准,但并没有对项目命名有明确的要求,这就导致公布的项目名称标准不一致和混乱。例如文化部公布的木雕的项目名称:

批　次	项　目　名　称	
第一批	Ⅶ-40	潮州木雕
	Ⅶ-41	宁波朱金漆木雕
	Ⅶ-42	乐清黄杨木雕
	Ⅶ-43	东阳木雕
第二批	Ⅶ-58	木雕(曲阜楷木雕刻、澳门神像雕刻、武汉木雕船模)
第三批	Ⅶ-58	木雕(紫檀雕刻、莆田木雕、花瑰艺术、剑川木雕)
第四批	Ⅶ-58	木雕(永乐桃木雕刻、东固传统造像、通山木雕)

可以看到,在第一批项目命名时,每一个木雕项目都单独成项,在之后几批的命名时文化部意识到这种方式将导致编号无比冗长,于是将所有木雕类

项目作为子项合成一个大项目,给予一个编号,这是一个边实践边摸索的纠偏过程。但对于项目命名方式还是存在着混乱的现象:有的以地域来命名,如潮州木雕、东阳木雕、剑川木雕、通山木雕;有的以材质来命名:紫檀雕刻,乐清黄杨木雕、曲阜楷木雕刻、永乐桃木雕刻则是地名和材质的结合;有的以地名和雕刻内容来命名:澳门神像雕刻、东固传统造像、武汉木雕船模;花瑰艺术,则采用了历史上的称呼"花鬼艺术"的改编;宁波朱金漆木雕"三分雕刻,七分漆匠",说明了朱金漆木雕的特色主要在于漆而不在雕,这又是工艺上的区分。由此可见,在公布命名时并没有一个明确的标准。这种随意的命名方式已经造成了名录体系的无序,需要文化部出台一个统一的命名标准。

（五）权威性存疑

不可否认的是,无论是非遗名录项目还是代表性传承人的申报、评审,都是各方利益博弈的结果。其中有应该成为该项目保护主体的单位,却没有进入政府确认的保护主体的情况,也有杰出的传承人,却不是该项目的代表性传承人,而认定的代表性传承人并不被业内公认的现象。

究其原因,首先是申报条件设定的模糊给了人为影响很大的空间,已经造成不少地区名录项目和代表性传承人在一定程度上的泛滥和异化。对于非遗项目的认定,《国家级非物质文化遗产代表作申报评定暂行办法评审标准》规定如下:

1. 具有展现中华民族文化创造力的杰出价值;

2. 扎根于相关社区的文化传统,世代相传,具有鲜明的地方特色;

3. 具有促进中华民族文化认同、增强社会凝聚力、增进民族团结和社会稳定的作用,是文化交流的重要纽带;

4. 出色地运用传统工艺和技能,体现出高超的水平;

5. 具有见证中华民族活的文化传统的独特价值;

6. 对维系中华民族的文化传承具有重要意义,同时因社会变革或缺乏保护措施而面临消失的危险。

对于代表性传承人的认定,《国家级非物质文化遗产项目代表性传承人认定与管理暂行办法》规定：一是掌握并承续某项国家级非物质文化遗产；二是在一定区域或领域内被公认为具有代表性和影响力；三是积极开展传承活动并培养后继人才。这些条件都没有硬性标准，存在着很大的模糊性，给了参与评定的专家很大的裁量权，而专家并非对每个申报项目和代表性传承人都了然于胸，因此评判结果有时并不尽如人意。

其次，申报的流程设定也导致了部分不够具有代表性的项目单位和传承人入选。由于项目和项目申报单位是捆绑认定，专家认定时所考量的因素主要是这个项目是否具有保护的价值，而对于项目申报单位的代表性和能力的考量则处于相对次要地位。一旦项目被认定，项目申报单位也同步公布，这就导致了该项目申报单位并非是保护的最佳主体也能入选的情况。而代表性传承人也往往由该项目保护单位推荐，即使非该单位上报，也须经过该单位认可盖章，这种权力垄断使得一些真正有水平的传承人没有机会上报，也使得一些有水分的传承人得以入选。另外社会上很多艺人并不了解非遗，没有提出申请，也就不可能被认定。

再次，一些客观因素也导致了官方认定与民间认同的差异。由于代表性传承人的评选标准包括了获奖情况、参与公益活动等具体评价参数，而对于民间的艺人来说，由于机会和资源的缺乏，无论是从获奖情况还是参与公益活动等方面都比不上在体制内从业的艺人，使一些艺术水准也比较高、同样也在传承技艺的民间艺人失去了争夺代表性传承人名号的机会。

二、 保护中存在的问题

（一）管理体制不顺

非遗项目涉及门类众多，如医药、科技、卫生、宗教、商业、旅游等诸多方面。由于各部门的隶属关系、职能分工不同，目前尚未形成有效的联动协调机制，统筹不顺。例如上海市黄浦区目前共有 27 个国家级、市级项目，其中 13 个国家级项目中 11 个不归文化管理部门主管，14 个市级项目（不含国家级项目）的主管单位 13 个也都不在文化管理部门，大多属于商委的管理系统。虽然黄浦区很早就成立了区级联席会议制度,但随着两次行政区域的合并,领导干部的频频调动,联席会议制度早已形同虚设。受到主管权力的限制,黄浦区非遗保护工作开展起来具有很大的难度。又如龙华庙会原来主要由徐汇区旅游局负责承办,现在虽然已被列为国家级非遗项目,但是其相关的活动仍然主要由旅游局负责,其中与龙华寺相关的部分内容,又涉及宗教局,而龙华庙会项目的各项具体保护工作,却主要是由徐汇区文化局负责组织落实。可见龙华庙会作为一项独立的非遗项目,在事权上分散不统一的现象较为突出,对项目保护影响很大。

同样,非遗保护工作要取得成效,离不开社会各部门的支持和配合。离开了教育部门的支持,难以有效搭建非遗进校园、进课堂活动平台;离开了宣传部门、旅游部门的配合,非遗养在深闺人不识;没有人事部门研究制定培养激励体系,人才流失问题难以得到根治;没有财政部门专项经费的支持,保护工作难以为继。要形成众多部门合力保护的局面,必须制定协调联动机制。

(二)保护单位不匹配

目前非遗项目基本上采取较为单一的保护点管理方式,即由一个项目保护单位来承担对于某一项目的保护与管理工作。在保护中,有些项目保护单位由于单位人员变动、领导变更、保护主体更改、保护单位倒闭等因素,造成某些项目管理不力,处于放任自流的状态;有些项目保护单位规模小,生存困难,无法分出人力、物力和财力从事保护工作,陷入濒临灭绝的状况;有些项目保护单位虽然有进行保护的热情和愿望,但又没有能力统筹全市的资源,无法胜任市级甚至国家级项目的全面保护;有些项目有多个保护单位,彼此之间闹矛盾,不支持,不配合。这种种资源不匹配的现象对保护工作的可持续发展造成了诸多不可控因素,是不利于长远健康发展的。

(三)传承队伍弱化

非物质文化遗产主要依靠代代相传的传承机制得以维系,失去了传承,非物质文化遗产就等于失去了生命。但目前非遗传承过程中存在着不少问题:

1. 代表性传承人整体年龄结构明显趋于老龄化,尤其是 70 岁以上的高龄代表性传承人占有相当数量,因年事已高、行动不便,多依靠别人照顾,对非物质文化遗产项目传承工作的开展已十分困难,每年都有不少代表性传承人去世;
2. 有些代表性传承人虽然很有名气,但是平时事务繁忙,应酬甚多,无暇认真带好徒弟,"传承人不带徒弟,带徒弟的不是传承人"的现象不是个案,以致影响了传承技艺的质量;3. 代表性传承人大多是退休工人,或移居外地,或游离于保护单位之外,这类传承人很难得到有力的资金、场地、社会资源上的保障,所承担的传承保护工作形同虚设;4. 年轻人参与意愿不足,非遗传承后继乏人。

(四)保护工作错位

传承人及广大民众是非物质文化遗产的传承者与享有者,是非遗的真正主人。但在"政府主导"思想的指挥下,地方政府一旦表现出对非物质文化遗产保护的热情,常常转变成大包大揽的强势,或过度干预,或急功近利,挫伤了民间社会保护文化遗产的积极性,非遗往往变成少数文化部门的行政事务,这种"越俎代庖"的现象显然与国际社会早已确立的"文化自我表达"和"尊重有关社区、群体和个人的非物质文化遗产"之基本原则相违背。

在见效快、出成绩思想的统领下,很多项目保护单位过分追求规模上的轰轰烈烈和形式上的亮丽华彩,但对于调查、记录、建档等见效慢的保护工作热情不高,不愿意投入更多的精力从事基础性工作。

(五)资金投入不足

2006 年中央财政设立了国家非遗保护专项资金,已累计投入 42.16 亿元,上海累计获得中央补助 2 977 万元。2012 年,上海市文广局和市财政局共同设立市级非遗保护专项资金,截至目前累计投入 3 807.6 万元,以期支持保护工作的开展。然而,本市非物质文化遗产项目总量较大,每年的市级专项资金对于项目的覆盖率约 22%,还有近 80% 项目无法获得补助,只能采取轮流补助的形式。非遗保护工作具有长期性、延续性,这种补助方式造成保护单位制定的 5 年长期发展规划难以落到实处,保护工作出现断层,不利于项目的健康发展。当前区级有配套资金的还是少数,对非遗经费的投入多少全凭各区领导的重视与否,因此区级配套经费投入方面还存在着很大的随意性。

《上海市非物质文化遗产保护条例》规定,区、县人民政府应当参照本市非物质文化遗产保护专项资金的相关规定,设立本级非物质文化遗产保护专项资金。未来本市非遗将获得更多的保护资金,这对于保护工作是重大利好。分层级地设立非物质文化遗产保护专项资金是第一步,如何使用好资金才是更重要的。专项资金的使用方式、程序和监督机制都需要进一步完善和细化,从而使非物质文化遗产的行政保护更加透明化、公平化。

三、建 议 措 施

针对以上在非遗申报和保护中出现的问题,我们可以学习国外成熟的经验和做法,针对现阶段体制和制度中不足的部分予以改进,采取更加合理有效的措施,使非遗保护工作更加长效化、规范化。

(一)完善申报机制

项目的真实性原则如何保障? 让我们来学习一下日本的申报制度,他们对无形文化财的认定实行政府"指定"与传承人直接"登记"相结合的"双轨制"。1954 年日本政府出台了"重要无形文化财"的指定制度,对那些艺术上有很高价值,在舞台艺术史、工艺史上占有重要地位,具有艺术价值或历史地位,并具有地方特色、流派特色的无形文化财加以指定。后又增加了由传承人直接"登记"的"文化财登录制度",符合非物质文化遗产传承人条件的公民可以随时申报,有关部门按年度对申报人定期考核,并对传承人实施动态管理,年度更新。两条腿走路的申报制度弥补了单一模式的缺陷,更加合理有效。

对重要无形文化财的指定和传承人的认定程序是: 第一,文部科学大臣向文化审议会中的文化遗产分科会提出咨询;第二,由文化遗产分科会向有关的专业调查会提出调查委托,专业调查会组织专家学者对候选的指定对象进行翔实严谨的调查研究,并完成书面报告,调查所获资料将成为指定的科学依据;第三,文化遗产分科会审议并向文部科学大臣提出报告;第四,由文部科学大臣决定指定与否,一经指定,即发表官方公告。

同样,法国在保护文化遗产中的做法也类似,文化遗产普查活动主要由文化艺术遗产委员会负责实施,该组织主要由相关领导组成,负责调查计划的起草、调查方法与调查标准的制定,而地方委员会则负责调查一线工作,主要由大学教授、科研工作者、考古学家、古建筑维护方面的技师及博物馆、图书馆等方面代表组成,专门负责调查、研究、教学及资料收集等工作,以确保保护工作的科学性和持久性。

可见,由专业的委员会在调查的基础上形成调查报告,保证了调查工作的真实性、严谨性、公正性,再根据其学术价值、历史价值和艺术价值三条标准确立项目名录,可以很好地杜绝鱼目混珠的现象,项目的完整性和真实性有相对的保障,值得学习和借鉴。

为了弥补代表性传承人申报制度的缺陷,根据2016年5月1日起施行的《上海市非物质文化遗产保护条例》第28条规定:代表性传承人包括个人和团体。今后市文广局将出台保护团体认定的具体政策,代表性传承人和团体共同承担起保护的责任。这一符合非遗项目实际情况的改进措施将使传承团体的荣誉感和保护积极性显著提升,也为上海非遗保护机制的创新迈出了坚实的一步。

(二)细化管理机制

1. 健全联席会议制度。健全市级和区级的非遗保护工作联席会议制度。联席会议是非物质文化遗产保护工作的领导机制和协调机制。通过整合各部门资源,凝聚共识,统一协调解决非物质文化遗产保护工作中的重大问题,尤其是财政局、教委、经信委、卫计委、旅游局等与非遗保护工作息息相关的部门,要建立长期的定时的沟通合作机制,加强协作配合,全面推动非物质文化遗产保护工作。

2. 细化项目和代表性传承人退出机制。保护工作缺乏退出机制,对项目保护单位和代表性传承人缺乏约束,在一定程度上导致了"重申报、轻保护"、

"不作为"行为的频发。2012年文化部对105个国家级非物质文化遗产代表性项目保护单位进行调整、限期整改和撤销。其中对97个项目保护单位进行调整的主要原因是：原保护单位不具备独立法人资格或没有独立账号，难以履行项目保护单位职责。对8个项目保护单位提出批评、限期整改或撤销的主要原因是：相关单位履责不力，未能采取有效措施开展保护传承工作。这次整改是对"有进有出"、"优胜劣汰"的退出机制的一次试水，虽然力度不大，但给那些申报动机不纯、保护手段不当的地方和单位提了个醒，也表明了文化部要实行退出机制的决心。只有"有进有出"的制度设计才能保证非遗成为一潭流动的活水，对保护不力和进行破坏性开发的保护单位予以警告，确实不符合名录标准、没有资格继续列入名录的予以除名，也让更多有意愿、有能力的单位进入保护队伍，有利于增强保护工作的自我换血能力和可持续发展能力。

对代表性传承人的退出机制的细化也是目前急需出台的内容，2008年颁布的《非物质文化遗产项目代表性传承人认定与管理暂行办法》规定：丧失传承能力、怠于或不愿履行传承义务及因触犯国家法律而剥夺公民权利的，将取消其代表性传承人的资格。这一规定虽是合理的，但也存在着不够细化的问题。一是对怠于履行或不愿履行传承义务缺乏判断依据；二是对丧失传承能力的代表性传承人后续扶持和补助没有明确的规定。联合国教科文组织《关于建立"人类活珍宝"制度的指导性意见》指出，某些时候，列入"人类活珍宝"名单的人由于年纪或脑力衰退，已经不能履行上述义务。无论如何，那时就撤销他们的"人类活珍宝"称号是不公平的。因为资助或奖励的一部分是荣誉性的，最好是允许他们保留在名单之中而减少部分奖励，如减少每年的资助额。而另一方面，如果他身体健康并能够承担规定的传承义务而拒绝承担，在事先警告无效的情况下，撤销其奖励就是恰当的。上述表述为实施代表性传承人的退出机制指明了方向。

3. 建立督查评估制度。建立健全市、区文化部门的监管机制，把保护与管理目标任务分解到各级文化主管部门、具体到项目、落实到岗位、量化到个人，做到事先有方案，平时有跟踪，阶段有评估，成效可检验。通过评估把握进度，评价效果，发现不足，及时修订政策，完善规范。评估结果可以公开的都要向社会公开,接受公众监督,强化对保护单位的责任约束。对管理不到位、玩忽职守、履责不力,致使非遗项目受到损害和破坏的行为,要追究相关部门和人员的责任,构成犯罪的,要依法追究刑事责任。对于考评成绩优秀、工作成绩突出的单位与传承人,要通过各种方式进行表彰与奖励,在资金申报时予以倾斜,促其在保护工作方面做出更多的成绩。

4. 优化管理模式。因考虑到有些保护单位在人力、财力等方面的不足,可以尝试推行与市非遗保护中心、区非遗保护分中心,或者其他有关单位进行共同管理的模式,在有关非遗项目保护的规划制定、措施落实、资金运用以及传承人培养方面,实行共管共理、协调运作。也可尝试推行委托社会第三方组织(如上海社科院、上海民协、上海工艺美术研究所等)进行有关项目的"委托管理"模式,由这些专业机构或社团组织承担相关保护项目的部分管理工作,但官方的督导力度必须加强。

(三)关注传承人队伍

代表性传承人是保护工作的核心。政府要尽可能地为代表性传承人提供传承空间和传承条件,对传承人的传承活动给予经费补助,尤其是后继人才的培养,更要予以重点支持。研究制定对学艺者、继承者的助学、奖学等激励措施,在达到一定资格条件后可以提供专项助学资助,逐步建立起长效的传承机制。通过设立"最佳薪传奖"、"最佳新人奖"等奖项,对传承人自身和其所带徒弟的作品进行展示展演,既能鼓励师傅进行技艺的不断创新,也能通过徒弟证明其传承工作成果。

自 2008 年开始,中央财政开始对国家级代表性传承人开展传习活动予以补助,补助标准为每人每年 0.8 万元,2011 年补助标准提高至 1 万元,2016 年开始,补助标准提高至每人每年 2 万元。上海市级代表性传承人的补助费用仅 70 岁以上可申请(6 000 元/年),2017 年开始对市级代表性传承人的补助将全面铺开,鼓励传承人更好地投入到传承保护工作中去,但对其工作绩效还有待进一步加强评估。

除了被认定的代表性传承人外,我们也应该更多关注普通传承人,作为非物质文化遗产的承载者和传递者，不论是普通传承人还是代表性传承人，都是非物质文化遗产中不可或缺的因素。应该在制度设定上予以扶持帮助和保护政策的倾斜，鼓励其和代表性传承人一起承担起非遗传承的重任。

（四）鼓励社会参与

积极探索建立行业协会、民间保护组织、传承人联盟、非遗保护基金会等组织机构，协调、整合各方力量，充分发挥民众在非遗保护中的主体作用。通过建立各种文化类民间社团组织，最大限度地促进社区参与，是我国非物质文化遗产保护的发展方向，也是联合国教科文组织力推的成功经验。

在日本，原则上是国家、地方公共团体、文化遗产所有者及全体国民共同进行保护，日本全国各地几乎都建立有保护地方文化遗产的民间社团组织，像"狮子舞保护协会"、"花祭保存会"、"田乐保护协会"等，这些地方性和民间性的文化遗产保护组织，可以说发挥了核心、骨干和社会动员的作用。[1]

在法国，具体的文化遗产事务大部分由文化部所属的历史纪念物基金会、文化艺术遗产委员会、考古调查委员会等民间社团完成，还有相当一部分由私人进行管理（著名的埃菲尔铁塔就是由私人管理的），甚至由私人所有，法国政府直接管辖的文化遗产数量不超过 5%。法国对文化遗产的保护主要采取国家财政拨款方式。但同时还设立文化信贷，对地方重点文物机构和非物质文化遗产项目给予经常性的财力支援，对民间文化团体每年给予固定的补贴，成立保护抢救专门的基金会，向文化遗产的个人所有者提供文化遗产复原、修缮资金等。[2]

上海各类行业协会、社团组织比较发达，这是上海的优势。大力发展行业协会，鼓励行业协会更多地参与到非遗保护工作中来，是上海非遗保护可以挖掘的重要力量：① 以行业协会来申报项目和代表性传承人，能提高项目保护单位和代表性传承人的权威性，有利于项目的统一管理和统一运作，改变目前

---

① 周星、廖明君：《非物质文化遗产保护的日本经验》，《民族艺术》2007 年第 1 期，第 26—35 页。

② 陈映红：《美法日韩等国文化遗产保护的经验》，《当代广西》2008 年第 21 期，第 52—53 页。

部分项目保护单位势单力薄的短板和同行内耗的局面。② 行业协会掌握着丰富的市场信息,他们深谙营销之道,可以通过统一策划和包装,集中力量打造一批优秀民族品牌,帮助非遗产品提高知名度,使传承人不会因为小众而在激烈的市场竞争中面临淘汰困境,改变非遗不断被边缘化的倾向,整合力量,做强做大。③ 积极创造条件,广泛吸收社会各界捐助,引导社会资金注入非遗保护事业。通过企业赞助和民众公益性支持,扩大非遗融资渠道,弥补政府投入不足的缺口,从根本上减轻政府财政负担,增强非遗保护的社会参与力度。

非遗保护事业已在社会上形成了热潮,基础保护工作也已全面铺开,今后工作的重点是正确把握发展方向进行深耕细作。非遗项目种类丰富、各项目间领域跨越较大,这种多维度和广泛性加大了保护工作的难度,不同项目间的不可复制性也决定了我们无法制定一套万能的保护模式,也不可能走某种绝对意义上的必由之路,需要上下一心,在探索过程中不断积累经验,完善保护机制,为非遗事业开拓更广阔的发展空间。

5

上海松江区非物质文化遗产
保护工作经验研究

陆春彪　赵李娜[*]

摘　要　在全球化和城市化的浪潮中，保持自己地方传统文化的活力与凝聚
力是本地政治、经济、文化建设的重要课题，也是增强地方认同和社
会长治久安的有利载体。近十年来，在"政府引导，制度先行"的保障
机制指引下，松江区的非遗保护工作采取了"群文工作、活态传承"的
工作理路，以"搭建平台、培育主体"为重点导向，坚持"参与展示、拓
展交流"的活化态度，取得了一定的成绩。

关键词　松江区　非物质文化遗产保护　经验

松江，古称华亭，又有"云间"、"茸城"、"谷水"等别称。其地之兴盛自唐
天宝十载吴郡太守置华亭县始，经五代、北宋、南宋，到元代至和十四年（1277
年）升为府治。明代，松江已发展成为江南地区经济文化繁荣的名城。千百年
来这里出现了不少名垂史册的文学家、美术家、书法家，长期悠久的文化积淀，
更是孕育了大量多姿多彩、别具松江地域特色的民族民间艺术。2005 年 8 月
以来，按照文化部和市文广局有关要求，成立了松江区非物质文化遗产保护分
中心，开始启动松江区非物质文化遗产（以下简称"非遗"）普查保护工作。十
多年来，在政府机构、当地文化部门、社会团体及民众的共同努力之下，秉承着

---

* 陆春彪，松江区保护非物质文化遗产分中心办公室主任；赵李娜：上海应用技术学院副教授，
云间非遗研究工作室校方负责人。

"保育文化资源、传承云间文脉"的精神与理论指引,松江区的非遗保护工作取得了不少成绩,积累了一定的经验,总结如下:

一、"政府引导,制度先行"的保障机制

近年来在市文广局、市非遗保护中心的指导和区文广局的统筹领导下,松江区的非遗工作得到了区委区府的高度重视,认真贯彻落实非遗保护的各项法律法规,坚持"保护为主、抢救第一、合理利用、传承发展"的工作方针,以普查申报为基础,以培训提高为抓手,以宣传展示为载体,以传承发展为目标,全面推进全区非遗保护传承工作的开展。

根据近年来普查情况,松江区内的非物质文化遗产种类多样,内容丰富。目前已有 3 项非物质文化遗产资源被公布为国家级非遗项目,有 9 项被公布为市级非遗项目,还有若干被公布为区级非遗项目。在非遗传承人的认定方面,共认定国家级非物质文化遗产项目代表性传承人 2 名,市级非物质文化遗产项目代表性传承人 16 名(含国家级)以及区级非物质文化遗产项目代表性传承人 41 名(含国家级、市级)。非遗项目被公布以后,非遗传承人被认定之后,最重要的是从制度上对其进行保护,以使这些项目与传承人获得良好发展态势。其中,重要的经验有如下三点:

1. 在制度保障方面,地方政府高度重视,经费保障到位

松江的非遗保护与传承工作得到了区委区府的高度重视,每年的保护经费都如数下拨。2014、2015 两年,区财政下拨非遗保护工作专项经费 685 万,其中项目保护经费 419 万元,传承人传承经费 38.8 万元,传习基地保护经费 45 万。全区非遗保护单位 17 个,根据《非遗法》等法规的规定,各实际保护单位都配套相应的保护经费,实行属地化管理(基本经费纳入当地政府财政预算)用于非遗保护和传承。

2. 在具体使用方面,坚持严格评审,确保专款专用

区财政所下拨的非遗保护经费的发放均由区文广局全面统筹,根据项目和全年保护传承工作的实际开展情况,做到经费合理发放,科学监管,确保专

款专用,规范有序。从2015年开始,根据项目和全年保护传承工作的实际开展情况组成专家组进行评审,根据评审的实际数额划拨保护经费。基本做法是:由项目保护申报单位负责人现场陈述本年度各保护项目和传承人专项资金申报的有关情况,接受评委的提问,再由专家进行审核。这种方法既加强了松江区非物质文化遗产保护专项资金管理,也加快了项目实施进度,提高了财政资金使用效益。此外,每年年中还要对经费使用情况进行抽查,尤其是对保护单位的配套经费的使用情况进行科学监管。

3. 在操作实践方面,区镇统筹协调,保护有条不紊

在地方政府的指导下,松江区非遗保护分中心继续深入基层,扩大非遗普查范围,将调查资料进行归纳整理,进一步完善和充实中心数据库,以便积极组织第四批和第五批上海市非物质文化遗产项目和代表性传承人申报工作,完成第五批松江区非物质文化遗产名录和第三批松江区非物质文化遗产代表性传承人申报工作,组织专家进行评审,区政府进行公布。与此同时,区非遗分中心还充分发挥其督导与服务角色,要求保护单位年前有计划,年终有总结。对于高龄传承人,做到经常关心、上门探望等,让他们有温暖感和家的归属感,将更多时间和精力投入到非遗保护传承工作。

在"政府引导、制度保障"的保障机制下,全区已经达到非遗保护的自觉愿景与良好态势。以"文化遗产日"活动为例,每年的这个时间松江区都以区非遗分中心为牵头单位,组织发动各街镇、各保护单位开展一系列非遗活动。如2016年文化遗产日就达到每个街道都有非遗传承相应活动的局面——岳阳街道举办了"千年依旧的婉约青涩——顾绣作品拍卖"主题活动和"心香一缕、风华绝代"松江顾绣研究所顾绣作品展;叶榭镇举办了"丝竹传情、米糕溢香"非遗进社区活动;方松街道举办了"非遗保护与城镇化同行"专场演出和主题讲座;佘山镇开展了"文化魅力"首届非遗文化展演展览活动和"丝竹雅韵·古塔呈辉"民间艺术展演活动;泗泾镇首届文化艺术节中举行了非遗专场展演;新浜镇开展了非遗展演和非遗进校园讲座;上海顾绣文化发展有限公司与上海外事办组织50多位外交官、签证官到醉白池穆芳斋参观顾绣等。一系列丰富多彩的宣传展示展演活动,使非物质文化遗产保护行动在城镇、在校园遍

地开花,在市民中进一步普及了非遗知识,强化了保护意识。

二、 "群文工作,活态传承"的工作理路

非物质文化遗产作为松江千年历史文脉中民间性、生活性较强的一类,自然是由本区域的民众好尚与审美浇灌而成。在全球城市化、城镇化的今天,生存环境的缺失、内在价值的流失以及生活审美的丧失都是文化遗产濒临灭绝的主要根源所在,因此若想从根本上保护本地域遗留下来的或者现在仍存余韵的非物质文化遗产,在宣传、普及教育方面还要下一番功夫,这方面松江已经做了一定的尝试。其中重要的路径即是将群文工作与非遗传承相结合,通过各种群众文化工作将非遗作为生活文化融入其中而进行宣传,这也是由松江非遗保护分中心自身的历史渊源与现有架构决定的,群文工作与非遗保护结合而行,是两方面工作都能得到促进的一种状态;同时,二者和谐交融,最终在非遗保护与传承的全民宣传与普及方面达到了某种程度的理想目标。

正如前所述,松江由于历史悠久、底蕴深厚,在千百年长期发展中先民给当地遗留了数量巨大、门类齐全的文化遗产,非物质文化遗产更是贴近群众生活日常与审美的一种文化遗产。松江区首先组织了市民文化艺术节、市民手工艺大赛等传统群文项目,将本区的大量非遗项目通过传承人手口展示于民众当中,在一定程度上起到全面普及的宣传意义。如2015年上海市民文化节市民手工艺大赛松江区选拔赛暨2015年松江区"百姓明星"评选活动家庭手工艺大赛在文化遗产日期间举行。来自松江14个街镇、单位的42名选手各自拿出浑身绝艺,在赛场一较高下。这次共有顾绣、剪纸、竹编等17项手工艺参加比赛。在上海市民文化节市民手工艺大赛中,松江区共推选30件作品参赛,最终唐正龙、马金城、彭逸民、屠四毛、庄美金五位的手工艺作品获得"2015上海市民文化节手工艺精品获奖作品"。将非遗保护活动融入市民文化艺术节、松江区百姓明星评选等特色活动,形成了具有独特魅力的品牌,与此同时,将非遗保护工作与群文工作相结合,许多非遗传承人被评为区百姓明星,起到

了很好的宣传效果,带动和推动了非遗保护的步伐。

此外,本区域还拥有众多的典型与优秀非遗项目,当地保护中心也见缝插针地通过一些文化活动与交流展演进行宣教,本区的许多非遗项目与民俗遗产如民间故事、江南丝竹、顾绣文化、筷箸文化等都在这些群众文化活动中达到一定的宣传作用。如在口承语言民俗的展演方面,持续四年举办松江区民间故事演讲活动,用松江地方方言讲述民间故事,组织故事员进行故事录音,充实松江民间文学的资料库,并通过松江广播电台"百姓书声"栏目进行播放,让广大市民通过聆听民间故事,激发爱我美丽家乡的情怀。此外,松江江南丝竹交流展演已连续举办了四年,活动中还分发了松江江南丝竹册页,图文并茂地介绍了松江江南丝竹的历史、发展以及各支乐队的活动情况,促进了全区各江南丝竹队伍间的交流,广泛普及了松江优秀的民间音乐。2015 年"丝竹雅韵·云间新声"松江区江南丝竹音乐会首次尝试在商业广场举行,反响热烈。全区各街镇的江南丝竹队伍有 11 支,演员达 160 余人,其中年龄最大的 80 多岁,最小的 12 岁,集中呈现了松江江南丝竹的传承梯队。在国家级非遗顾绣的保护工作上,也运用了群众文化工作的有益经验,充分发挥民众对于本区非遗保护的主体作用。为形象展示顾绣女红的发展脉络,三位摄影百姓明星运用摄影作品拍摄了《影像顾绣》,以真人演绎顾绣的历史,以顾绣产生和发展的几个重要人物为主线,让观众在感受唯美的画面的同时,对顾绣有一个系统深入的了解。展览先后松江在非遗传习基地、上海市群众艺术馆、2015 丽水摄影节中展出。

三、 "搭建平台,培育主体"的重点导向

非物质文化遗产是民族民间优秀传统文化的集中展现,保护和传承它们自然也应该主要依靠民众力量,因此培育以社区群众为主体、众多场馆为载体的非遗保护与传承空间成为松江区非遗保护的重点导向与核心目标。

首先,以各非遗传习(展示基地)为空间载体与活动场所,将各类非遗项目向公众展示,是松江非遗传习的一大特色。

　　松江其地历史悠久,向以人文渊薮著称,星罗棋布的历史建筑和典型民居有些仍存民间,是文化遗产的物质形态,利用及活化这些建筑作为非遗的展示场所使得该区内的物质形态与非物质形态遗产的展示与宣传相得益彰,达到良好效果。如位于松江镇老街上的松江非物质文化遗产传习基地原来就是一处百年的三进雕花楼院落,非遗分中心将其修葺一新添加古家具后,于2013年6月9日正式启动,分为作品展览区、制作演示区、互动体验区、艺术欣赏区等,以静态和动态相互结合,把参观者带进松江民俗文化生活的美妙诗篇中。传习基地常年免费对外开放,每月安排江南丝竹欣赏、皮影戏表演、名医坐堂等非遗活动。开放至今已接待参观人数32 018人,参加活动人数8 002人,总参与人数40 020人。2016年起由筑舟文化发展有限公司管理,试行社会化运作。无独有偶,泗泾镇非物质文化遗产传习基地的主体建筑也是该镇一座古老雕花民居,已于2015年年中完成内部布置,成为泗泾镇国家级非遗名录"泗泾十锦细锣鼓"、市级非遗名录"皮影戏"等非遗项目传习基地。

　　在活化物质文化遗产同时,松江非遗中心还在各村镇开辟具有其社区地域特色的文化展示场所。如2009年12月8日开馆的松江民间文化展示馆,内展松江国家级、市级、区级非物质文化遗产等图文资料。常年对外免费开放,不定期举办各类民间艺术展示和展演活动,作为宣传松江非遗文化的重要窗口和展示民间艺术的宽阔平台。新浜镇文化艺术展示厅于2012年8月中旬免费对外开放,分为枫泾暴动史料展、非物质文化遗产展示两大展区。主要通过图文介绍、实物展示、音像播放等形式,全面系统地展示了近年来新浜镇爱国主义教育以及非物质文化遗产保护工作所取得的成绩。叶榭镇非遗展厅于2013年3月对外开放,设置7个展区,除展板介绍外,还设立竹艺制品展示、草龙求雨仪式展示、水族舞道具展示等实物展示区,常年免费对外开放。叶榭学校内也开设舞草龙陈列室,宣传推广舞草龙项目。

　　在将各地非遗及传统文化展示中心作为活化承载空间及载体的同时,非遗分中心还注重区内传承主体的培育与培养,将大学、中小学及特殊机构作为区内非遗传承的主体阵地,使各类在校人员成为传统民间文化保护的重要生力军。如连续八年举办非物质文化遗产进校园活动,在岳阳小学、松江一中、松江大学城等 10 多所校园相继开展。活动通过舞台呈现、文字图片介绍、分发相关非遗资料、非遗书签、非遗书籍及老艺人现场技艺展示等方式，让学生们深层次了解松江非物质文化遗产，传承民间技艺，感受中华传统文化的价值和魅力，增强民族精神和爱国热情。2016 年 6 月，松江区文广局分别和上海视觉艺术学院、上海工程技术大学、松江区教育局签订《关于开展非物质文化遗产进校园活动的意向书》《松江区文教结合合作意向书》，在上海视觉艺术学院设计学院、上海工程技术大学服装学院开设学分制的非遗课程。并在上海工程技术大学服装学院成立"松江顾绣和海派旗袍研发中心"。在宣传非遗保护传承的同时，还注重其活化与创意利用。与视觉艺术学院联合举办"泰生活"创意市集，以松江非物质文化遗产为元素，以创意产业为主轴，以学生为主要对象，利用大学城的学术理论资源，促进产学研的有效结合，通过把松江的非物质文化遗产引进校园，让更多学生了解并通过其艺术才华再创作，将成型的产品向更多普通百姓展示，推动松江文化创意产业的有序发展。

不仅是在大学，松江非遗分中心还常年在新桥学校、松江老年大学、泖港五库学校、永丰街道社区文化活动中心等社区、学校开展剪纸培训班；顾绣工作室与三新学校合办了十余期顾绣兴趣班；三新学校被评为第一批全国中小学中华优秀文化艺术传承学校；在泗泾学校、叶榭学校、新浜中学等学校开展十锦细锣鼓、舞草龙、花篮马灯舞等项目的传承普及活动，定期开展非遗宣传培训；在区残联阳光之家、九亭第三小学、仓桥学校开设丝网版画工作室；尤其是在青浦监狱为服刑人员举办 5 期"艺术净化心灵，文化点亮新生"松江民间技艺培训班，开设了顾绣、书法等课程，近百名服刑人员参加了培训。以松江优秀的民间文化为媒介，对服刑人员进行熏陶教育，提升民族自豪感；此外，由非遗保护分中心牵头，在泗泾镇、叶榭镇及松江非遗传习基地开设了暑期非遗培训班；车墩镇开展了女子丝网版画培训班、暑期少儿丝网版画培训班、"侨之韵"丝网版画培训班等，576 名学生参加学习体验；余天成医药有限公司多次开展公益活动，不仅提供中药药学、中医养生咨询服务，还到社区举办中医药养生讲座和中药知识培训班。

最后，在非遗工作保护开展过程中，松江区也注重与学术团体以及高校专家的积极合作,充分利用知识精英的专业能力及民间非遗团体的力量进行联合保护,达到事半功倍的积极效果。如对于本区内非物质文化遗产"舞草龙"的保护与传承工作,从一开始就借助上海高校专家力量进行项目调查、书籍编写以及保护策略的商讨,与沪上高校从事非遗的专业学者成立"云间非遗研究工作室"等,还注重借助全国学者之力进行保护宣传工作。如2015年7月举办的"舞草龙"保护工作研讨会就吸引了来自全国各地的十名专家参加研讨。会上,专家们就"舞草龙"的保护传承情况和面临问题进行了分析,对该项目的传承保护方法、措施进行了讨论并提出了合理化建议,解决了传承保护中的部分困难,为进一步推动舞草龙项目的保护传承工作指明了方向。与会专家还参观了松江非遗传习基地、叶榭非遗展示厅、泗泾非遗传习基地等,对于松江非遗工作给予肯定,特别是非遗传习基地的免费开放活动大加赞赏。此外,松江还注重与民间学术团体的联系与互动,如与上海筷箸文化促进会的合作与互动。为进一步深化、细化中国传统文化的研究和传播内容,结合第九届上海朗诵艺术节系列活动和非物质文化遗产保护的相关工作,唤醒人们对中华传统筷箸文化的记忆,弘扬中华文明,继承祖国的优秀传统,松江非遗中心与上海筷箸文化促进会举办了"对联颂筷"的征文活动,此次征文共收到全国来稿对联1 200余副,颁奖仪式于11月5日在钟书阁举行,现场反应热烈,起到了良好非遗保护宣传效果。

四、 "参与展示,拓展交流"的活化态度

非物质文化遗产作为民间传统文化,其实质为一地社区团体或个人生活多样性的表达,但松江的非遗保护传承没有只囿于一地的小小空间而原封不动,而是将这种地方文化与其他文化进行交流碰撞,从而达到艺术与审美的共通效应,为此采用了向外参展参赛的主要交流方式。

松江区内的非物质文化遗产很多都具有民间工艺美术成分,是江南传统审美的在地化展现,充分地认识到这一点,松江区的非遗保护以展示宣传作为重要平台与有力工具。如在"2014上海国际摄影节暨第十二届国际摄影艺

节"中展示 12 幅舞草龙照片,使人们充分认识到了江南稻作农耕文化下集民间工艺、舞蹈、音乐、信仰为一体的国家级非遗舞草龙的美好形象;在"2014 长三角休闲农业与乡村旅游博览会"中展示的花篮马灯舞也具有同样的审美宣传功效;"第二届上海民间艺术成果展"中入选并展出传承人戚来发的根雕作品《龙在云间——圆梦》向世人展示了传统根雕作品的艺术魅力;由松江农民主导创作的近百幅丝网版画作品入选上海中青年版画家培训计划汇报展、上海版画年度精选展、上海美术作品希腊展、第十二届全国美展、陕西全国农民画展、江西全国农民画展等活动也显示出现代江南审美的发展。此外,顾绣应邀参加"2015 中国长江非遗大展",4 名传承人现场展示了技艺;丝网版画开展,优秀画师到市区办展;《十锦细锣鼓》多次参加第十届长三角民族乐团展演并获得优秀团队奖;新创作的山歌小组唱《唱唱我伲生活幸福梦》在 2014 年"上海之春"新人新作音乐类展演展评中获得金奖;中山万谷江南丝竹社在2015 海内外江南丝竹邀请赛中荣获银奖。各类参赛活动的获奖①都向世人展示着松江非遗的独特魅力。

不仅如此,松江非遗分中心还致力于走出国门、推广中华文化活动。如组织顾绣、丝网版画等非遗项目和传承人多次走出国门进行交流展示,先后到德国、法国、意大利、韩国、巴西等国家和地区进行交流展示。其中顾绣参加了2013 年法国(卢浮宫)国际非物质文化遗产博览会,11 幅作品进行展览,顾绣作品《白描观音图》被华裔投资商购入。松江非遗在世界舞台上的亮相,让众多国外艺术家对松江的顾绣作品表示了惊叹和赞许。

学者在论及民族民间传统文化之时,常会引用一句熟语"民族的就是世界的",而非物质文化遗产保护的意义和作用就在于此,作为一地团体或个人视

---

① 在上海江南之春画展中,松江区 4 幅剪纸作品入选,其中张效忠的作品《归》获二等奖。在"中国梦,我心中的梦"全国剪纸精品展中,4 幅剪纸作品获优秀奖。"情系非遗"手工系列活动之上海香囊制作大赛,松江区选送 18 件作品参赛,3 人获得三等奖和优秀奖。舞草龙在 2015 上海市民体育大联赛舞龙舞狮比赛中获传统项目二等奖。终南形意拳在上海市传统武术比赛中获得团队第一名的成绩。2014 年,松江丝网版画作品在全国群文美术书法摄影大展中,获 1个银奖,6 个铜奖;在"中国梦"主题全国农民画展中,获 2 个金奖,3 个银奖,2 个优秀奖等。

为文化遗产的各种传统，非遗的本质就是文化多样性，亦正由于此，民族文化才会丰富活力、生生不息。与全国其他城市一样，古老悠久的松江也正面临着全球化、城市化的浪潮裹挟，如何在这些冲击中保持自己地方传统文化的活力与凝聚力是本地政治、经济、文化建设的重要课题，也是增强地方认同和社会长治久安的有利载体。近十年来，在"政府引导，制度先行"的保障机制指引下，松江的非遗保护采取了"群文工作、活态传承"的工作理路，以"搭建平台、培育主体"为重点导向，坚持"参与展示、拓展交流"的活化态度，取得了一定的成绩，但也有一些不足之处和存在的问题，这些都是社会发展过程中传统与现代冲突的典型展现，也是松江区今后努力的方向。非遗保护工作，还是那句话，任重而道远。

6

当代大学生"非遗"观念的调查与分析

黄景春 洪玲芳 李 琦*

摘　要　在非遗保护观念日益深入人心的今天,不少中国高校都设置了非遗课程,而身处高校的大学生却对非遗的认知水平整体偏低。通过对上海大学、华东师范大学本科生、研究生的问卷调查可发现,大学生对非遗概念理解有偏差,对非遗的涵盖范围把握不准,对非遗保护政策和保护意义也存有误解。造成以上认识误区的原因大致有三:其一为政府在非遗保护中的主导地位过于突出,其二为高校的非遗教育投入不足,其三为非遗保护中过度商业化的负面影响。消除大学生的认识误区,需要增大对国外非遗保护理论和实践的译介力度,正确领会联合国教科文组织保护非遗的基本理念;就高校来说,应增强非遗方面的教学和科研力量,完善非遗课程体系,通过建立非遗社团、推进非遗类暑期社会

* 黄景春,男,上海大学中文系主任,教授。研究方向为:民俗学、民间文学、古代文学。洪玲芳,上海大学文学院在读研究生。李琦,华东师范大学对外汉语学院博士生。

实践活动、组建非遗保护志愿者团队等多种方式,让大学生更多参与非遗保护实践,从而把高校转变为培养非遗保护人才的大本营。

关键词　大学生　非遗观念　认识误区　原因　改进措施

自 2001 年 5 月 18 日中国昆曲进入联合国教科文组织(UNESCO)颁布的第一批"人类口头和非物质文化遗产代表作"名录,中国的非物质文化遗产保护工作正式拉开帷幕。此后,以政府为主导的非遗保护工作有序展开。[①] 十五年来,中国非遗保护工作成绩斐然,"非物质文化遗产"(Intangible Cultural Heritage)这一术语(简称"非遗",英文缩写 ICH)不断见诸各种媒体,成为中国最流行的词语之一。联合国教科文组织《保护非物质文化遗产公约》(简称《公约》)对"保护"做了界定,并指出教育是非遗传承的途径。[②] 我国有完善的义务教育制度,高等教育也很发达,完全可以通过正规教育实现非遗传承。一些地方已有计划地将非遗保护理念纳入到中小学教育体系,作为文化传承和创新平台的高校也做出了一定的努力。例如,浙江师范大学先后开出了 8 门非遗方面的课程。在上海,华东师范大学、上海大学等高校也开设了一些面向本科生的非遗选修课。个别高校还设立了学术研究性质的专门机构,如中山大学、华中师范大学都建有中国非物质文化遗产研究中心。教育部下属的中国艺术研究院还积极建设非物质文化遗产学,探索使之成为独立学科的可能性,以期全面提升非遗理论研究水平并改善非遗保护现状。

在此非遗保护语境下,我们设计了《大学校园"非遗"问题调查问卷》,共

[①]　苑利、顾军《非物质文化遗产学》一书在讨论国家在非遗保护中的作用时指出:"没有政府主导,一个国家的非物质文化遗产不可能得到精心保护。"(高等教育出版社 2009 年版,第 49 页)余悦在《非物质文化遗产研究的十年回顾与理性思考》一文中也指出:"从中国非物质文化遗产保护工作的进程,我们又一次清晰地看到,这一保护工作带有政府强力推行和节奏快速的特点。"(见《江西社会科学》2010 年第 9 期,第 9 页)

[②]　文化部对外文化联络局编《联合国教科文组织〈保护非物质文化遗产公约〉基础文件汇编》,外文出版社,2012 年,第 10 页。

12 个问题,其中前 11 个是选择题,第 12 个是问答题。2014 年 5—6 月、7—9 月,先后在上海大学文学院、华东师范大学艺术学院向在读的硕士研究生发放 100 份问卷,回收有效问卷分别是 88 份和 80 份,共计 168 份。① 2015 年 10 月,2016 年 9 月,又先后在华东师范大学对外汉语学院、上海大学文学院和美术学院,分别向本科生发放调查问卷 100 份、50 份,回收问卷全部有效,共计 150 份。② 在分析调查数据的基础上,笔者尝试归纳大学生对非遗的主要认识误区,分析造成误区的原因,提出提升大学生非遗认知水平的途径,为高校教育教学体系更好地支持非遗研究和保护实践提出自己的建议。

一、 大学生对非遗的四个认识误区

接受调查的 150 名本科生全都在 20—25 岁之间,168 名硕士研究生年龄大多数处在 22—30 岁之间,占总数的 96.43%,超过 30 岁的仅占 3.57%。这个年龄段的大学生、研究生大多数是在非遗保护语境下完成中学和大学阶段教育的。尤其是文学院、对外汉语学院、美术学院和艺术学院的大学生,学习内容与非遗关系密切。但是,我国目前的基础教育是以应试为主,较少传授考试以外的知识。大学阶段,大多数本科生专注于专业课程的学习,或转向考研准备,又陷入新一轮的应试过程,很少涉猎非遗知识。即使有所接触,也是通过报刊、电视、互联网等渠道,而非课堂教育;而媒体对非遗的介绍主要集中在政府活动、重大节庆、商业性典礼等,一些记者或“专家”对非遗问题的讨论多数是表面化的,缺乏对问题实质准确而深刻的把握。通过分析调查数据,我们发现大学生对非遗概念、涵盖范围、保护政策乃至保护意义都存在一些认识上的误区。

(一)对非遗概念的误解

由于大众媒体的广泛宣传,大学生中知道“非遗”这一术语的人很多,但能

---

① 在上海大学文学院硕士生中做问卷调查的是洪玲芳、徐蒙蒙,在华东师范大学艺术学院硕士生中做问卷调查的是周蔚蔚。问卷统计工作由洪玲芳完成。

② 在华东师范大学对外汉语学院本科同学中做问卷调查的是李琦,统计工作也由李琦完成;在上海大学文学院、影视学院本科同学中做问卷调查的是黄景春,问卷统计工作由高欣完成。

准确把握其概念内涵的人却很少。问卷的第 2 题反映了这一现象:

2. 您认为"非遗"是什么?
A. 全部传统文化　　B. 优秀传统文化　　C. 封建迷信　　D. 我还不了解

150 位受访本科生中,91.33% 选 B,5.33% 选 A,3.33% 选 D,无人选 C。168 位受访硕士生中,84.52% 选 B,10.71% 选 A,1.19% 选 C,3.57% 选 D。两组数据显示的差别并不大。综合 318 位受访大学生的情况,279 人(占 87.84%)认为非遗是 B"优秀传统文化",占据了绝大多数;认为非遗是 C"封建迷信"的仅有 2 人(0.63%)。大学生对非遗概念的认知在总体方向上是正确的,但不够准确。国人从"五四"时期开始对传统文化持否定、批判的态度,后来学者开始反思以批判为主调对待本国传统文化的方向,今天转变为选择性肯定中华民族的"优秀传统文化"。然而,仍有 2 位硕士生把非遗等同于"封建迷信"。这与当代学校教育和行政话语中"封建迷信"一词时隐时现,该语词背后的文化观念仍在发挥作用有关;但是,这似乎也说明,接触现当代文献越多的人,受"五四"传统的影响也越大,而对非遗的认识也越复杂。其实《公约》对非遗的定义是:

"非物质文化遗产",指被各社区、群体,有时是个人,视为其文化遗产组成部分的各种社会实践、观念表述、表现形式、知识、技能以及相关的工具、实物、手工艺品和文化场所。这种非物质文化遗产世代相传,在各社区和群体适应周围环境以及与自然和历史的互动中,被不断地再创造,为这些社区和群体提供认同感和持续感,从而增强对文化多样性和人类创造力的尊重。①

这个具有普适性的概念是教科文组织在吸收日本、韩国的"无形文化财"

① 《联合国教科文组织〈保护非物质文化遗产公约〉基础文件汇编》,外文出版社,2012 年,第 9 页。

保护理念的基础上整合而成的。中国选用"非物质文化遗产"一词，而非直译的"无形文化遗产"，强调精神层面的文化创造，以区分于物质形态的遗产。根据国内非遗保护现状，我国《非物质文化遗产法》（简称《非遗法》）将其定义为："各族人民世代相传并视为其文化遗产组成部分的各种传统文化表现形式，以及与传统文化表现形式相关的实物和场所。"①这个定义采取价值中立的态度。但《非遗法》在说明立法目的时又称："为了继承和弘扬中华民族优秀传统文化，促进社会主义精神文明建设，加强非物质文化遗保护、保存工作。"②把"优秀传统文化"当作保护的对象，就带有了明确的价值判断。于是，很多国人都把非遗等同于"优秀传统文化"。国内对非遗的实用化界定，与《公约》存在较大落差，这种落差有其产生的现实逻辑。宣炳善认为，非遗话语进入中国后逐渐出现了三种不同风格的话语类型，分别是非遗行政话语、非遗文化话语、非遗产业话语。行政话语主要应用于政府发布的非遗保护政策、指导文件中，而文化话语主要是在于学术研究领域，这两种话语类型的使用程度较高。③"传统文化"在三种话语类型中都已被认可，而"优秀"一词则多出现于主流的行政话语中。"传统文化"前加上"优秀"作为修饰词，起到限定性的作用，缩小了非遗的外延，丰富了非遗的内涵，这个被增加的内涵就是其中蕴含的价值判断。大学生明显受到行政话语的影响，这是 87.84% 的人认为非遗是"优秀传统文化"的原因所在。

（二）对非遗涵盖范围的误解

根据《公约》，非遗涵盖 5 个方面：① 口头传统和表现形式，包括作为非物质文化遗产媒介的语言；② 表演艺术；③ 社会实践、仪式、节庆活动；④ 有关自然界和宇宙的知识和实践；⑤ 传统手工艺。④ 在此基础上，中国根据自身国

---

① 文化部非遗司主编：《非物质文化遗产保护法律法规资料汇编》，文化艺术出版社，2013 年，第 3 页。
② 同上。
③ 宣炳善：《非遗话语知识产生的中国语境》，《中原文化研究》2014 年第 3 期，第 11 页。
④ 《联合国教科文组织〈保护非物质文化遗产公约〉基础文件汇编》，外文出版社，2012 年，第 9—10 页。

情和保护工作的实际需要做出了一定调整。《非遗法》罗列了6类非遗："（一）传统口头文学以及作为其载体的语言；（二）传统美术、书法、音乐、舞蹈、曲艺和杂技；（三）传统技艺、医药和历法；（四）传统礼仪、节庆等民俗；（五）传统体育和游艺；（六）其他非物质文化遗产。"[①]2006年发布的第一批国家级非物质文化遗产名录把非遗项目划分为10类：民间文学、民间音乐、民间舞蹈、传统戏剧、曲艺、杂技与竞技、民间美术、传统手工技艺、传统医药、民俗。从第一批到第四批非遗名录，都沿用这个分类。问卷第4个问题调查大学生认为哪些非遗最应受保护：

4. 您认为哪些才是最应该保护的非物质文化遗产？
A. 神话、传说、民歌等民间文学艺术　　B. 民俗、宗教等生活方式
C. 民间工艺、体育、医药等传统知识　　D. 含有科学思想的传统文化

本题为多项选择，问卷统计结果如下：

A	20.44%	B	10.69%	C	25.47%	D	4.40%
AB	0.63%	BC	3.15%	CD	0.94%	AD	0.6%
AC	5.66%	BD	0.32%	ACD	1.26%		
ABC	6.30%	ABD	0.63%	BCD	1.89%	ABCD	14.15%

综合各选项，选A或含A项的接近50%，选C或含C项的达到58.80%。相比之下，选B或含B项的只有37.74%，选D或含D项的只有24.21%。总体而言，大学生对民间文艺、民间技艺的认同度较高，对民俗、宗教的认同度较低。与此相应的是，在第一批518项非遗名单中民间文艺多达282项，占比为54.44%，是非遗项目的大宗。民间工艺共计140项，占27.03%；体育（杂技与竞技）计17项，仅占3.28%；传统医药计9项，仅占1.73%，三项合计占比为

[①]　文化部非遗司主编：《非物质文化遗产保护法律法规资料汇编》，文化艺术出版社，2013年，第4页。

32.05%。民俗类非遗共计 70 项,占 13.51%。从非遗名录各类分布状况来看,政府推出的第一批非遗项目多属于民间文艺和民间技艺,就已公布的四批 1 372 项国家级非遗项目而言,民间文艺类占到总数的 54.3%,民间工艺类、传统体育类、传统医药类合计占 34%,两者合计达到 88.3%,占绝大多数。这两类项目既受到国家部委和地方政府的重视,也较多受到各类媒体的关注,经常通过重大仪式或新闻报道进入大众视野,受众面很广,在大学生看来也是"最应该被保护"的。最贴近民众日常生活的民俗、宗教和民间信仰类非遗也急需被保护,但由于宗教和民间信仰在过去近百年的话语体系中已被污名化,被贴上"迷信"乃至于"封建迷信"的标签,很多大学生仍受此观念的影响而不敢认定它们的非遗身份。关于这个问题,文化官员早有察觉。前文化部部长蔡武曾谈及民间信仰作为非遗保护对象的问题:"今天,我们要站在保护中华民族传统文化的高度,正确看待民间信仰,全面认识民间信仰,立足其文化内涵,弄清哪些东西是我们保护的对象,哪些我们应该摒弃。"[1]以"信俗""庙会""祭典"等名目出现,是各地回避"信仰""神灵"等敏感字眼而策略化包装的结果。现实是民间信仰能否被认定为非遗,要看是否符合国家政治理念。《国家级非物质文化遗产代表作申报评定暂行办法》规定的非遗代表作评审标准,除了要求具备杰出的文化价值、扎根社区传统、工艺和技能体现高超水平、独特文化价值之外,还要求"具有促进中华民族认同、增进社会凝聚力、增进民族团结和社会稳定作用"[2]。以在华人社会具有广泛影响的妈祖信俗为例,"妈祖祭典"在 2006 年已入选第一批国家级非遗名录,2009 年又进入教科文组织第四批人类非遗代表作品录。能成为人类非遗代表作,首先在于它符合《公约》对非遗的定义,是被不同社会团体所认同的属于自身的文化遗产且世代相传,是人类文化多样性的一种表现形式。而中国更侧重于它在海峡两岸文化交流中的作用。泉州天后宫中的闽台关系史博物馆展示了历年交流活动保存下来的宗教

① 蔡武:《要处理好非遗保护与民间信仰的关系》,中国新闻网,2009 年 11 月 26 日,网址:http://www.chinanews.com/cul/news/2009/11-26/1985688.shtml。
② 文化部非遗司主编:《非物质文化遗产保护法律法规资料汇编》,文化艺术出版社,2013 年,第 23 页。

法器、用具、纪念品等。展览的"前言"写道：

> 作为中华优秀传统文化的重要组成部分，妈祖信仰在闽台两地拥有强大信仰基础和相同的历史渊源。它充分印证了祖国大陆和台湾同根同源的血脉情缘。通过传播妈祖精神来凝聚两岸同胞内聚力，并使中华文化在台湾得以传承发展，这已成为两岸民众的一种共识。

目前，中国有 38 个项目进入人类非遗代表作名录[①]，"妈祖信俗"是唯一的民间信仰类项目，这与它在维护两岸关系中起到的积极作用有关。国内与教科文组织在非遗认定的原则和标准上有一定的出入。其实各国都在按照自身的文化传统和现实需要制定非遗保护政策，并推出自己的非遗代表作。2007 年曾有会员国提出教科文组织应成立专家组讨论非遗的定义，解决各国的概念和界定不一致的问题。但这一提案遭到部分缔约国的反对，理由是"概念和定义往往卷入纯哲学性的一般性辩论，势必会引发无休无止的争议，而任何一种定义都难以涵盖 ICH 的复杂性、动态性和丰富性"[②]。教科文组织只提供基本的概念和术语，供各国在操作层面上参照使用，至于如何理解这些概念和术语，需要非遗所属社区在具体实践中依据本土社会的价值认同和观念立场加以不断的验证和充实。"进而，有的会员国提出定义问题留给各缔约国根据自己的国情和实践去做出自己的回答，或在保护实践与学术争鸣之间做出操作性和理论性的权重和取舍。这一反拨性意见得到了多数会员国的赞同。"[③]非遗本没有一个标准化定义，教科文组织提供的只是一个宽泛的、开放性的概念，对这一概念的运用要在各缔约国的保护实践中不断探索和完善。我国接受非遗这一概念的基本取向是"继承和弘扬中华民族优秀传统文

---

① 截至 2014 年 12 月，我国入选联合国教科文组织发布的非物质文化遗产代表作名录 30 项，另有 7 项进入该组织"急需保护的非物质文化遗产名录"，1 项进入"优秀实践名册"。

② 巴莫曲布嫫：《非物质文化遗产：从概念到实践》，《民族艺术》2008 年第 1 期，第 16 页。

③ 同上。

化"①,提出了本国非遗保护的目标和方针,力求"逐步形成有中国特色的非物质文化遗产保护制度"②。保护非遗的目的是"进一步增强中华民族的凝聚力和认同感、推进祖国统一和民族振兴","不断发展壮大中华文化、维护国家文化利益和文化安全"③。政府不断通过各种渠道宣传非遗的政治文化功能,凡与祖国统一、民族振兴有密切关系的项目就得到重视,于是"妈祖祭典"受到了重视。然而,一向被视作"迷信"的民间信仰,即便有关部门已经开始纠正过去的错误认识,短时间内也难以从根本上扭转过去的污名。不少大学生未将民间信仰视为非遗,更没想过要保护它,背后映射的问题正是大学生不了解非遗保护的多样性和探索性,接受非遗知识的渠道比较单一,对非遗涵盖范围的认知直接来自政府的行政话语。

(三)对非遗保护政策不甚了解

非遗保护政策,是指为保护传统文化表现形式及其生存环境而制定的一整套制度性的规范和原则。中国在接受《公约》这一纲领性文件的指导时,也接受了通过各级各类学校传承保护非遗的理念。国务院办公厅曾发文指出:"教育部门和各级各类学校要逐步将优秀的、体现民族精神与民间特色的非物质文化遗产内容编入教材,开展教学活动。"④实际上,国内多数非遗保护的通知、意见等,都是教育部与文化部、民政部、中宣部、中央文明办等部委联合下发的,作为国家非遗保护最高领导机构的"非物质文化遗产保护工作部级联席会议",教育部也占有一席之位。在此背景下,大学生对设立"文化遗产日"及《非遗法》的公布实施这些具有里程碑意义的保护措施把握多少,体现了该群

---

① 《国务院关于加强文化遗产保护的通知》,国发[2005]42号,参见文化部非遗司主编:《非物质文化遗产保护法律法规资料汇编》,第14页。

② 《中宣部、中央文明办、教育部、民政部、文化部关于运用传统节日弘扬民族文化的优秀传统的意见》,文明办[2005]11号,参见文化部非遗司主编:《非物质文化遗产保护法律法规资料汇编》,第29页。

③ 《国务院办公厅关于加强我国非物质文化遗产保护工作的意见》,国办发[2005]18号,参见文化部非遗司主编:《非物质文化遗产保护法律法规资料汇编》,第21页。

④ 同上,第20页。

体对非遗保护政策的了解程度。问卷的第5、6两个问题如下：

5. 您听说过《非物质文化遗产法》吗？

A. 没听说过　　　B. 听说过,但不熟悉　　　C. 听说过,了解一些内容

6. 中国的"文化遗产日"是哪一天？

A. 我不知道　　　B. 我知道,是(请写出来)

　　2005年12月22日国务院发布《关于加强文化遗产保护工作的通知》,把每年6月的第二个星期六设定为中国的"文化遗产日"。第一个文化遗产日活动很多,之后每年都有相关主题活动。但318位大学生中只有15人(占比4.72%)知道有此纪念日,仅有1人准确写出了日期。《非遗法》于2011年2月25日公布,同年6月1日起施行,意味着我国的非遗保护工作有了法律依据。但有13.21%的人"没听说过"此法,74.21%的人"听说过,但不熟悉",只有12.58%的人"听说过,了解一些内容"。大学生对非遗保护政策法规关注度偏低,知晓度更低,这并不代表他们缺乏保护意识。问卷第9、10两个问题,调查大学生是否愿意利用课余时间参加非遗保护活动,问题如下：

9. 是否愿意参加"非遗"保护类的暑期社会实践？

A. 不愿意　　　B. 愿意　　　　　　　C. 强烈要求参加

10. 如果上海市有"非遗"保护志愿者活动,是否愿意参加？

A. 不愿意　　　B. 愿意　　　　　　　C. 强烈要求参加

　　84.28%的人表示愿意参加非遗类暑期社会实践并利用课余时间作为志愿者参加非遗保护活动,另有6.92%的人表达了参加保护活动的强烈意愿。虽然大部分人具有非遗保护的意愿,态度积极,也有活动需求,但目前高校此类社团数量少、活动少,提供给大学生参加保护实践的机会有限。非遗方面的课程不多,大学生又缺少参与非遗保护实践的机会,主要依靠网络信息了解非遗,势必延续误解甚至造成更多误解。

（四）对非遗保护意义的误解

大学生对非遗保护活动的关注度和参与热情都很高,他们对非遗保护尚存的问题有怎样的认识呢?问卷第 12 个问题要求大学生写出自己的想法:"您认为我国'非遗'保护还存在哪些问题或不足?"回收问卷有 188 份做出回答,归纳起来有以下 5 点:① 宣传和普及不够,占 44.68%;② 保护力度不够或方法不当,占 21.81%;③ 政府或民众对非遗不了解或重视不够,占 15.96%;④ 非遗保护过度商业化,占 5.32%;⑤ 其他较为分散的问题还有法律不健全、城市化过快、传承人生活困难、保护过于形式化、非遗分类不当、要跟外国争非遗项目等。大学生把非遗保护现存的问题主要归结于"宣传和普及不够",显然过于浮泛,缺乏更深入的理解和把握。

另外,从大学生的回答中可以发现,他们对保护非遗的意义理解不够准确。譬如,3 人认为现存的问题和不足是中国的非遗被韩国抢走了。1 人写道:"应做到切实保护,尤其与邻国相似的习俗节日文化等应尤为注意,希望能够超越韩国申遗的速度。"还有 1 人写道:"速度太慢,老被棒子国抢走。"①在申请人类非遗代表作上,中韩两国之间确实存在个别项目上的竞争,从 2005 年韩国"江陵端午祭"申遗成功,到 2012 年韩国、越南、柬埔寨、菲律宾四国联合为"拔河"申遗,中国网友的民族情感一次次被挑动,在网上口诛笔伐,指责它们抢走了中国文化。中韩两国在文化上不乏共通之处,历史源流也不是申请非遗的必要条件,更何况文化源头往往是众说纷纭、难以厘清的问题。我们需要反思的是申报非遗要有完整的保护计划,这方面韩国优于我们。20 世纪 60 年代韩国已引进日本文化遗产管理模式,致力于收集、整理本国传统文化,并在 1962 年出台《文化财保护法》。为传承本国非遗,韩国很多大学都开设有与保护传统文化有关的课程,还特设奖学金资助有志于研究非遗的年轻人,保护工作已进入良性发展状态。若把申请非遗当作一项增强民族自尊心和自信心的政治工程,有悖于《公约》保护人类文化多样性的精神。大学生多从保护

---

① "棒子国"是近年中国部分网民对韩国的一种称呼,带有贬义色彩。

优秀传统文化、增强民族意识、维护国家统一、提高国家地位等实用主义的角度理解非遗保护的意义,对中华民族传统文化在人类文化中的独特性认识不足,这也是亟需提升的一个方面。

综上所述,大部分大学生认同非遗保护的理念,但对非遗概念、保护政策了解不多,对保护非遗的意义理解也不够全面。若他们带着这些误解和不足参与非遗保护实践,肯定不利于将来非遗保护工作的健康推进。在这种情况下,高校教育有责任让大学生超越狭隘的民族主义观念,以理性、明智、正确的态度走向非遗保护工作实践。

二、 认识误区产生的原因

高校作为传承文化、创新知识的重要场所,大学生接受的教育原本应该是最前沿、最开放的,获得的信息也应是最准确的。但是,通过分析回收问卷发现,上文指出的四个误区集中体现了高校在非遗教育方面存在问题的普遍性和严重性。这些误区缘何而来? 笔者认为可从以下三个方面进行探讨:

(一)政府在非遗保护工作中的角色偏差

在讨论原因之前,有必要厘清"非物质文化遗产"和"非物质文化遗产保护"两个概念。从字面来看,后者是以前者为保护对象而实施的各种活动措施。但并非所有的非遗都需要纳入保护范畴,《公约》中如此限定:"在公约中,只考虑符合现有的国际人权文件,各社区、群体和个人之间相互尊重的需要和顺应可持续发展的非物质文化遗产。"[1]非物质文化遗产是一个宽泛的概念,在不同国家和民族生成不同的文化项目。被列入各级保护名录的非遗项目只是其中的一部分,还有很多未被列入保护项目之列。非遗是我们的传统文化和生活方式,它原本像空气和水一样无处不在,现在保护的是那些被认为有独特价值而被抽取出来的项目。也就是说,只有在判定非遗项目是否成为

---

① 《联合国教科文组织〈保护非物质文化遗产公约〉基础文件汇编》,第9页。

保护对象时才对它进行价值判断。中国原则上接受了教科文的非遗评定标准，但具体哪些非遗项目在国内能获得立项保护，也有自己的评审标准：

（一）具有展现中华民族文化创造力的杰出价值；（二）扎根于相关社区的文化传统，代代相传，具有鲜明的地方特色；（三）具有促进中华民族文化认同、增强社会凝聚力、增进民族团结和社会稳定的作用，是文化交流的重要纽带；（四）出色地运用了传统工艺和技能，体现出高超的水平；（五）具有见证中华民族的文化传统的独特价值；（六）对维系中华民族的文化传承具有重要意义，同时因社会变革或缺乏保护措施而面临消失的危险。①

符合上述标准的传统文化，才能进入国家、省、市、县四级非遗保护名录，或被推荐参选人类非物质文化遗产代表作名录。然而在大多数大学生的观念中，非遗等同于优秀传统文化，两个本有差异的概念在他们那里悄然重合了。这与"非物质文化遗产"这一概念提出的最初动因有关。吕微指出："提出'非物质文化遗产'的概念，就其实践意义来说，原本就是要在国家间通过开展一场针对民族民间多元文化的保护运动并形成制度，以保障每一个共同体都能够平等地行使其文化选择的自主权利，进而保障每一个人的文化认同的'人权'。"②高丙中认为，非物质文化遗产在中国首先也是作为保护工程被接受的。③ 不同之处在于，政府是中国非遗保护工程的提出者，也是主要推行者，相较于其他国家，各级政府在非遗保护活动中所处的位置是最权威的。符合国家意识形态、价值理念和文化意志的非遗项目首先被政府所认可，接着才得到被保护的机会，从而为民众（包括大学生）所了解。在政府层面看来，非遗是"我国各族人民在长期生产生活实践中创造的丰富多彩的非物质文化遗产，是

① 文化部非遗司主编：《非物质文化遗产保护法律法规资料汇编》，第23页。
② 吕微：《我们的学术观念是如何转变的？——刘锡诚：从一位民间文学—民俗学学者看学科的范式转换》，《中国民俗学》（第二辑），广西师范大学出版社，2014年，第57页。
③ 高丙中：《非物质文化遗产：作为整合性的学术概念的成型》，《河南社会科学》2007年第3期，第16页。

中华民族智慧与文明的结晶,是连接民族情感的纽带和维系国家统一的基础","保护好非遗对继承和发扬民族优秀文化传统具有重要而深远的意义"。① 这样的想法进入大学生的知识系统中,造成了他们把非遗等同于优秀传统文化,将大部分民间信仰类项目视为"糟粕""迷信",进而认为它们不属于非遗。

除此之外,还要考虑文化政策这一大环境对大学生非遗观念的影响。在此之前,有必要梳理新中国成立以来我国的文化政策的变化,尤其是对待传统文化的态度。1949 年以来,我国的文化政策比较多地受到了前苏联文化管理模式的影响,用政治意识形态判断替代文化研究,所以刘锡诚指出:"我国的文化研究和'非遗'保护是在理论准备严重不足的情况下上马的","所谓理论准备不足,主要表现在:长期以来把文化等同于政治,基本上没有建立起独立的文化研究和文化学理论体系。"②我国文化界对待传统文化的基本态度是"取其精华,去其糟粕",但什么是"精华"和"糟粕",鉴定的标准往往依据现实政治需要,所以这个笼统的口号看似有理,实则问题很多。非遗保护的基本理念是建立在文化多样性的基础上的,"百花齐放"是要实现的目标。但是,由于政治因素过多介入,现实社会中教条主义的思维方式仍有残存,并不断干扰我国非遗保护工作的正常进行,我们所提倡的"百花齐放"很难落实到理论研究和保护实践中。这对我国非遗保护工作损害极大,"在未行保护之前就对民间文化进行主观的(政治)鉴别或删改,把一部分划进了或推到了封建迷信或文化垃圾之列,那么,我们的非物质文化遗产保护和抢救工程就可能面临走样,甚至导致对非物质文化遗产的严重破坏。"③这个警告针对性强,切准了主要问题的脉象。

国务院的非遗保护工作指导方针是"保护为主、抢救第一、合理利用、传承发展","要求正确处理保护和利用的关系,坚持非物质文化遗产保护的真实性

---

① 《国务院办公厅关于加强我国非物质文化遗产保护工作的意见》,《非物质文化遗产保护法律法规资料汇编》,第19 页。
② 刘锡诚:《非物质文化遗产:理论与实践》,学苑出版社,2009 年,第2、91 页。
③ 同上,第54 页。

和整体性,在有效保护的前提下合理利用,防止对非物质文化遗产的误解、歪曲或滥用。"①实际工作中,现实性、功利性考量仍占很大比重。以少数民族非遗保护政策为例,中国是一个以汉族为主的多民族国家,少数民族占全国人口的9.44%。至今我国共有30项非遗进入《人类非物质文化遗产代表作名录》,其中少数民族非遗11项,占36.7%。现共有17个国家级文化生态保护实验区,其中少数民族实验区8个,占47.1%。以上两项数据可见国家对少数民族非遗保护的政策倾斜。一方面是国家考虑到少数民族地区经济水平较为落后,少数民族民间文化丰富多彩,"保护好少数民族非物质文化遗产,是守护住中华民族文化多样性精神家园的历史使命的一个重要组成部分"②;另一方面则与维护多民族国家的和谐稳定的民族政策有关。我国明确主张各民族在政治、经济和文化权利上的平等关系,优先申报和保护少数民族非遗,大力发展少数民族文化,对于各民族团结具有促进作用。非遗保护原本是文化问题,被转化为国家政治范畴的问题。思想政治教育课程是大学生了解国家非遗保护政策的重要渠道,这使得大学生的非遗观具有浓郁的行政特色,相应的问题也由此产生。

(二)过度商业化对非遗保护的负面影响

在我国的非遗保护进程中,政府提出了"生产性保护方式"的口号,用产业化的方式传承、弘扬、振兴非遗。具有商业开发价值、能够进入扩大再生产模式、可以转化为旅游品牌的非遗项目,更受地方政府的重视。此类商业化运作都以经济效益最大化为目标,把濒危的非遗项目当作工具,无疑会使得一些具有重大文化价值但没有市场价值的非遗项目(如传统戏剧、曲艺、体育等)陷入自然湮灭的危险境地。

调查问卷第12项作为开放性问答题,让大学生回答"我国'非遗'保护方

---

① 《非物质文化遗产保护法律法规资料汇编》,第20页。
② 祁庆富:《多元文化视野中的少数民族非物质文化遗产保护》,《民族遗产》第一辑,学苑出版社,2008年,第23页。

面还存在哪些问题或不足",5.32%大学生提到了"非遗保护过度商业化"的问题。我国非遗保护中过分注重经济利益,存在严重的商业化倾向,这是无法回避的现实问题。不少学者认为产业化开发与商业化经营是两个不同的概念,商业化经营以市场为导向,任何事物只要有市场需求就可以成为商品,但产业化开发则是发掘非遗中的某些元素进行开发。① 产业化将非遗中的技艺、审美带到了现代社会,成功的案例有很多。但在经济利益的驱动下,不注重文化传承只追逐经济效益的过度的产业化,只会对民间技艺、民间艺术乃至民俗造成扭曲和破坏。

我国现在的工作重心是经济建设,强调文化政策也要为经济建设服务。各地虽不再大力提倡"文化搭台,经济唱戏",实际做法仍依循这个思路,把传统文化当作撬动地方经济发展的杠杆。若此则必对非遗做过度开发和利用,从而造成假保护之名行破坏性开发之实的情况,既损害了非遗的精神内涵,也直接破坏了非遗的文化生态,加速非遗的濒危程度和灭绝速度。让濒危的、需要保护的非遗项目充当地方经济开发的工具,犹如让一个疾病缠身的耄耋老人去赚钱,是不应该发生的事情,但它却一直发生在我们身边。

面对非遗保护商业化带来的负面影响,刘锡诚指出:"不论采用何种方式,包括生产性方式和产业化方式,都必须以'非遗'项目的核心技艺(而不仅是技术)和核心价值(原本的文化蕴涵)得到完整性保护为前提,而不是以牺牲其技艺本真性、完整性和固有的文化蕴涵为代价。"②他的意见值得重视,但在GDP主义大行其道的今天,又有多少人听得进呢?

(三)高校课程设置无法满足非遗教育的需要

问卷第7个问题针对大学生所在学校开设的非遗课程进行提问:

① 苑利、顾军在《非物质文化遗产的产业化开发和商业化经营》指出:"我们所说的'商业化经营',是指将某种非物质文化遗产的制成品作为商品而进行的商业化营销;而所谓'产业化开发',则是指将某种非物质文化遗产作为开发项目,对其实施成规模的大机械化生产。"见《河南社会科学》2009年第7期,第20页。
② 刘锡诚:《"非遗"产业化:一个备受争议的问题》,《河南教育学院学报》2010年第4期,第6、7页。

7. 您听说过或者上过"非遗"方面的课程吗?

A. 没听说,也没上过   B. 听说过,但没上过

C. 上过,但不熟悉   D. 上过,比较熟悉

    上海大学一直都设置非遗保护课程,作为选修课开放给本科生,也有开放给民俗学及中国古代文学专业研究生的相关课程。但在上海大学的 138 份本科生、硕士生调查问卷中,选择 A "没听说,也没上过"的有 33.33%,选择 B "听说过,但没上过"的高达 53.62%,选择 C "上过,但不熟悉"的人也有 12.32%,仅有 0.72% 的人选择 D "上过,比较熟悉"。在华东师范大学的 180 份本科生、硕士生调查问卷中,也显示了类似的情况,选择 A 的占 31.11%,选择 B 的占 38.33%,选择 C 的占 25.56%,选择 D 的比上海大学稍多些,但也仅有 5.00%。两校选择了 A 和 B 两项的人数合计占比高达 77.04%,他们都没上过非遗方面的课程,甚至根本没听说过这门课。两校选择 C "上过,但不熟悉"的也达到 19.81%,说明总体而言非遗课程授课效果不佳,选择 D "上过,比较熟悉"的只有 3.15%,则从另一个方面揭示非遗课程存在的问题,即只有极少数大学生掌握了较多非遗保护理论知识。这组数据说明,如果仅作为选修课,大学生不仅选课的优先度比较低,上课的专注度也不如主干课和基础课。如果大学生抱着混学分的态度修完课程,也不可能熟悉相关专业理论和知识。高校对非遗专业人才的培养力度不够,这是非遗课程开设过程中面临的严峻问题。

    非遗保护课程急需走向专门化,教学内容也亟待形成体系,课程的权重、性质都需要提升,科研人员的研究水平也需要提高。以上的种种不足,直接造成大学生对非遗课程接受度、重视度较低,进而影响了非遗知识把握的准确性。衡量高校对保护非遗的积极意义还应看到,当非遗走出行政管理体系而成为学术研究对象时,学术界对非遗概念的解释和涵盖范围的限定要更多与国际接轨、与《公约》精神相吻合,然后再介绍中国比较重视政治意识形态判断的现实。如果直接介绍中国在非遗保护中的做法,而不介绍《公约》的基本精神,大学生必然再次陷入种种误区。另外,过于浓重的行政色彩也不利于非遗

的整体性保护,问题主要凸显于多数民间信仰和缺少商业价值的非遗被排除在保护名录之外。在民俗学、宗教学等领域,民间信仰、庙会则是重要的文化资源和研究对象,但它们在非遗保护工作中却受到冷落,或刻意忽视其存在,或先做意识形态包装再加以保护,这是十分不正常的现象。

大学生在非遗保护方面虽然没有得到完整的教育,缺乏准确的理论知识,理解也较粗浅,但他们对非遗保护的参与热情很高。若能充实高校的非遗课程,让大学生掌握准确的专业知识和前沿的非遗理论,当他们接过我国非遗保护的接力棒,一定能做得比当下更好。

三、 提升大学生非遗认知水平的途径

提升大学生非遗认知水平的最好途径,当然是在非遗理念的译介、非遗保护实践、非遗理论研究方面不断创造新的局面,并在非遗保护工作中克服过于政治化、行政化、商业化、形式化等不良倾向。当现实尚不能发生令人满意的转变的情况下,只能依靠高校在教育教学改革上做出更大努力,包括更合理地安排课程设置,在组建大学生社团、规划暑期社会实践活动等方面做出更多样化的探索。这些工作的首要立足点是拥有一支精干的非遗教育教学队伍。因此,笔者认为提升大学生非遗认知水平主要有以下四种途径:

(一)充实非遗研究专业教师队伍

我国开展非遗保护运动已经 15 个年头,但综观各高校教师队伍,非遗方面的专业人员少之又少,有的大学甚至没有一个非遗研究专家。国务院和教育部都发过将非遗融入高等教育的通知,应该说来自政府层面的重视是足够的。国务院明确提出:"教育部门应将优秀的非物质文化遗产内容和保护知识纳入教学体系,激发青年热爱祖国优秀传统文化的热情。"[1]我国一向重视利用

---

[1] 《国务院办公厅关于加强我国文化遗产保护工作的意见》,《非物质文化遗产保护法律法规资料汇编》,第 18 页。

高校宣传非遗、培养非遗人才，不仅政府机构有这样的提倡，专家学者也有这样的呼吁。早在 2004 年上海师范大学翁敏华教授已经指出：大学是文化传承的载体，在传承非遗方面有得天独厚的条件，应以高校为依托进行非遗保护研究和教育传承。[①] 这些提倡和呼吁要转变成教育教学活动，都需要有一支可靠的非遗教师队伍做支撑。然而，各高校都暴露出同样的问题——师资储备不足。高校教师本身也是研究人员，但高校教师中有非遗研究专长的人员还很少。"非物质研究人才本质上属于一种复合型人才，既要专注于非遗领域中的特定对象，也应该对其他相关学科具有一定的知识储备。"[②]要承担教学工作，必然要掌握一定的非遗理论和专业知识，让二者做好学科的对接，否则课程有可能被简单地一分为二。兼具两种学科知识，有能力进行跨学科研究和教学的专业人员凤毛麟角，影响了非遗课程的科学性。

非遗教师队伍建设方面，首先培养或引进一批专业研究人员作为专职教师，承担起非遗理论和保护实践方面的课程开发。这支教师队伍对外要熟悉国际上非遗保护的基本理念和思潮走向，对内要准确把握我国非遗保护的现状，对中国非遗保护中存在的问题要有清晰的了解，对非遗保护政策、法规形成的历史脉络和未来走向要了然于心。只有这样才能成为一个合格的非遗专职教师。其次，把活跃于非遗保护第一线的文化干部请进校园做兼职教师，介绍在非遗保护工作中遇到的各种难题以及解决方案，从中发现当下非遗保护遇到的深层次瓶颈问题。第三，把具有深厚艺术修养的非遗传承人请进校园做特聘教师，让他们现身说法，介绍非遗的历史渊源、文化精髓和当下困境，以及从他们的角度来看非遗保护应采取的措施和努力的方向。

相比于非遗保护第一线的文化干部和非遗传承人，高校专职教师眼界开阔，富有学术探索精神，能够将理论与实践、研究与教学很好地结合起来，理应在提升大学生非遗认知水平、推动我国非遗保护的良性发展方面承担主要

---

① 翁敏华：《论大学应该成为非物质文化遗产博物馆》，《湖北民族学院学报》2004 年第 4 期，第 32 页。

② 王宪昭：《试论非物质文化遗产研究人才的培养》，《文化遗产》2010 年第 4 期，第 31 页。

责任。

（二）增设非遗类课程

问卷第8题直接就是否需要增加非遗课程进行提问：

8. 您认为我校需要增加"非遗"方面的课程吗？
A. 不需要　　　B. 需要,但要适量　　　C. 需要,可以大量增加

在318份有效问卷中,选择B"需要,但要适量"的占86.48%,选择C"需要,可以大量增加"的占7.55%,两项合计为94.03%。可见认为需要增加非遗课程的大学生占了绝大多数,这是来自大学生的现实呼声。

在中国高等学校各学科中,直接以非遗命名的课程极少,与之关系最为密切的当属民俗学。本属于基础文化学科的民俗学在本科教育中一直处于边缘位置:我国没有一所大学设置民俗学本科专业,它仅出现在研究生教育阶段;能招收民俗学、民间文学研究生的高校也十分有限。万建中在2005年已经意识到这个问题,指出国内一些著名高校不仅没有民俗学学科点,而且也没有开设民俗学方面的课程。有的高校民俗学学科点受到其他学科的无情排斥,被边缘化,陷入苦苦挣扎的逆境。[①] 随着非遗保护的深入开展,民俗学科也得到一定程度的发展,多个学科点也建立起来,近年毕业的民俗学研究生成为我国非遗保护的有生力量。但情况并没有完全好转。首先,设置面向本科生的普及性非遗课程的高校较少,即使有,在课程体系中所占比例也不高,因为非遗课程是个别教师在自己的研究兴趣作用下自发增开的,而非来自学校统一的课程规划。其次,民俗学课程会涉及非遗的内容,但无法替代非物质文化遗产学,因为这是两个不同学科,学术理念和学科框架都不相同。第三,把非遗保护的理念贯穿到民间文学、民间音乐、民间舞蹈、传统戏剧、曲艺以及民间美

---

① 万建中:《我国民俗学教育与研究的现状及思考——以高校为主要考察对象》,《江西社会科学》2005年第5期,第10页。

术、传统技艺以及民俗等学科仍需大力推广。翁敏华教授曾提出让大学成为非遗博物馆，可以以一门课程为载体。她还在上海师范大学进行实验，开设"中国戏曲及其他非物质文化遗产"①。笔者在上海大学开设的"中国民间文学与非物质文化遗产"，也属于这种载体课程。这种课程在设置视角上是保护的，在教学上侧重于介绍中国非遗保护的相关理论和实践活动。它突破了传统的教学模式，将中文系传统学科戏曲学的舞台表演、民间文学的田野调查与非遗保护的理念相结合。这种课程近年有增多的趋势，如从 2013 年开始，上海大学杨绪容教授在夏季学期开设了实践课"跟名家唱京剧"、"跟名家唱昆曲"，邀请京昆名家进入课堂对本科生进行戏曲演唱训练，一部分名家就是国家级或市级非遗传承人。虽然与高速发展的非遗保护进程相比，我国的非遗教育还处于探索阶段，但总体看来还是呈现向上发展的态势。第四，高校新增的非遗类课程一般作为选修课，游离在专业主干课、专业基础课之外，大学生选择这些课程的优先度较低。假如把"非物质文化遗产学"设定为高校文科的基础课，情况可能会有所改观。"非物质文化遗产学"是非遗保护活动展开后才出现的综合性学科，它对非物质文化遗产的概念、理论、各国保护实践以及国内保护的基本情况进行全面介绍，是高校进行全面的非遗教育的重要课程。这门课应成为文科大学生的必修课。

（三）成立更多大学生非遗保护社团

很多高校都有多种多样的大学生社团，有的历史还相当长，走出过知名学者。社团是培养大学生专业技能和探索精神的重要平台，也是引导他们关注社会问题的重要窗口。这些社团经常与专业学科相关联，如文学院会有各种名称的诗社、剧社等。相比之下，很多学校组建的非遗保护社团还不多，不少大学生甚至从来没有听说过这类社团。问卷第 11 题就是针对这一情况设计的：

---

① 翁敏华：《论大学应该成为非物质文化遗产博物馆》，《湖北民族学院学报》2004 年第 4 期，第 32 页。

11. 是否参加过"非遗"保护社团?

A. 从没听说过这种社团　　　B. 听说过,但没参加　　　C. 参加过

数据分析发现,61.32%人从未听说过非遗保护社团,35.22%人听说过,但没参加,只有3.45%人参加过。比例如此之低,令人难以想象!目前高校此类社团数量少、活动少,没有规范的活动方式,比如定期举办交流会、组织志愿者参加非遗保护活动、与社会上的非遗保护单位和传承人保持联络互动等,因而也无法为有需求的大学生提供活动平台。

然而,只要学校重视起来,通过学工系统和专业教师组建非遗社团并非什么难事。以上海大学为例,2017年第十五届"挑战杯"全国大学生课外学术科技作品竞赛将由上海大学承办,该校2016年上半年开始动员大学生报名参赛,其中人文、社科、艺术类学院申报的题目与非遗相关的占比较高。以文学院为例,大学生自发申报的26个题目,其中7个属于非遗保护类。为了强化"挑战杯"的准备工作,文学院把这些题目都转变为2016年暑期社会实践项目,让大学生利用暑假时间做调查研究工作。这7个非遗保护类项目都有5—10人报名参加,体现了很高的参与热情。在此基础上,文学院学生会、研究生会计划成立非遗保护社团,报名人数在一周时间内就达到40人。这表明学校完全可以通过学工系统组建非遗社团,为大学生提供更多参与非遗保护实践的机会。

人文社科类学院、艺术学院甚至可以组建多个非遗保护社团,让富有组织能力和参与热情的人担任社长,定期周举行聚会,与社会上的非遗保护单位互动。每年校内各非遗保护社团举行辩论赛、展示科研成果、出版内部刊物。与其他学校的同类社团、非遗保护单位交流互动,相互促进。通过此类社团活动带动一大批大学生直接体验我国非遗保护的现实情况,并在实践中尽自己的那份力量,也从自己的角度思考其中存在的问题。

(四)拓宽大学生参加非遗保护实践活动的渠道

除了成立非遗保护社团之外,还可以在校园内开展丰富多彩的非遗保护

活动。大学生作为活动主体,教师和辅导员充当指导者和组织者,最终通过学校层面的选拔与评奖肯定活动成果。具体而言,这样的措施还应包括:

第一,以学院为单位组织大学生非遗保护志愿者团队,到非遗保护或传承的一线单位服务。每年年底对非遗保护志愿者的表现进行评价,表扬并奖励先进成员,团队反思经验教训,不断提高志愿者活动的社会效益。

第二,组织大学生非遗才艺学习班,向非遗传承人学习包括讲故事、唱民歌、剪纸、雕刻等民间艺术。与非遗保护社团不同,非遗才艺学习班注重引导大学生学习并掌握民间艺术,感受民间艺术的高妙精深之处。

第三,引导大学生科技创新项目、大学生暑期社会实践、大学生辩论赛等活动以非遗保护为选题,通过这些活动让大学生深入了解非遗。这些都是各高校的常规活动,对参加者的知识结构和能力培养成效显著,且辐射影响其他同学。

第四,组织大学生参加各级政府举办的每年一度的“文化遗产日”活动或学界组织的非遗保护学术论坛,了解我国非遗保护取得的成绩和存在的问题以及政府和学界对解决问题的思路和对策,开阔视野,深化对相关问题的把握,并尝试提出解决问题的方案。

第五,利用春节、清明节、端午节、中秋节等传统节假日,以及各地定期举行的庙会、祭典等,组织大学生参加街道、社区的民俗文化展示活动,亲身体验我国非遗丰富多彩的展现形式。

高校通过活动组织大学生接触非遗、学习非遗、研究非遗、保护非遗,在课堂学习和课外活动中充分了解国内外保护非遗的理论和实践,以形成正确的非遗认知和非遗保护观念。

四、结　语

作为民众中的一部分,大学生也是非遗传承的主体。然而,现实是非遗离大学生的日常生活有一定距离,在高校课程中又很难找到或根本没有非遗的身影。年轻人的衣食住行深受西方文化的影响,喜欢流行文化并追逐娱乐明星,对维系民族根脉的传统文化却缺乏应有的掌握,传统文化素养缺失,背后隐藏着相当大一部分大学生对本民族传统文化的认同危机。这是一个严峻的问题。

通过对当代大学生非遗观念的调查和分析,可以得出结论:在非遗保护活动备受关注的时代背景下,大学生的非遗认知整体水平较低,而且认知差异较大。大学生虽具有非遗保护的意识和热情,但却因非遗教育不到位,无法准确把握非遗保护的内涵,又因为没有相应的社团和组织,也没有参加和体验非遗保护实践的渠道。传承非遗是高校义不容辞的责任,重视非遗教育,将其纳入教育教学计划,推出一系列课程,通过课堂教学与课外活动的共同努力,提升大学生对非遗的认知水平,把一部分大学生吸引到非遗保护的实践中来,才能把高校转变为培养非遗保护人才的大本营。

7

非物质文化遗产教育格局的多维思考

柯 玲*

摘 要 非遗教育就是通过教育的手段对非遗进行保护、继承和发展,通过系统化的课程促进学生在受教育过程中养成优秀品格,培养非遗兴趣,产生非遗情感。非遗教育在我国方兴未艾,并越来越受到重视。当我们将非遗教育研究放眼于人生的教育研究大格局之中时,即不难发现非遗教育研究,除了立足群体教育的横向研究和立足个体成长的纵向探讨,非遗教育研究中也必须持有与非遗保护一致的"生态场"理念。基于生态场的理念,我们对非遗教育格局进行多维思考:非遗教育需要家庭、社会、学校合力攻关,需要贯穿人的幼、小、中、大各个学段,乃至人的一生。

关键词 非物质文化遗产教育 生态场 多维思考

一、绪 论

教育是一种人类道德、科学、技术、知识储备、精神境界的传承和提升行为,也是人类文明的传递。非物质文化遗产(下称"非遗")包括传统、口头表述、节庆礼仪、手工技能、音乐、舞蹈等代表性内容。非遗教育就是通过教育的手段对非遗进行保护、继承和发展,通过系统化的课程促进学生在受教育过程中养成优秀品格,培养非遗兴趣,产生非遗情感。非遗教育在我国方兴未艾,

* 柯玲,东华大学教授,主要从事文艺民俗学、民俗教育理论以及国际汉语教育研究。

并越来越受到重视。各级各类学校的非遗教育实践花样繁多、层出不穷；相关科研院所及文化主管部门的非遗教育研究层层深入、逐步推进。教育传承是非遗保护最为有效的方法和途径之一。我国非遗内容非常广泛，形式多样，已成为现代教育无法弃置的宝贵文化资源。但非遗教育传承是一种广义的教育传承，非遗教育研究中需要秉持"大教育"的理念，教育的主体也不局限于学校，家庭教育、社会教育都是其中的重要组成部分，都发挥着各自不同的作用与价值。本文的"多维"即是一种变换纵横视角、贯通时空特点的尝试，而非遗教育的"格局"，主要也是着眼于宏观的考察。既有范围大小的考量也有教育效果隐显的区分，是一种以时间为格，以结果或效果为局的粗略探讨。

非遗教育概念的提出，总体历时不长。联合国教科文组织的《保护世界文化和自然遗产公约》于 1972 年 11 月 16 日通过，而《保护非物质文化遗产公约》2003 年 11 月 3 日起才生效，至今不过 13 个年头。人们在遗产保护的进程中发现非遗保护的重要性越来越突出，因而诞生了专门性的非遗保护公约；而在非遗保护的研究实践中，人们又发现了教育之于非遗的特殊意义。故非遗教育是在非遗保护引起足够重视，非遗保护研究向纵深开掘时必然要面对的新课题。虽然非遗本身历史久远，而对非遗的关注以及对非遗教育的研究总体看来都还是"新生事物"。但无论是相对资深的世界遗产公约还是出台不久的非遗公约，都高度重视遗产保护中的"教育"问题。《保护世界遗产公约》的第五部分直接名之曰"教育计划"，其 27 条的第一点明确指出"本公约缔约国应通过一切适当手段，特别是教育和宣传计划，努力增强本国人民对本公约第 1 和 2 条中所确定的文化和自然遗产的赞赏和尊重。"教育与宣传并重，而且教育为先，可谓深得遗产保护要领。《保护非物质文化遗产公约》则不仅延续了文化遗产重视教育的传统，还将非遗保护中的"教育"界定得更加具体，其第三章第 14 条"教育、宣传和能力培养"照录如下：

"各缔约国应竭力采取种种必要的手段，以便：

（a）使非物质文化遗产在社会中得到确认、尊重和弘扬，主要通过：

（i）向公众，尤其是向青年进行宣传和传播信息的教育计划；

（ⅱ）有关群体和团体的具体的教育和培训计划；

（ⅲ）保护非物质文化遗产，尤其是管理和科研方面的能力培养活动；

（ⅳ）非正规的知识传播手段。

（b）不断向公众宣传对这种遗产造成的威胁以及根据本公约所开展的活动；

（c）促进保护表现非物质文化遗产所需的自然场所和纪念地点的教育。"

不难发现，非遗公约的相关条款中几乎每一点都涉及"教育"。"种种必要的"教育和宣传手段几乎包含了各式各样各级各类的教育主体和教育形式。

二、 我国非物质文化遗产教育研究述评

我国对文化遗产尤其是非遗的重视和20世纪80年代的全球性文化寻根思潮有着密切的关系，说遗产保护是文化寻根思潮的一种深入和拓展也不为过。80年代一批文化感觉敏锐、历史使命感强烈的文化官员、学者及高校教师，早在联合国非遗公约出台之前就已意识到教育传承在文化遗产保护中的重要性并着手研究。2002年，中央美术学院、中山大学等高校就已成立了非遗研究中心。同年"中国高等院校首届非物质文化遗产教育教学研讨会"在北京举行。参加这次会议的全国各地大专院校代表、研究机构专家、联合国教科文组织官员、文化部、教育部、全国人大教育科学文化卫生委员会和文化遗产地政府代表及部分民间艺术家代表，在中央美术学院就非物质文化遗产与大学教育、学科建设等相关问题进行了广泛、深入的探讨。这些会议在我国的非遗保护及非遗教育研究进程中具有重要的历史意义，堪作联合国非遗保护公约出台前的一次广泛而深入的研讨"热身"。会议根据联合国教科文组织人类文化遗产相关主题背景和遗产文本，围绕我国文化遗产发展趋势和启动实施的文化遗产工程以及中国教育和非物质文化遗产传承现状、存在的问题和发展需要，经过讨论，正式通过并推出《非物质文化遗产教育宣言》。随之，更多的

高校更多的地方组织设立非遗研究中心（院）或保护机构，各地各类关于非遗教育的学术会议也相继召开。2011 年 2 月 25 日《中华人民共和国非物质文化遗产法》出台，其第 34 条明确指出"学校应当按照国务院教育主管部门的规定，开展相关的非物质文化遗产教育"。"学校"的非遗教育主体地位确立。与此同时，关于非遗教育传承的实践研究也进一步发展。粗略地看，国内的非遗教育研究主要集中在非遗教育理论、非遗教育案例、非遗教育主体以及非遗教育学科四个方面。

一是关于非遗教育基本理论的研究。如朱丹的《论非物质文化遗产教育传承的必要性》认为各个学校有责任、有义务在非物质文化遗产的传承保护中起着重要作用。① 戴欧琳、舒野的《高校非物质文化遗产教育的理性思考》②认为高等教育把非物质文化遗产纳入其课程体系，具有划时代的重大意义。作者通过分析高等院校非物质文化遗产教育的现状，号召理性应对高校"非遗"热，并提出完善非物质文化遗产专业设置的构想与途径。何兴发的硕士论文《非物质文化遗产教育传承与创新研究》意在进行非遗教育研究的理论创新。③ 普丽春的《少数民族非物质文化遗产教育传承的价值特征》认为非物质文化遗产是特殊的、不可再生的、不可替代的宝贵精神财富，是文化的载体，具有自己独有的特征。④ 李博豪、孟秋莉的《加强大学生非物质文化遗产教育的意义及途径》⑤认为非遗蕴含着丰富的德育资源。对大学生进行非物质文化遗产教育不仅是文化教育，更是精神教育，因此大学应努力为大学生接受非遗教育营造良好的氛围，创新教育模式培养大学生的文化自觉意识。李建的《非物质文化遗产教育传承的基本原则》认为非遗教育传承对于非遗的保护具有重要意义，但是在教育传承中必须把握一些基本原则。⑥ 林佳瑜、陈如好的《论我

---

① 朱丹：《论非物质文化遗产教育传承的必要性》，《神州》2013 年第 21 期。
② 戴欧琳、舒野：《高校非物质文化遗产教育的理性思考》，《课程教育研究》2013 年 10 月。
③ 何兴发：《非物质文化遗产教育传承与创新研究》，华中师范大学硕士论文，2013 年。
④ 普丽春：《少数民族非物质文化遗产教育传承的价值特征》，《民族教育研究》2013 年 2 月。
⑤ 李博豪、孟秋莉：《加强大学生非物质文化遗产教育的意义及途径》，《长春大学学报》2012 年 8 月。
⑥ 李建：《非物质文化遗产教育传承的基本原则》，《泰山乡镇企业职工大学学报》2010 年 4 月。

国非物质文化遗产教育对培育大学生民族精神的意义》①阐述了非遗和民族精神的基本内容及保护非遗的意义，论述了非遗教育进校园对大学生民族精神培养的作用，提出了非遗教育在校园推进的对策。这一类研究大多侧重于非遗教育的意义价值、必要性、基本特征、形式等方面的问题，成果尚未构成非遗教育研究的主力，对非遗教育规律、原理的探讨明显有待提高和深入。

关于非遗教育案例的研究，多为非遗案例的教育研究。相对而言，少数民族非遗项目的教育研究更显特色。在我国非遗教育资源分布较多的地区，如云南、新疆、四川等地区，相关的研究成果更为丰富。这方面，王莉、贺能坤的《近十年我国非物质文化遗产教育研究进展》回顾近十年来我国非物质文化遗产教育研究的成果，总结出了"三多三少"的特征，作者梳理为：一是多强调正规教育（学校）在非物质文化遗产保护和传承中具有重要作用，少谈非正规教育的作用；二是多强调普通教育对非物质文化遗产人才的培养，少强调职业教育对非物质文化遗产人才的培养；三是多讨论各级各类学校的非物质文化遗产教育实践，少谈对非物质文化遗产教育的评价。② 普丽春立足云南省的一些非遗项目的教育传承发表的《少数民族非物质文化遗产教育传承的价值结构》、《学校教育中的少数民族非物质文化遗产传承与发展研究——基于对云南省的调查》等文分析了云南省非遗教育传承的现状，结合云南彝族烟盒舞等具体案例，分析了教育传承在非物质文化遗产保护中的价值及其路径，颇具影响。李萍也发表了多篇相关论文，如：《云南壮剧家级非物质文化遗产云南彝族烟盒舞为例》《少数民族非物质文化遗产的教育传承——基于对云南彝族烟盒舞等的调查》③等文，也对部分云南省非遗代表作进行了

---

① 林佳瑜、陈如好：《论我国非物质文化遗产教育对培育大学生民族精神的意义》，《广东工业大学学报（社会科学版）》2010 年 3 月。

② 王莉、贺能坤：《近十年我国非物质文化遗产教育研究进展》，《重庆文理学院学报（社会科学版）》2016 年 3 月。

③ 普丽春：《少数民族非物质文化遗产教育传承的价值结构》，《学术探索》2013 年 8 月；《民族地区学校教育传承少数民族非物质文化遗产的现状与反思——以国家级非物质文化遗产云南彝族烟盒舞为例》，《民族教育研究》2011 年 2 月；《学校教育中的少数民族非物质文化遗产传承与发展研究——基于对云南省的调查》，《民族教育研究》2010 年 2 月。

调研,《云南壮剧的传承困境与遗产地教育传承保护模式的对策构想——边疆少数民族国家级非物质文化遗产教育传承研究(之一)》则结合云南壮剧,分析了少数民族地区非遗在教育传承中的困境,并提出了主要的对策构想。① 薛宝的《少数民族非物质文化遗产教育传承研究——以云南省为例》以云南省在教育传承方面的一些实践现状为切入点,分析了少数民族非遗教育传承的价值、困境及其对策②。朱凡瑾的硕士论文《少数民族地区非物质文化遗产保护与开发研究——以湘西凤凰县为例》③较为系统地分析了非遗的价值。非遗教育案例研究地区色彩比较明显,但全国而言,整个研究存在着明显的不均衡。

关于非遗教育主体的研究,主要集中在对于非遗教育组织类型的区分以及不同类型的非遗教育中如何进行非遗教育传承等方面的研究。很显然,目前的非遗教育主体基本集中在学校教育当中,尤以高校为主,中小学的非遗教育研究者相对较少。重庆文理学院的一些研究成果颇具特色。谭宏的《构建非物质文化遗产教育传承体系的探讨》④意在从整个学校教育体系的角度建立非遗教育传承体系,总体比较宏观。鲍展斌和黄亚男的《高校非物质文化遗产教育传承及实践探索》⑤,龚坚的《高校非物质文化遗产教育中的问题及对策探讨》⑥,沈燕红的《地方高校非物质文化遗产教育传承的必要性和途径探析》⑦,张丽萍的《少数民族地区高校教育传承非物质文化遗产分析》⑧,牟延

---

① 李萍:《云南壮剧的传承困境与遗产地教育传承保护模式的对策构想——边疆少数民族国家级非物质文化遗产教育传承研究(之一)》,《文山学院学报》2012 年 5 月。
② 薛宝:《少数民族非物质文化遗产教育传承研究——以云南省为例》,《云南民族大学学报(哲学社会科学版)》2012 年 5 月。
③ 朱凡瑾:《少数民族地区非物质文化遗产保护与开发研究——以湘西凤凰县为例》,湖南师范大学硕士论文,2012 年。
④ 谭宏:《构建非物质文化遗产教育传承体系的探讨》,《重庆文理学院学报(自然科学版)》2015 年 1 月。
⑤ 鲍展斌、黄亚男:《高校非物质文化遗产教育传承及实践探索》,《宁波大学学报(教育科学版)》2015 年 2 月。
⑥ 龚坚:《高校非物质文化遗产教育中的问题及对策探讨》,《高教论坛》2012 年 5 月。
⑦ 沈燕红:《地方高校非物质文化遗产教育传承的必要性和途径探析》,《学理论》2012 年 7 月。
⑧ 张丽萍、李雪松:《大理地区中小学非物质文化遗产教育传承现状及策略》,《大理学院学报》2014 年 1 月。

林、谭宏、王天祥、刘壮、钟代军的《非物质文化遗产教育传承：当代高校文化素质教育的新路径——以重庆文理学院为例》①，丁永祥的《高校非物质文化遗产教育论略》②，王丹丹、刘慧萍的《高校非物质文化遗产教育问题及其对策研究》③，邢卫红的《新时期大学生非物质文化遗产教育的意义和对策探析》④，以及李智勇的硕士论文《非物质文化遗产教育对大学生思想道德建设的作用及实施途径》⑤皆围绕高校中的非遗教育课题进行研究，分析了高校在非遗教育传承中的作用。张梅花的《论地方高校图书馆非物质文化遗产教育传承功能》⑥分析了地方高校图书馆这一载体在非遗教育传承中的价值。这一部分研究构成了当前非遗教育研究的主力军。而普丽春、袁飞的《少数民族非物质文化遗产教育传承的主体及其作用》比较难能可贵地注意到了非遗教育主体中"个人、家庭、社会和学校相互交融、重叠和互补"的特征。⑦ 张丽萍、李雪松的《大理地区中小学非物质文化遗产教育传承现状及策略》⑧，张学敏、王爱青的《中小学教育传承民族非物质文化遗产问题探微》⑨等则是少有的中小学非遗教育研究论文，分析了中小学在非物质文化遗产传承中的价值与路径。

关于非遗教育学科问题的研究，多围绕非遗代表作的具体内容和形式进行探讨，从不同学科门类及课程设置在非遗教育传承中的作用进行研究，数量

① 牟延林、谭宏、王天祥、刘壮、钟代军：《非物质文化遗产教育传承：当代高校文化素质教育的新路径——以重庆文理学院为例》，《民族艺术研究》2011年1月。
② 丁永祥：《高校非物质文化遗产教育论略》，《河南师范大学学报（哲学社会科学版）》2011年2月。
③ 王丹丹、刘慧萍：《高校非物质文化遗产教育问题及其对策研究》，《黑龙江省政法管理干部学院学报》2011年1月。
④ 邢卫红：《新时期大学生非物质文化遗产教育的意义和对策探析》，《中国报业》2011年10月。
⑤ 李智勇：《非物质文化遗产教育对大学生思想道德建设的作用及实施途径》，山东师范大学硕士论文，2010年。
⑥ 张梅花：《论地方高校图书馆非物质文化遗产教育传承功能》，《包头职业技术学院学报》2011年4月。
⑦ 普丽春、袁飞：《少数民族非物质文化遗产教育传承的主体及其作用》，《民族教育研究》2012年1月。
⑧ 张丽萍、李雪松：《大理地区中小学非物质文化遗产教育传承现状及策略》，《大理学院学报》2014年1月。
⑨ 张学敏、王爱青：《中小学教育传承民族非物质文化遗产问题探微》，《民族教育研究》2009年4月。

虽不算多,但标志着非遗教育研究的细化和深入。不少研究者建议从学科基础理论、专业设置、课程体系、师资建设、人才培养与文化传承等方面来促进非遗教育的学科化建设与教育工作。如陈仕姣、方明的《高校艺术类专业非物质文化遗产教育对策探析》①,韩彦华的《中医院校大学生非物质文化遗产教育探析》②,刘凯、寒梅、刘艳的《依托校本课程渗透非物质文化遗产教育》③,杨靖的《幼儿师范院校开展民间传统音乐类非物质文化遗产教育的初探》④,杨桦的《音乐学院在音乐文化遗产传承中的作用及实现途径研究》,郑以墨、王阳的《论高校美术教育在非物质文化遗产传承与创新中的作用》等文分别从艺术、中医、音乐、美术类等特殊学科在非遗教育传承中的作用与价值。寇爱清的《中学历史教学中的非物质文化遗产教育浅谈——兼论中学历史研究性学习》⑤,张家辉的《地理教学中融入非物质文化遗产教育的意义和途径》⑥等文则结合史地等学科教学谈如何融入非遗教育的问题。

综上,虽然我国的非遗保护传承曾走过一些弯路,虽然我国的非遗保护实践与有些国家相比起步也不算早,但我国的非遗教育研究却并不滞后,甚至可以说还比较超前。非遗教育研究中,既有非遗教育案例的分析,也有非遗教育理论的探索,既有围绕非遗教育主体的体系构架研讨,也有关于非遗教育学科的条分缕析。不过,也许和保护实践中对非遗"生态场"意识淡薄类似,非遗教育研究短板也比较明显:非遗教育基础理论研究相对欠缺,学校或者说高校以外的非遗教育研究相对乏力,非遗教育在人的发展进程中的作用尚少关注。

---

① 陈仕姣、方明:《高校艺术类专业非物质文化遗产教育对策探析》,《大众文艺》,2016 年 12 月。
② 韩彦华:《中医院校大学生非物质文化遗产教育探析》,《科技视界》2014 年第 25 期。
③ 刘凯、寒梅、刘艳:《依托校本课程渗透非物质文化遗产教育》,《北京教育(普教版)》2014 年 8 月。
④ 杨靖:《幼儿师范院校开展民间传统音乐类非物质文化遗产教育的初探》,《音乐时空》2013 年 5 月。
⑤ 寇爱清:《中学历史教学中的非物质文化遗产教育浅谈——兼论中学历史研究性学习》,《吉林教育》2010 年第 25 期。
⑥ 张家辉:《地理教学中融入非物质文化遗产教育的意义和途径》,《教育实践与研究》2010 年第 9 期。

三、 立足于群体的非遗教育横向布局

非遗资源的广布性特征决定了非遗教育是一种立足于群体的"大教育"。从教育空间来看，广义的非遗教育也是包括了家庭教育、学校教育和社会教育三个版块的广义教育。此三者就像同心圆，非遗教育空间由小及大，处于中心里层的是家庭，然后是学校和社会。社会是整个教育的大背景，家庭与人的一生相始终，学校是接受教育的黄金阶段。父母是人生的第一位导师，是可能引领孩子接触非遗的第一人。家庭教育中的非遗文化因素影响会根深蒂固。社会是个大课堂，在未有学校之先，社会教育就在人的成长中发挥着举足轻重的作用。非遗的存在形态首先是社会的，非遗教育的社会影响是一种文化氛围。学校是专门的教育机构，非遗教育进学校意味着非遗进入了专门化的教育渠道。家庭、学校的结构、形态也在不断发展变革之中。中国式大家庭如今已经被小家庭取代，城市化的加速也加快了传统家庭文化传承功能的萎缩。社会的转型发展，传统文化的生存空间受到一再挑战，于是乎学校作为文化传承的重镇，其所担负的教育功能也变得愈来愈多元。为今之计，非遗教育作为大教育急需家庭、学校以及社会协同参与，携手并进，三位一体方能实现有效传承、切实保护和可持续发展。

家庭教育是非遗教育的基础。家庭教育是非遗教育传承最原始、最直接的方式。家教首先是一种文化教育。以传统、口头表述、节庆礼仪、手工技能、音乐、舞蹈等为代表的非遗项目中，大多内容的发生发展和传承都是一种可以在家族内部进行的活动，有些非遗项目本身就是直接源于家庭或以某家族作坊为单位传承授业的。家庭非遗教育的组织和实施者是家长（包括受教者的父母和长辈）。当今的家长知识教育意识越来越强，但家教意识则比较淡薄，非遗教育更不必说。家庭教育，奠定的是人生的底色。家庭教育中的言传身教、耳濡目染、潜移默化中植入的文化基因和原始价值观，会直接影响或决定孩子的价值观和人生观。新中国成立以来，计划生育政策对现代家庭结构产生了较大的影响，几世同堂大家庭模式被打破，小家庭小皇帝的教养模式盛

行,很多传统的家族活动被移风易俗等,家庭教育的时空双双被压缩,或主动让位于各类课外辅导班。家庭的文化传承教育功能渐渐丧失,常听人们慨叹、诧异于晚辈的种种"异类"举动,就连不少年轻的父母也往往言必称希腊,对本土的文化缺乏自信,对祖辈的遗产缺少尊敬。家长尚且如此,孩子又该何去何从呢?因此,非遗教育要从娃娃抓起,从家庭开始,家长们应率先树立遗产保护意识,才有可能收复非遗教育的家庭失地。

学校教育是非遗教育的关键,也是近年倍受非遗教育关注,搞得最为有声有色的一个版块。当下学校非遗教育的兴起一方面与政府的提倡有关,同时也与家庭教育阵地的萎缩有关。学校是教育、传承文化的专门场所,学校教育的文化包括了外来文化和本土文化。非遗教育属于我国传统文化教育的一个组成部分,是对学生进行传统文化教育和爱国教育的直接、有效、生动的素材。当然,这里的学校并非只指大学,而是包括了大、中、小、幼所有学段。学校的非遗教育应该教什么?这是当下尤为亟待思考的问题。有小学让学生统一创作古诗,有中学让学生统一穿着汉服,有学校让学生学习棉纺技艺……各种所谓的非遗教育活动可谓五花八门,但实际收效甚微,不少学生也只是将这些看成应景式的活动而已。造成这种偏差的原因之一或与学校或教师对非遗教育目的的理解有误差相关。非遗教育意不在"复古"而在继承。已经无法存续的非遗项目,教育的目的在于传承其核心精神,理清其文化脉络,激发起学生对"遗产"的尊崇和敬意。而且,并不是所有非遗项目都适宜进校园,进了校园的非遗项目,教育实施时也需尽量做到"三个结合"。一是与课程结合。学校可以对民族传统文化进行集中的、系统的、有计划和有目的的教育实践活动。与课程结合的非遗教育方是获得了学校教育身份的非遗教育。课程、教材与教法是各级学校领导老师十分关注的教学要素。不与课程相结合的非遗教育终是昙花一现。二是与活动结合。尤其是一些节日礼仪、书画艺术等非遗教育,与活动结合,非遗教育不仅能调动学生的积极性也易于成为学校非遗教育宣传活动的亮点。课程教学与实践相结合以后,非遗教育方才收到实质性效果。三是与评价结合。这是对前两者的检验和考评,学校教育中评价是必不可少的环节。有了非遗教育评价的学校教育,方是行之有效有始有终的非遗教育。

　　社会教育是非遗教育的延展，是宣传与教育的结合。非遗的社会教育是指大多数人参与的、以文化交流为主的非遗教育宣传和传承类实践活动。社会非遗教育者包括开展非遗宣传、教育的行政机关、社会机构、社会团体等等。由于国家对非遗保护的重视，近几年的非遗教育中社会教育的声势、作用越来越大。以上海为例，往往是文广系统牵头，文化局或文明办协办，群艺馆或非遗中心指导、某社会机构或活动中心主办，各类非遗教宣传育活动可谓开展得有声有色、如火如荼。当全社会注目非遗时，其实也是非遗教育成效斐然之时。全社会的非遗保护意识的增强、非遗传承使命感的树立、非遗保护水平的提高，那我们的非遗传承和发展何忧之有？！

　　联合国《保护非物质文化遗产公约》中，关于非遗保护的教育传承相关条目中特别指出了"通过正规和非正规教育"途径的传承教育进行非遗保护。或许，家庭教育和社会教育位列于非正规教育之中。社会教育虽为非正规教育，但它是学校教育必要且有效的补充，而且，社会教育还可以使非遗教育社会效果得到检验和彰显。社会教育由于和社区、民众更为紧密，也更有利于非遗教育向全面、纵深发展。文化部、教育部联手建立了一部分非遗传承教育基地，其中大多设在高校，可见正规的学校非遗教育是目前的关键。

四、 立足于个体的非遗教育纵向贯穿

　　如果以个体的非遗教育作为考察对象，我们会发现每个人都经历了从耳濡目染到系统学习，再到理性思考、保护传承的过程。非遗教育贯穿了每个人的学前、学生和成人时代。一方水土养育一方人，我国的非遗项目中大多是特定区域的非遗，"这种非物质文化遗产世代相传，在各社区和群体适应周围环境以及与自然和历史的互动中，被不断地再创造，为这些社区和群体提供认同感和持续感，从而增强对文化多样性和人类创造力的尊重。"[①]

---

① 文化部对外文化联络局编：《联合国教科文组织〈保护非物质文化遗产公约〉基础文件汇编》，外文出版社，2012年4月。

作为特定乡土或社区的居民，其学前时代基本都是与父母生活在一起的，所接受的非遗教育以家庭教育为主，当然社会教育也会通过社区对其产生相应作用。但学前时期，个体的非遗教育的职责主要落在父母长辈肩上。父母长辈作为孩子的文化启蒙导师，其所具有的非遗保护意识和非遗教育意识直接影响到孩子对非遗的认知、认识和理解。孩童生活在特定家庭和社区中，通过耳濡目染、模仿或参与，形成印象，印入脑海。学前时代的非遗受教者，不一定有非遗概念，甚至可能不需要理解，可能是一种无意间形成的非遗印象，这种印象或许永远沉睡在个体的记忆深处，但它的影响却可能是深远的。所谓的"一方水土"是一种自然地理更是一种文化氛围，是一个包含了非遗内容在内的文化团块或文化圈。家庭和社会教育中非遗内容的渗透所形成的乡风民俗、风土人情，其哺育而成的"一方人"对所在区域非遗的谙熟、认同和尊敬是由衷的、甚至是不自觉的。学前时期看似无意的"教育输入"在个体的成长路上以及文化人格的形成中却会发挥重要的作用，若与日后的认识、理解及逻辑思辨等能力结合，这些文化基因或许会产生决定性的机制作用。

进入学生时代，意味着非遗教育个体进入到系统的文化知识学习阶段。学生时代的非遗教育可能缺少家庭、社会的活动性、体验性，但学校非遗教育的系统性和集中提炼也有助于使学生对非遗的深刻认识和深入理解。小学阶段中的非遗教育也还是一种集体性的体验和感受；中学阶段的非遗教育重在认知和了解；大学阶段的非遗教育不仅要侧重理解，而且需要结合现实进行独立的价值评判和研究发掘能力的培养，并树立起保护非遗的责任心和使命感。学生时代中有三个特殊时期：一是幼儿园被称为"学前"，实质上是从家庭到学校的过渡时期，因而也是非遗教育不可忽视的阶段。目前不少幼儿园已经意识到并着手吸纳非遗内容进行儿歌、音乐、美术等教育了；二是中考和高考阶段，毕业班师生双方都担负着各种应试压力，因而对非遗的兴趣或关注有时受到抑制或仅限于应付，此种情形随着对传统文化的重视和被列为考试内容将会得到改善。因而，目前的非遗教育和研究率先在高校兴起就在情理之中了。80年代全球性的文化寻根激发了国人的文化反思，改革开放也催生了大量的新兴学科，如志在振兴传统文化，守护精神家园的民俗学、文化遗产学等学科顺势纷纷建立,这使得高校自然成为实施非遗教育及非遗教育研究的重要阵地。当然,学校非遗教育真正服务于教书育人还任重道远,学生时代的非遗教育在人的成长过程中至关重要。学生时代的非遗教育既有思想内容也有术科内容同样应纳入学生成人成才教育研究视野。经过各阶段非遗教育者的共同努力,使学前的非遗教育和学校的非遗教育各自回归本位、各自明确职责,形成优势互补,共同促进非遗保护。

成人阶段的非遗教育个体可能兼具施受者双重身份。在人的成长过程中,出了校门走向社会意味着"一方人"业已养成、长成。成人阶段的非遗教育个体不仅应该对非遗有深刻或独到的理解,而且应承担起非遗的传承、教育重任。成人的非遗教育更多体现为对非遗内容的熟知、掌握或理解、传承,这也是作为"一方人"的职责。其实每一个人的成长都是在物质与非物质文化传统的熏陶之下长大起来,非遗并不一定是进入某一级遗产名录的项目才叫非遗。可以说每一个成人都是遗产的受教育者和教育者,都是遗产的继承者和传承者。成人,同时也应该是家庭、社会或学校非遗教育的积极承担者。为人师长者自不待言,为人父母也需要牢记。国风之于乡风,乡风之于家风,家风之于个人风度,都可以见到非遗对人的潜移默化和遗音余响。非遗教育系统化、系列化格局中的成人,未必是所有非遗的拥有者、通晓者,但应该是某一非遗的知晓者、掌握者或传承者。

立足于个体的纵向考察,其实也是非遗教育的人生考察。受到非遗浸染、接受非遗教育的成人,应该是非遗的尊重者和传承者。人是非遗传承的特殊载体,因为"活态"的非遗自身不能自我保存。非遗的传承形式比较特殊,它不能仅仅被收藏在某个馆所里供人们欣赏、学习,而必须储存在人们的脑海里和躯体中,用口和心来薪火相传,个体在非遗教育传承中处于最直接的位置。人是文化的产物,人的生存和发展都离不开特定的社会文化,而特定的社会时空会通过各种因素对人的思想和性格产生潜在影响,非遗的影响深远,有时甚至会左右一个人的人生观、世界观与价值观。总之,非遗教育传承是一项系统工程,个人从幼小到长成,从未知到已知,从非遗教育受体到非遗教育主体,是一个彼此贯通的整体;从家庭到学校到社会也是彼此交融、交叉和互补的关系,共同构成非遗传承多维时空,推进非遗教育传承的可持续发展。

五、 结语: 非遗教育研究中的 "生态场"理念

当我们将非遗教育研究放眼于人生的教育研究大格局之中时,即不难发现非遗教育研究,除了立足群体教育的横向研究和立足个体成长的纵向探讨,非遗教育研究中也必须持有与非遗保护一致的"生态场"理念。生态场,本质上也是一种多维概念。非遗保护中的"生态场",即形成非遗的产地所特有的自然和人文等整体性场景,是非遗赖以产生和传承的生存环境、生产方式、生活智慧、文化人格等诸多因素组合而成的多维空间①。也正是基于生态场的理念,我们对非遗教育格局进行多维思考:非遗教育需要家庭、社会、学校合力攻关,需要贯穿人的幼、小、中、大各个学段,乃至人的一生。

生态场下的非遗教育理念首先关注非遗的生活相教育。所谓"生活相",就是生活的样子或样式。非遗在形式上有其独特的形态,但是就其本质而言,它不是孤立的存在,而是一种生存于生活中不脱离生活的"生活文化",一种文化型的"生活相"或生活模式。脱离了生活的非遗教育不是教育的空中楼阁就是文化的表面浮尘。因此,我们提倡非遗教育应自家教开始,从家长力行,从娃娃抓起。只有融入了生活的非遗教育才会让非遗由"文化遗产"变为实在,并通过对非遗核心要素的认知、理解,使其变成一种精神财富,甚至文化基因。

生态场理念还要求非遗教育关注非遗的生活场性质。所谓"生活场"是说非遗保护,要兼顾非遗存在的整个空间。而不能一鳞半爪,见毛即是鸭。生活场说的是非遗教育要有整体性的观念。非遗不仅仅是我们眼中看到的实在,它还是有形和无形的结合,是历史和现实的通联。以上海为例,众多非遗代表作绝不是单个的文化碎片,这些非遗项目与海派文化、稻作文化、生存生产、生

---

① 陈勤建:《非物质文化遗产的保护:生态场的恢复、整合和重建》,《湖南文理学院》2009 年第 2 期。

活方式等等有着密切的联系,不只是上海"特产",还代表了上海精神、上海智慧。那些特产的生产技艺秘诀正是人的精神写照和留痕。也正是在这些文化遗产的形成中,上海的文化人格开始形成、养成。

生态场下的非遗教育当然也须关注非遗的"生活流"教育,即关注非遗的历时性特征。非遗既是一种"活世态"代代相续的生活样式,就要从现实社会生活状态出发,恢复和保持其赖以生存的生活基础——生活流。生活流不仅说明非遗是与生活密切相关的非遗,而且说明非遗的保护、研究、阐释也是与时俱进不断创新的。立足生活,贯通古今,非遗是一根根贯通了今昔的精神脐带。有了生活流理念,更利于发现非遗表象的本质,也更有利于非遗教育和研究向纵深的发展。

基于生态场的非遗教育及非遗教育研究,其实质是让学习者知晓非遗原本就是百姓为营生而构建的生活形态,并非空中楼阁,更不是历史故旧,它像涓涓细流,汩汩滔滔流淌在民众的生活之中。植根于生态场的非遗教育是为了让学习者领会隐含在非遗项目中的对美好生活的向往和孜孜不倦的追求。只有融入民众生活流,成为民众生活相,登入民众生活场的非遗教育方是继承、发扬我们的文化遗产的正确途径。因此,当下各级各类的非遗传承人培训、非遗保护辅导班以及非遗项目宣传活动同样应遵循"多维"思路,不失"生态场"语境。

如果说,具体的非遗项目及个体的非遗教育情况为非遗教育研究之"生活相"情状,那么,横向的空间考察即为非遗教育之"生活场"考察,纵向的研讨即为非遗教育之"生活流"研究,笔者期待,我们的非遗教育研究能早日形成独特的"生态场"语境,此,兼作本文的结语。

8

上海市"非遗"传承之
教育路径研究报告

常　峻　吴　静　张嫚嫚*

摘　要　本文旨在通过搜集和了解上海市非遗项目的传承教育案例,来认识近
几年上海市非遗传承教育的现状,总结上海市非遗传承教育的路径,分
析上海市各种非遗传承教育路径的优势、不足和出现的问题,并且根据
分析提出相关建议。上海市非遗传承之教育路径的优势与特色包括:
"进校园"与"进社区"联动的传承教育模式;与形式多样的文艺活动相
结合;展示教育与实践课程教育的双重作用发挥;非遗传承对象的大众
化;发挥地域特色,打造地域品牌;注重非遗的生产性保护与传承教育
的结合;注重非遗的表演性传承教育;注重非遗的家庭性互动教育。其
存在的主要问题包括:非遗与科技、网络等新形式的结合创新不足;传
承教育的连续性和深入性不足;传承教育者缺乏传承的自觉性。

关键词　非物质文化遗产　传承教育　优势　问题

一、　非物质文化遗产传承之教育
路径研究背景与目的

根据联合国教科文组织的《保护非物质文化遗产公约》定义:非物质文化

---

*　常峻,上海大学国际交流学院对外汉语教学与研究中心副主任,副教授,主要研究方向为民俗
文化与对外汉语教学。
吴静,上海大学民俗学专业硕士。张嫚嫚,上海大学民俗学专业硕士。

遗产（Intangible Cultural Heritage）指被各群体、团体、有时为个人视为其文化遗产的各种实践、表演、表现形式、知识体系和技能及其有关的工具、实物、工艺品和文化场所。近几年来，全球各地掀起了"申遗"的热潮，中国的"申遗"工作也在紧锣密鼓地进行。中国作为四大文明古国之一，在几千年的社会生活中，形成了丰富的文化遗产，其中非物质文化遗产凝聚了中国人的创造智慧、价值需求、审美观念、情感记忆。目前，中国是世界上非物质文化遗产最多的国家。

在全国各地甚至是全球各地"申遗"热的同时，中国的"非遗"传承保护一方面在各种力量的支持和推动下得到加强，另一方面一些非物质文化遗产的当代传承保护中出现的问题也日渐堪忧。从国家层面看，很早就开展了保护非物质文化遗产的工作，国务院发布了《关于加强文化遗产保护的通知》，并制定建立"国家＋省＋市＋县"4级保护体系，跟踪调查非物质文化遗产的传承情况，积极促进与国际非物质文化遗产保护工作的交流与协作，并且还从2006年开始，设立每年六月的第二个星期六为我国的文化遗产日，同时加强了对"非遗"文化传承人的保护。具体到省、市、县的"非遗"保护工作开展，面临着一些棘手的问题，如"非遗"保护工作中存在着"重申报，轻保护"的现象；政策层面的保护易于落实，但一些技术层面的保护难以实施；传承人的传承保护的责任与自我发展、自我选择的权力之间存在的矛盾；还存在"非遗"传承人的日渐减少、传承的活态性土壤的缺失等问题。

非物质文化遗产保护的基本目标是确保其生命力，就是说让非物质文化遗产"活着"。非物质文化遗产作为一种人类口传心授、世代相传的活态流变的无形文化遗产，它的主要传承保护还在于人。既要保护传承人，又要培养热爱"非遗"、传播"非遗"的新的传承者、实践者，使其在现代社会生活中焕发生命力。

面对新的传承形式的不断涌现，就目前"非遗"传承现状看来，教育传承是非物质文化遗产传承保护的最佳形式之一，它不仅拥有丰富的传承资源和较大范围的传承对象，同时，教育对于一个民族和一个国家来说，也是对于民族精神文化和活态文化的认知过程和互动过程。因此，教育传承对于"非遗"传承保护的意义至关重要。值得注意的是,"非遗"传承教育的推动者、传承者、受教育者以及不同主体之间的互动关系对于我们研究"非遗"传承之教育路径也是重要的一个内核,它们对于教育路径的整合研究有着突出的意义。

如何选择有效的传承教育路径,如何更好地进行实际的传承教育推行工作,如何在当代社会环境下调动各个传承主体的积极性以及保持良好的互动关系,如何认识和依靠不同主体优势来推动"非遗"传承等等,这都是我们在"非遗"传承保护过程中需要考虑到的切实问题。本文旨在通过搜集和了解上海市"非遗"项目的传承教育案例,来认识近几年上海市"非遗"传承教育的现状,总结上海市"非遗"传承教育的路径,分析上海市各种"非遗"传承教育路径的优势、不足和出现的问题,并且根据分析提出相关建议。

二、 上海市"非遗"传承教育的现状

上海市自 2007 年到 2016 年申遗以来,共申报了五批非物质文化遗产,成功申报省级"非遗"的项目共有 221 项,其中成功申报国家级"非遗"的项目有 33 项。按照"非遗"申报的项目类别来划分,其中民间音乐类有 16 项,民间舞蹈类有 10 项,传统戏剧类有 10 项,曲艺类有 7 项,民间文学类有 14 项,杂技与竞技类有 14 项,民间美术类有 34 项,传统手工技艺类有 83 项,传统医药类有 15 项,民俗类有 18 项。下文以列出的九个上海市"非遗"项目涉及的传承教育路径为例,来呈现上海市非遗传承教育的现状。

1. 嘉定竹刻。嘉定竹刻是汉族优秀的民间工艺之一,它的技法是用刻刀代替笔,在竹子上篆刻诗文书画。这种集审美与实用于一体的工艺一直深得大家喜爱。早在 2007 年,上海市嘉定区政府就筹集 800 万建设嘉定竹刻博物馆,嘉定竹刻博物馆在设计中,将嘉定竹刻名师的竹刻创作室、竹刻研究室和展览馆纳入总体布局,加大对竹刻研究经费的投入,每年安排适量经费用于嘉定优秀竹刻文物征集。同时竹刻协会不定时举办嘉定竹刻培训班,邀请老一辈的竹刻艺术家进行讲座,学习班集中了嘉定区的各中小学校的美术老师、从事竹刻劳技的人和嘉定街道的竹刻爱好者近百余名。培养的教师将为基层学

校开设竹刻培训项目,已经在 6 所中小学开设了嘉定竹刻的特色教育课程。

　　嘉定区城中路小学于 2008 年将嘉定竹刻引入学校,正式在校园里开展嘉定竹刻文化传承活动,经过近七年的努力,学校现在已拥有两个竹刻室,分别供中低年级和高年级学生学习竹刻,并在师资、竹刻教材、竹刻资源等方面奠定了一定的基础。此外,学校正在建一个竹刻文化展示馆,是集竹刻文化、作品展示、实践操作于一体的综合展馆。竹刻协会还和嘉定区教育局劳技学校联合,成立了嘉定竹刻教育基地,协会为他们加工竹刻,联系刀具,支持他们进行教学活动,每年他们都要为全区各学校近千名学生进行竹刻培训,并保证区内每一个中学生都能参加嘉定竹刻的学习与操作。

　　2. 沪剧。沪剧是汉族的民间戏曲,起源于上海浦东地区的民歌东乡调,清末形成规模,流行于上海、江浙一带,题材不拘一格,也出演文明戏和时事剧,当下,沪剧的传承者努力争取传媒支持,开办各种沪语节目,向社会各方面传递沪剧的影响。同时积极推进沪剧进街道、进校园、入教材的活动,教育部门准备把沪剧列为上海乡土教育的教材,沪剧优秀片段进入中小学语文课和音乐课。奉贤金水苑小学结合拓展课程的特色化、品牌化建设,积极弘扬沪剧文化,聘请国家一级演员、沪剧名家吕贤丽、李建华进校,开设《沪剧我来唱》课程,上海市教育部门关于擅长演唱沪剧的中学生在中考加分的措施已经取得较好的效果。

　　上海"沪剧之乡"——青浦白鹤镇近年来始终坚持推动镇文体中心以及五家"沪剧传习馆"的联动运作,不断致力于保护传承沪剧这门"非遗"艺术。这五家长期坚持开展沪剧培训的单位是白鹤镇社区活动中心、白鹤中学、白鹤小学、白鹤成校和白鹤幼儿园,2012 年被授予"国家级非物质文化遗产名录项目(沪剧)白鹤传习馆"铭牌。自挂牌以来,五家传习馆集思广益,每年都会吸纳和培育几十名沪剧新秀,鼓励他们不断积累舞台经验,主动参与文化下乡等活动,这样白鹤沪剧的群众基础土壤也在变得越来越丰厚。此外上海沪剧院、上海宝山沪剧团、上海长宁沪剧团联合举办一年一度的沪剧艺术节,促进沪剧的传播与发展。传习馆的教育培训成为沪剧在当代重新迸发新的生命力,使沪剧艺术更好发展的良好途径之一。

3. 徐行草编。1994 年,上海徐行镇被中华人民共和国文化部命名为"中国民间艺术之乡",2008 年,上海徐行草编被列为国家级非物质文化遗产。徐行古镇的黄草草编是上海嘉定区徐行镇的汉族传统手工艺品,其黄草编制历史悠久,享誉中外。目前,徐行小学的徐行草编传习基地是首批"上海市非遗进校园十佳传习基地"之一。

徐行小学将草编文化引入校园,开设了基础班和提高班,其中基础班是学生全部参与,还分年级编制了以黄草编织为主要内容的系列校本教材——《黄草编织》《徐行黄草编织艺术史料》《黄草编织艺术》。围绕"以课题为引领、以课程为支撑、以实践为载体"的主旨,学校挖掘地域资源,传习和发展非遗文化,开展"黄草编织——指尖捻出梦想"项目实践,通过学校教育,把草编文化传习延伸于家庭、社会和网络,形成了分层面的课程资源、多向型的师资力量、梯队式的学生社团、系列化的校本教材。

为了让更多男生也参与进来,学校还将黄草编织与科技特色结合,租下了徐行村附近的一亩地,聘请农艺师教学生种植黄草,通过播种、种植、保管、晾晒、染色等多道工序,让学生更立体地了解这一"非遗"文化。自 2006 年起,该校就陆续建立了草编作品陈列室、草编磨具陈列室、草编工艺动态展示室和草编博物馆,吸引校内外学生和社会各界人士前来观看学习。并且,徐行小学还曾在未成年人暑期特色活动中,开设草编专场,吸引了不少上海地区以外慕名而来的人士。此外,徐行小学还选派"巧手囡"草编社团成员参加"上海市中小学弘扬中华优秀传统文化系列活动"暨"上海市非物质文化遗产项目展示游园会"的活动。

除学校外,政府部门成立了上海徐行草编合作社,开展相关的群众文化活动,推动草编产品的开发,并给传承人发放补贴。但当地的草编艺人通常都已五六十岁,很少有年轻人主动加入编织的队伍,在传承上面临着很大断层。2011 年,政府还推出助残公益服务项目"阳光工坊",让残疾人参与到文化遗产的学习与传承"非遗"的队伍中来,从而实现"大众模式"的转型发展。并且"阳光工坊"通过崭新的市场化模式,将"非遗"融入全新的网购模式,不仅开设官方网站,还入驻京东商城,全面开启线上线下销售模式。

4. 海派剪纸艺术。海派剪纸艺术是具有上海文化特色的汉族民间艺术，早在十九世纪已出现，当时在民间的门笺、鞋花、绣花样上常常用剪纸艺术来表现。在一百多年的历史演变中，上海剪纸逐渐形成了与众不同的"海派"风格，在中国剪纸这一传统技艺中具有相当地位。海派剪纸有多种门类，传统与现代结合，兼容并蓄，传承多样。如工艺美术大师、国家级非物质文化遗产保护项目"上海剪纸"代表性传承人奚小琴，探索并创新了"立体剪纸"、"皱纸剪纸"、"脱稿双面书签剪纸"等剪纸新品种。2005 年，"海派剪纸"被上海市认定为上海市传统保护技艺；2007 年，被定为上海市级的非物质文化遗产保护项目；2008 年被列为国家级非物质文化遗产保护名录。现有国家级传承人一名，上海市级传承人五名。

在上海师范大学中国非物质文化遗产传承研究中心所调查上海的中小学生最欢迎的"非遗"项目中，排在前十的分别是：海派剪纸、版画、乡土纸艺、精武武术、沪剧、江南丝竹、扎染、腰鼓、锣鼓书、土山湾手工工艺，其中海派剪纸是上海中小学最受欢迎的"非遗"项目。上海目前 57 所"非遗"优秀传习基地中就有三所为剪纸传习基地，分别是：黄浦区的兴业中学、松江区的小昆山学校、徐汇区的西南位育中学。除了这三个优秀"非遗"传习基地之外，海派剪纸还作为"非遗进课堂"的实践项目，被汇编入一些"非遗"校本教材里，并且将海派剪纸作品展示在校内的"非遗"体验馆内，还聘请传承人到学校指导相关活动的开展，如海派剪纸大师王建中，在学校的体验馆里就陈列有王老师的多幅剪纸作品。上海市大同初级中学也曾开展"话民俗、学剪纸、迎元宵"主题活动，特别邀请当代剪纸大师沈育麟老师来教学生剪纸。

嘉定区封浜高级中学编印刊出《学科非遗资源点案例汇编》《我们身边的非遗代表性项目知识读本》《剪纸》等一批"非遗"校本教材，在每周五下午的二三节课学生就会到体验馆学习体验盘扣、茶道、书法、剪纸等各种"非遗"技艺，还为剪纸项目配有校外指导教师、校内传习教师，采取"走出去、请进来"的形式，组织参观上海市各类"非遗"建设场馆，以保证学校"非遗"项目课程的正常开展。

海派剪纸艺术不仅是进校园的"非遗"项目，还走进社区，让民众感受海派剪纸的独特艺术魅力。上海市枫林街道作为国家非遗文化"上海剪纸"的保护单位,自 2007 年起,枫林社区学校就开设了"林曦明现代剪纸艺术"课程,邀请名家、教师,自编教材,面向居民开展教学工作。在上海,优秀海派剪纸作品被多个展馆、博物馆陈列展示,值得注意的是,友时光俱乐部联手百年老字号——朵云轩举办的"小小非遗传承人"夏令营活动中,海派剪纸作为其中一个亲子的活动项目,实行小传承人带动家长一同体验传统手工艺魅力的教育模式。

此外,上海徐汇区的颛桥镇作为"上海剪纸之乡",成立了剪纸学习班,从首期只有 13 位学员到现在发展成 400 余人的庞大队伍。同样开展剪纸艺术班的还有剪纸艺术家沈育麟老师,沈老师并不是海派剪纸的"非遗"传承人,目前在上海的中国福利会少年宫担任剪纸老师,他的剪纸班已经成立了二十多年。沈老师的剪纸班采用的是传统的师承方式,跟着他学习的学生基本上都有 5 年的学龄,且一直源源不断地为社会培养出新的剪纸人才。他还出版了自己编写的《中国福利会少年宫剪纸教学作品集》,里面不仅有他精心撰写的剪纸教程,还展示了很多他学生的优秀设计作品。

5. 顾绣。顾绣又称"露香园顾绣",中国传统刺绣工艺之一,2006 年经国务院批准入选第一批国家级非物质文化遗产名录,申报地区为松江区。顾绣是上海地区工艺品中的瑰丽奇葩,起源于明代上海老城厢的顾氏家族。顾绣经历了兴盛、湮没到复兴的过程。1978 年中共中央十一届三中全会后,工匠工艺厂成立顾绣组,恢复对顾绣的研究、授艺与生产。目前,传承这一手艺的绣娘仅有十余人。其中唯一的国家级传承人戴明教已 93 岁高龄,另外还有 5 名市级传承人以及 4 名区级传承人。

2008 年 3 月,经松江区文化馆牵线搭桥,三新学校将国家级非物质文化遗产——顾绣艺术引入课堂,纳入课程。学校平时每周开展一次顾绣社团活动,每周小学、初中各设有一节顾绣拓展课。三新学校还将学生喜闻乐见的动漫元素融入传统顾绣之中,让传统的顾绣结合创新元素,既保持传统技法,又丰富和创新绣品图案。

在松江,现有 3 个顾绣保护基地,分别是松江区文化馆内的顾绣工作室、松江区岳阳街道的顾绣研究所,以及由民营企业出资成立的顾绣工作室"秋芳斋"。松江地区的博物馆还经常举办顾绣展览,馆内陈列着很多精美的顾绣展品,有时候邀请传承人现场解说,一些年轻学生纷纷向顾绣大师请教。此外,上海工艺美术研究所的顾绣工作室,也在继续传承顾绣这一文脉。上海艺术人文频道于2015年6月2日晚起每日推出的上海市国家级非遗名录项目系列专题片中,《顾绣》也是其中的非遗专题片之一。

6. 乌泥泾手工棉纺织技艺。乌泥泾手工棉纺织技艺,是上海市徐汇区的汉族传统手工技艺。黄道婆,元代人,是江南一带著名的棉纺织家,她掌握了先进的棉纺织工艺,后来把这些技术教授给大家,使乡以至江南地区的纺织水平有所提高。在当代,为了更好地传承该纺织工艺,徐汇区黄道婆纪念馆、华泾镇紫阳中学、园南中学建立了乌泥泾手工棉纺织技艺传承基地。

园南中学在徐汇区文化局、教育局的大力支持下,致力于"乌泥泾(黄道婆)手工棉纺技艺"非遗项目的学习和传承。学校通过不断挖掘区域资源,组建"纺车班"、开发校本特色课程、开辟社会实践基地、开展小队自主探究活动、创立"黄道婆陈列室"、创建网络互动平台等,学校连续多年被评为徐汇区非物质文化遗产保护工作优秀传承基地,并多次承办市、区级"非遗进校园"现场会;学校棉纺社团参与2010年世博会现场展演并被评为世博优秀棉纺社团,并在2013年11月开展市级少先队活动课程展示;学校"锦韵棉纺社团"参与拍摄《黄道婆》纪录片;2014年学校被评为上海市中华优秀传统文化研习暨非遗进校园十佳传习基地。

在社区方面,2011年,华泾镇社区学校开办了首届"黄道婆棉纺织传承班",培养黄道婆棉纺技艺的传承人。华泾镇社区学校充分利用镇域内乌泥泾黄道婆手工棉纺织技艺这一国家级非物质文化遗产,积极挖掘和整合资源,探索社区教育在促进本土文化发展方面的方法与途径。2011年10月,召开了黄道婆与中国社区教育研讨会,并出版同名书籍。2013年,编写了《传承之路》社区教育读本,赠送给镇域内的学校、企事业单位和居民区,同时开办手工棉纺织技艺传承班和彩带编织班,举办纺纱达人擂台赛、纺棉操、纺棉舞、《黄道婆》越剧、沪剧等多样化的文艺活动,促进师生对黄道婆及棉纺文化精神内涵的了解。

7. 金山农民画。金山农民画是江南民间绘画的代表,它以农民画家的现实生活为根基加以创作,富有鲜明的生活和时代气息。2006 年 4 月 28 日,"金山农民画村"建成开放。6 户农民画家受邀入驻"丹青人家"景区,同时上海多所国际学校将"金山农民画村"设为课外活动的基地。上海民协、华东师范大学、长宁区人民政府相互合作,从传承历史文化高度着眼,结合新泾镇"田野文化"品牌建设的目标,把文化社区建设和产业发展有机结合,力图把西郊农民画打造成为新泾镇文化创意产业的品牌和海派农民画创作、展示、培训、休闲旅游的基地。

上海金山的学校,尤其是枫泾小学为更好地传承与保护金山农民画,将金山农民画列入课堂教学。通过课堂教学、名师点拨、参观积累、写生体验、活动展示等途径,让小学生学习和传承农民画艺术。还开设了"少儿农民画兴趣班",选择学生作品参加中国第四届农民画联展,这些形式让学生直观生动地了解金山农民画的内容和表现形式。学校同时积极引导市民走近非遗,了解非遗传承活动的意义,引导人们热爱民族优秀传统文化,增强民族自豪感,进一步加强传统文化、本土文化的传承与发展。

8. 皮影戏。皮影戏是一种以皮制或纸制的彩色影偶形象,伴随音乐和唱腔表演故事的戏剧形式,具有非常悠久的历史。2006 年,皮影戏经国务院批准列入第一批国家级非物质文化遗产名录,并于 2011 年入选人类非物质文化遗产代表作名录。上海地区的皮影戏项目在 2007 年被成功申请为第一批上海市级非遗项目。上海地区皮影戏源自七宝,最初是由七宝人毛耕渔在清代光绪年间从浙东地区引进的,在当地组成了皮影戏班,最鼎盛时期上海地区共有 21 个皮影戏班。

目前,上海 57 所非遗优秀传习基地中有两个学校将皮影戏作为传习项目,分别是闵行区的文来实验学校和七宝明强小学。其中,文来实验学校将皮影项目引入学校,在皮影传承人的带领下,学生学做皮影道具,编排剧本。学校还组建社团,结合双语学校的特点创出一条"皮影 + 非遗"活动项目的新路——从中文皮影戏发展到英文皮影戏、沪语皮影戏,成为一枝独秀的"三语皮影"。另外,上海皮影戏也在上海其他一些学校开设有皮影戏的展览活动。

除校园传承教育之外,上海七宝古镇里陈设有一座皮影艺术馆,在每周六下午1点到3点,七宝皮影戏传人叶光华老先生会在馆内进行皮影戏演出。此外,在上海有名的历史文化名镇枫泾,坐落着以打造非遗产业为中心的上海世界非遗文化城暨中国非遗总部基地,中国(上海)民间皮影艺术馆开馆于此,弘扬中华传统文化,保护和传承世界非遗皮影艺术。皮影艺术馆分为四大板块:博物馆展出、皮影演出、亲子互动和教育传承。

9. 南翔小笼包。南翔小笼包,又叫南翔小笼馒头,是上海嘉定区南翔镇的汉族传统名小吃。已有100多年历史,因其形态小巧,皮薄呈半透明状,以特制的小竹笼蒸熟,故称"小笼包"。小笼包的传承工艺形式多样,140多年来靠师徒之间薪火相传,六代人通过师徒传承的方式,将南翔小笼的技艺不断地进行传承和改进。南翔小笼包第六代传人李建钢2012年在南翔镇成立工作室,2013年工作室在上海大众工业学校开设学习班,第一届已经招收学生50名,成为该项技术传承人的后备力量。此外南翔镇作为小笼包的发源地着手发展和弘扬小笼包文化,出版了以南翔小笼包为主题的文化书系,同时将戏曲史家蒋星煜、作家叶辛、社会学家邓志伟、儿童文学作家任大星等人关于南翔小笼的50多篇文章进行收集整理,集成出版。

学校的参与,也对小笼包的教育传承有很大的帮助,古猗小学在"李建钢工作室"的大力支持下,围绕"南翔小笼"的制作,不断拓展、延伸,着力挖掘"小笼文化"。学校围绕"特产小笼包的历史与发展"、"小笼包的制作"、"名人与小笼包的故事"等单元,纳入限定拓展课程,落实专职教师任教,扎实推进各年级"小笼文化"的普及教学。南翔老街还在新开张的小笼包馆中开设了小笼DIY体验区,向喜爱小笼包文化,乐于尝试这门传统技艺的游客敞开了传授之门。

三、 上海市"非遗"传承之教育路径

根据前文所述上海市"非遗"传承教育的现状,以及在此未能展开的其他

"非遗"项目的传承教育情况,可知目前上海市"非遗"传承之教育路径有如下几方面:

(一)线上传承教育路径

1. 传统媒体的展示教育。其中包括上海本地报刊杂志等对于非遗项目和非遗活动的展示和报道,以及上海相关电视台所拍摄展播的非遗纪录片等。例如上海艺术人文频道于 2015 年 6 月 2 日晚起每日推出上海市国家级非遗名录项目系列专题片《中国非物质文化遗产》,所涉及非遗有《陆氏针灸》《浦东绕龙灯》《海派木偶戏》《石氏伤科疗法》《马桥手狮舞》《朵云轩木版水印》《豫园灯会》《滑稽戏》《六神丸制作技艺》《奉贤滚灯》《顾绣》等。

2. 新媒体的展示与传播教育。其中包括非遗相关网站,如上海非物质文化遗产网、上海世界非遗文化城等;非遗类微博,如文艺上海、文化上海、上海非物质文化遗产、劳拉古琴国艺馆等;非遗类微信公众号,如上海非遗青年、上海世界非遗文化城、上海非遗、上海世界非遗文化旅游城等;非遗介绍、研究、活动报道的相关微信推送信息等。"上海非遗青年"成立于 2015 年 10 月,后建立同名微信公众号,其平台成立了"上海特色非遗信息中心"。该信息中心不仅展示了上海非遗特色学校的活动内容,还推广了多家学校社团的非遗传承和保护活动。

(二)线下传承教育路径

1. 校园非遗传承教育。其中包括开展校园课程教育,如开设相关专业、相关课程、编写相关教材、开设相关讲座等;开展校园实践教育,如非遗进校园传习基地、成立高校非遗研究机构、举办非遗相关校园竞赛、成立校园非遗工作室或社团等;开展非遗展示教育,如非遗传承人进校园展览、学子表演展示活动、设立校园相关展馆等。

2. 社会非遗传承教育。其中包括基地教育传承,如上海学生社会实践基地、上海市中华优秀传统文化研习校外实践基地等;社会活动教育传承,如上海中华优秀传统文化主题月活动、上海学子非遗展馆行主题活动、非遗进社区系列活动、小小非遗传承人夏令营等;非遗工作室、非遗培训班、非遗研究所等。

3. 公共展馆教育传承。其中包括上海工艺美术馆、各区各地方的博物馆、非遗馆、文化馆等。落户枫泾的上海世界非遗文化城暨国家非物质文化遗产博览园(上海园)年接待能力可达 600 万人次。将于 2017 年正式复业的大世界,也将成为上海非物质文化遗产传承的展示中心。

4. 举办大型"非遗"展览会。上海市民族民俗民间文化博览会已举办12 届;2016 年 3 月 22 日,"天工开物——非物质文化遗产全国精品邀请展"在上海大美术馆举办;2016 年 5 月 20 日,在上海举行的"2016 世界手工艺产业博览会暨非物质文化遗产保护成果展"盛大开幕,打造极具创新性的非物质文化遗产核心功能区。2016 年中国"文化遗产日"上海开展非遗系列活动,据统计,广泛举行各类展览、展示、体验等活动近 200 项,极大地推广了非遗教育。

四、 上海市非遗传承之教育路径的分析与反思

（一）优势与特色

1. "进校园"与"进社区"联动的传承教育模式

如上所述,上海大部分非遗项目均采取校园与社区的联动传承教育模式,这种模式的优势一方面体现在它将非遗带入课堂,编写相关教材,开展相关课程和展览,有利于学校基础非遗教育的普及;另一方面体现在它将非遗带入社区,面向社区展示非遗文化,让更多的群众感受非遗的魅力,有利于社会基层教育的普及。例如上海宝山区的"罗店彩灯"作为上海市级非遗项目,不仅有优秀传习基地罗店中心学校的传承教育,它还在为期一个月的宝山区"非遗进社区"系列活动中,以社区为纽带,以图片展览、演示互动和现场教学的形式进入百姓视野,向市民展示宝山非遗的独特魅力。这种联动机制有效地扩大了非遗教育的覆盖面,使非遗的教育不只是学校单方面的,还是整个社会层面的。

2. 与形式多样的文艺活动相结合

上海在非遗的教育传承中,注重趣味性和参与性,多与文娱活动相结合,

这样不仅调动了大家的积极性,而且"门槛比较低"容易让参与者理解。比如奉贤金水苑小学聘请沪剧名家进校表演、教授小孩子们沪剧,以这种活泼轻松的形式传承非遗,符合孩子们的接受能力,再比如华泾镇社区学校为了更好地传承乌泥泾手工棉纺织技艺和知名度,举办纺纱达人擂台赛、纺棉操、纺棉舞。在非遗的传承过程中,这种新颖独特的娱乐形式能吸引大家的关注,调动大家的积极性,促进参与者对非遗文化精神内涵的了解。

3. 展示教育与实践课程教育的双重作用发挥

在非遗的教育传承中,"知"和"行"都要有,两者缺一不可,比如上海嘉定区政府斥资 800 万所建竹刻博物馆,里面不仅有精美的竹刻展览,而且每年还征集优秀的竹刻作品进行展示,在实践教育方面,博物馆内部还设置竹刻工作室,邀请老艺术家进行讲座,培养学员教师去基层学校授课。再比如上海市徐行镇徐行小学将草编文化引入校园,该校建立了草编作品陈列室、草编博物馆等,学校举办了各种关于徐行草编的展示教育,通过这种"可视性"加深了学生对草编的理解,同时教授同学亲自种植黄草和编织,从实际行动中了解草编的生产程序与编制手法。展示教育与实践教育相结合可以让学生和爱好者更立体地了解非物质文化遗产内涵,让非遗的传承过程中理论和实践不脱节,提高传承者的动手能力。

4. 非遗传承对象的大众化

现在的非遗传承不再局限于师徒制这样的窠臼,上海地区的非遗传承对象有民间艺人、爱好者、学生、当地居民等,比如嘉定竹刻协会举办的学习班,就集中了该区基层教育的美术老师、从事竹刻劳技的人和嘉定街道的竹刻爱好者,协会为他们提供了方便的学习地点和师资力量,这大大地增强了竹刻传承的后备力量,上海政府、民间组织、学校、社区对非遗的教育传承有着新的认识和方法,它们相互协作,让大家都有机会了解非物质文化遗产,有途径学习民间技艺,这推进了非遗传承对象的大众化。

5. 发挥地域特色,打造地域品牌

民族的才是世界的,但要真正地走出去,就必须考虑受众需要,形成品牌效应。例如闵行区的文来实验学校依靠自己的双语优势,创新了皮影的演绎形式,从中文皮影戏发展到英文皮影戏,这就奠定了非遗走出去、创品牌的基础。为了打造金山农民画的品牌效应,长宁区人民政府联合高校,把文化社区建设和产业发展有机结合,着力于农民画的海派特征和地域特色,同时大力发展与之相关的文化活动,如展览、旅游,使之成为新泾镇文化创意产业品牌。上海地区通过把非遗的"乡土意识"和"时代潮流"相结合的形式,扩大了非遗的话语权,打下了非遗文化品牌的根基。

6. 注重非遗的生产性保护与传承教育的结合

从非遗项目的分类来看,民间美术类和传统手工技艺类的非遗项目更多地采用生产性保护的形式。上海的非遗传承教育过程,非常注重将这两类非遗项目的生产性保护特色与传承教育方式相结合,这种结合很大程度上来说是集实用性、观赏性和延续性于一体的。实用性在于非遗产品在民众生活中的作用,或作为食品,或作为衣着和装饰物,或作为生活用品等;观赏性在于非遗产品以其本身独特的造型感和艺术感,极具审美价值;延续性在于非遗产品因其体现的实用性和观赏性,是生生不息的生长在民间,延续传承在民众生活中的。例如南翔小笼包作为食用类非遗技艺,它既能作为食品被享用,又有非常独特的造型感。通过小笼包的制作过程展示、销售宣传和食用体验,能更广泛地向民众传播小笼文化,传承传统小笼包技艺。

7. 注重非遗的表演性传承教育

这种注重表演性的传承教育方式在当代非遗的教育传承中是非常新颖的,这给非遗的教育传承注入了新的生命力。比如上海南翔老街开设小笼包DIY 体验区,让游客体验小笼包制作过程,同时举行包小笼的比赛和亲子互动,为游客提供了学习途径。此外海派剪纸也不单单以成品的形式出现,传承者们以具有观赏性的剪纸过程来呈现剪纸,让观赏者乐在其中,这形成了传承者与观赏者之间的良性互动,这种非遗的"表演",不仅能给观赏者答疑解惑,而且激发了观赏者的兴趣和民族自豪感,增强了观赏者对非遗的了解和喜爱。

8. 注重非遗的家庭性互动教育

非遗是传承人的非遗,也是全社会的非遗,其受传承教育的互动主体更是涉及社会的各方面。家庭性互动教育是上海市非遗传承教育中较为有特色的一个部分,它所表现的形式一般包括:亲子类非遗实践体验活动、非遗进社区亲子活动、由家长陪同的非遗学习班等。亲子类非遗实践体验活动一般是在周末或者寒暑假期间开展的,例如清华中学将灯彩制作课在寒暑假期间面向全社会拓展,请学生和家长一起前来制作灯彩,且每次报名都遭到"秒杀",受到了广泛的欢迎和认可。非遗进社区亲子活动是联合一些非遗组织和非遗展馆等举办的活动,例如上海民间工艺科普馆在黄浦区文化馆非遗教室举办以"中国梦·非遗情"为主题的非遗进社区风筝专题亲子活动,还有龙华街道办事处携手徐汇区非物质文化遗产保护办公室,在龙华街道社区卫生服务中心举行的亲子扎染活动等。由家长陪同的非遗学习班这类的形式相对较少,但也不乏一二。例如,剪纸艺术家沈育麟老师所教习的剪纸班中,家长可选择作为陪同者一同与孩子进行剪纸练习。这几类家庭性互动教育,都属于良性的、积极的互动教育方式,活动的开展不仅为非遗注入了新的创造力、传播非遗文化、培养了孩子和家长的动手能力,还在实践互动中增进家长与孩子之间的情感和交流。

(二)存在的问题与建议

1. 非遗与科技、网络等新形式的结合创新不足

纵观上海市非遗的传承教育路径,我们不难发现线上传承教育和线下传承教育路径所占的比例是差异明显的。线上非遗传承教育的投入力度较小,覆盖的线上媒体数量较少,传承教育的效果较差。例如,上海市的上海非物质文化遗产网作为非遗的官方宣传教育网站,目前其网站维护和更新非常落后,浏览或点击的时候会出现页面无法链接显示、首页图时间久远未更新、导航不明确、页面设计风格陈旧等问题。除了网站之外,上海非遗类微信号和微博号的数量也相对较少,粉丝量和文章的阅读数量也是不太乐观的,且绝大多数的非遗类宣传、展示、报道、研究等微信文章,文字描述和文章排版设计不够有吸引力,分析的洞察力和深入程度也有些欠缺。总体来说,线上的传承教育是"新瓶装旧酒",它更多的只是借助网络的形式来展示和宣传传统的东西,并没有有效地利用网络新形式体现传统文化的创新性。网络作为新的信息传播渠

道和社会交流空间,应该更大地发挥其作用,将优秀的非遗文化体现出来,为更多的群众所接受和享用。以微信公众号为例,传承教育形式有效的改进方式主要可以用四个词来概括:设计感、社交感、互动、关联度。如可以增强非遗类的文章封面图的设计感和社交感、增强文章标题与受众生活的关联性、静态的非遗产品图动态化、增加互动的板块、丰富文章的版面设计等。

2. 传承教育的连续性和深入性不足

目前,上海市非遗传承教育路径主要是以"非遗进校园"和"非遗进社区"的展示性与实践性相结合的普及教育为主。这种普及教育的目的主要是为了扩大受教育者的范围、向大众传播优秀传统文化、培养潜在的非遗传承者、增强非遗在社会上的影响力。总的来说,根据其目的而体现出的传承教育效果是明显的,但是由于这种普及教育的自身特征,这方面的传承教育也是短期性的、粗浅的、无针对性的。这与传统技艺师承制的长期性、深入性、因材施教的特点是截然相反的,往往真正的非遗传承人是依靠这种长期的师承关系来培养的。例如,剪纸艺术家沈育麟老师培养的剪纸班,师从于他学习的学生一般都有五年以上的学龄,学习剪纸技艺的程度也是阶段性不断增强的,因此他这种师承教育方式是不断地向社会输送专业性人才的。另一方面,非遗传承人的培养教育过程是漫长艰难的,培养出的人才精而少,还有可能出现断代断层的现象。例如顾绣的传承教育现状,制作一幅完整顾绣作品的时间通常需要一年之久,年轻人学习顾绣技法耗时耗精力,能坚持传承学习顾绣的年轻人并不多。因此,需辩证来看待非遗的普及性教育和传统师承教育的作用,但是绝对不能忽视传统师承教育的存在价值。

3. 传承教育者缺乏传承的自觉性

对于非遗,关键在于完整性,传承者要全面了解所从事技艺的发展历史、文化底蕴,同时不断提升自己的文化修养和技术水平,提高传承自觉性,传承自觉性要求非遗的传承要紧密与时代结合,要有创新意识和市场意识,不能闭门造车,也不能让非遗完全沦为丧失文化底蕴和地域特点的"商品"。如何转变大众对非遗刻板、乡土的印象,让非遗焕发出时代的光彩,扩大生存空间,这是我们应当思索的问题。

主要参考文献：

1. 杨庆红：《上海的非物质文化遗产保护》，《世界遗产》2016 年第 4 期。

2. 徐晶晶：《从学生文化素养提升看非遗传承　透视〈上海市中小学非遗传承与保护研究报告〉》，《上海教育》2016 年第 25 期。

3. 司丽君：《上海市非物质文化遗产网站研究》，《南京艺术学院》硕士学位论，2013 年。

4. 黄聚云：《上海地区 16 项市级体育特色非物质文化遗产的传承模式研究》，中国体育科学学会（China Sport Science Society）：《2015 第十届全国体育科学大会论文摘要汇编（二）》，中国会议数据库，2015 年。

5. 陈燮君：《上海非物质文化遗产保护新探索》，《上海文博论丛》2009 年 2 月。

6. 魏媛媛、黄聚云：《谈非物质文化遗产保护中民间体育的生存与活化——以上海浦东花篮灯舞为例》，《体育研究与教育》2014 年 6 月。

7. 许鑫、赵嘉伦：《图书馆参与非物质文化遗产保护的现状与建议》，《图书情报工作》2014 年第 21 期。

8. 王文章、陈飞龙：《非物质文化遗产保护与国家文化发展战略》，《华中师范大学学报（人文社会科学版）》2008 年 2 月。

9. 王立阳：《"传统"之合法性的构成——中国非物质文化遗产保护的话语分析》，《清华大学学报（哲学社会科学版）》，2016 年 3 月。

10. 罗茜：《中国非物质文化遗产保护性旅游开发问题研究》，湘潭大学学位论文，2006 年。

11. 李心峰：《中国非物质文化遗产保护的创造性实践》，《艺术评论》2012 年 10 月。

12. 姜兆一：《非物质文化遗产保护：形式选择、传承效能与保护绩效的关系研究》，天津财经大学学位论文，2012 年。

13. 张泰城、龚奎林：《高校保护与传承非物质文化遗产的优势与路径探究》，《江苏高教》2012 年 6 月。

14. 钱乃荣：《沪剧与海派文化》，《上海文学》2005 年 10 月。

15. 《新时代，沪剧该往哪儿走？》，《上海戏剧》2016 年 7 月。

16. 冯贤亮：《明清嘉定的地域环境与竹刻中心的形成》，《江南大学学报（人文社会科学版）》2013 年第 2 期。

17. 张瑜：《"沪剧"传播该何去何从？》，《艺术科技》2013 年 5 月。

18. 燕小明：《嘉定竹刻的传承、创新与发展》，《紫禁城》2013 年 6 月。

19. 钱江等：《嘉定竹刻博物馆开馆迎客》，《人民日报海外版》2008 年 1 月 8 日 007 版。

20. 陆林森：《南翔小笼渐成海外市场缤纷亮点》，《国际市场》2005 年 5 月 8 日 11 版。

21. 冯晓：《南翔小笼馒头的"创意经"》，《粮油市场报》2014 年 12 月 6 日 A02 版。

22. 尤莼洁等：《南翔小笼：小吃如何申"非遗"》，《解放日报》2007 年 9 月 17 日 005 版。

23. 沈文敏：《有望成为首个小吃类"非遗"》，《人民日报》2007 年 8 月 20 日 011 版。

24. 微信资料：

《一大批"非遗"进校园　这次错过要等很久～》

http：//mp. weixin. qq. com/s?　biz＝MjM5MTIxMDcwOQ＝＝&mid＝2651444452&idx＝

1&sn＝2db48497959b7bc80920ffb1bd75d06b&chksm＝bd44795e8a33f048951782c5cf6

ad1ff7869297af60816256ac8c317bd8c8558960a1054b0a7&mpshare＝1&scene＝1&srcid＝

1008y2GVAvnTxWI4OipCkXe8#rd

《亲子扎染进社区，白衣天使齐参与》

http：//mp. weixin. qq. com/s?　biz＝MjM5ODU1ODczMw＝＝&mid＝2652292212&idx＝

2&sn＝408c1034a8b544c627c1390534096b71&mpshare＝1&scene＝24&srcid＝

10204W7PaVRfz11d48zZbTp2#rd

《上海民间工艺科普馆开展"中国梦・非遗情"风筝专题亲子活动》

http：//mp. weixin. qq. com/s?　biz＝MzIxMzM4MTgzMA＝＝&mid＝2247483863&idx＝

1&sn＝045c38de56c7d9d216a8ed9ae4ab467b&chksm＝97b6e67ea0c16f68dd1c43a444257

af4cf5b4e0a428bc89c7c608a2c867c6b5e72bdc95d1e47&mpshare＝1&scene＝24&srcid＝

1020uVtZLPoZrj9JB9Hu5KMS#rd

《"非遗"传承：进校园　入社区》

http：//mp. weixin. qq. com/s?　biz＝MjM5MTIxMDcwOQ＝＝&mid＝200598038&idx＝

2&sn＝fd9538b2aeb824f304e475a686d2312d&mpshare＝1&scene＝24&srcid＝1020

wAuExzRGRfKMLbEkdJZn#rd

《传承中华优秀文化　感受非遗独特魅力》

http：//mp. weixin. qq. com/s?　biz＝MjM5ODI0OTI0OA＝＝&mid＝2653683424&idx＝

1&sn＝4f6b2a8956474fc44875edf54da51569&chksm＝bd12c8af8a6541b9bc85e39cf5a927

aa1423c9f49019d5b9aa7c15a67c7935079ece4e34e722&mpshare＝1&scene＝24&srcid＝

10207hKZRo3O4ELJwcDsF19y#rd

《封浜高级中学：在"生活遗艺"中发现"非遗"的魅力》

http：//mp. weixin. qq. com/s?　biz＝MzA3ODI5NzAzMQ＝＝&mid＝210163634&idx＝

1&sn = ec045e24d835d0f76d952aaa029b11cf&mpshare = 1&scene = 24&srcid = 1020n8

ESOeZlHIrMhGtF5xKT#rd

《"非遗夏令营"非遗回归生活,用创意传承历史文化》

http://mp. weixin. qq. com/s? __ biz = MzAwMzAwODE2OQ = = &mid = 2650892218&idx =

1&sn = 116cdfdd1731fb0382b29de304c97cfd&mpshare = 1&scene = 24&srcid = 1020lo3

KwNhSK8NgTEXAb58w#rd

《中国民间最大的皮影艺术馆落户上海——皮影收藏家马德民出任馆长》

http://mp. weixin. qq. com/s? __ biz = MzAxNDM4NzYxNQ = = &mid = 2651762241&idx =

2&sn = 2310b2ad4d81bcd55d163f127cedfdc9&chksm = 806e1eb1b71997a7fab0ea6c53

b20d5a4239689c4585f48cb64dc8cec238941acd521f5d4b22&mpshare = 1&scene = 24&srcid =

1020EnjGaRCu9upGhGeIODv5#rd

《在传承中创新,看小鲜肉如何玩转非遗元素!》

http://mp. weixin. qq. com/s? __ biz = MzI3NDAzMjUwNQ = = &mid = 2653939012&idx =

1&sn = 9f19edce8d4898705ca2621fade7ee9f&chksm = f0c17752c7b6fe4456d59be0e133

f1a28cd6ec43edbd18f6c015a0641ec0114def947c100e9b&mpshare = 1&scene = 24&srcid =

1020qIqlA8dGM8hFAjWpUe2J#rd

《这些高中生不简单——专访格致中学"上海非遗青年"团队》

http://mp. weixin. qq. com/s? __ biz = MzA3ODI5NzAzMQ = = &mid = 2652203878&idx =

2&sn = 11eb1bd976b79f6671370d920c67f70b&chksm = 84a529ceb3d2a0d8b533be17588050

fd15ce6abe1cd7c98efdaa51392f5f54086c4563be7e0d&mpshare = 1&scene = 24&srcid =

1020FQU8vL5CO9T1sedAIb3e#rd

《徐行草编的"新尝试"——指尖的力量应被温暖以待》

http://mp. weixin. qq. com/s? __ biz = MjM5NjM1ODk1MA = = &mid = 2650217919&idx =

1&sn = 959e692668b9d3c554fe204fae8076a1&mpshare = 1&scene = 24&srcid = 11237

xkeS6GDSNeFM37FMgJp#rd

《80后顾绣传人徐祯璐》

http://mp. weixin. qq. com/s? __ biz = MzAwNzI5NDY0Nw = = &mid = 205222998&idx =

1&sn = b6c76cea5a4c6a9a468a78eaf890b7c7&mpshare = 1&scene = 24&srcid = 1123

yfrudOnigguP2mhkvOFD#rd

《留住手艺》

http：//mp. weixin. qq. com/s? __ biz ＝ MzAxNzA1NjE5Mg ＝ ＝ &mid ＝ 206130236&idx ＝

1&sn ＝ 817bb3165214d09074ba73af1b1e33f0&mpshare ＝ 1&scene ＝ 24&srcid ＝ 1123

gkyhDT8gc391TBw5gXT8#rd

《十年，非遗传承保护的新思考》

http：//mp. weixin. qq. com/s? __ biz ＝ MzAwODA0OTg5Mw ＝ ＝ &mid ＝ 2651064869&idx ＝

1&sn ＝ 0e51e3e6afd2cb2c0f7e9ba2cbe6b183&chksm ＝ 80846fafb7f3e6b99695a88498

feca410d8bd6e0915d6cb1f7db220e0cd02f61ac850ad9c801&mpshare ＝ 1&scene ＝ 1&srcid ＝

11206zESVInKtfgJFCRkNUSE#rd

《上海师范大学非物质文化遗产传承研究中心发布中小学非遗报告》

https：//mp. weixin. qq. com/s? __ biz ＝ MzA3ODI5NzAzMQ ＝ ＝ &mid ＝ 2652202814&idx ＝

3&sn ＝ 3cffb6fa3c6cd2f6dad08e0400c6179d&scene ＝ 7&key ＝ &ascene ＝ 0&uin ＝

&devicetype ＝ android－21&version ＝ 26031732&nettype ＝ WIFI

《〈上海非物质文化遗产中小学读本〉编辑出版会议在上海师范大学举行》

https：//mp. weixin. qq. com/s? __ biz ＝ MzA3ODI5NzAzMQ ＝ ＝ &mid ＝ 2652204240&idx ＝

3&sn ＝ 45e8c4393f6ef79e81b685f1c645a545&chksm ＝ 84a52e78b3d2a76ea42f69def

44f3c112d1051b2ba3fbb51cd0ee85fe2590c619ed74012462c&scene ＝ 7&key ＝ &ascene ＝

0&uin ＝ &devicetype ＝ android－21&version ＝ 26031732&nettype ＝ WIFI

《传承经典　再创精彩　白鹤镇举办沪剧传承基地汇报演出》

https：//mp. weixin. qq. com/s? __ biz ＝ MjM5Nzk4Mzc2Nw ＝ ＝ &mid ＝ 400698784&idx ＝

1&sn ＝ ac98f8fdd99c1b5e062e9fb25f2ad3fd&scene ＝ 7&key ＝ cde9f53f8128acbd7845dc26e

5696bd89a9bc972ec776a8999db4ce6025aff7dec6b49b36739a018617cdaaceb195021&ascene ＝

0&uin ＝ MjUwNzAxNzY2MQ% 3D% 3D&devicetype ＝ android－21&version ＝ 26031732

&nettype ＝ WIFI&pass_ticket ＝ L% 2B5v0t8kPZcF4v% 2BdDUlFu5h3xIFOpgW% 2BYW%

2FXMasqlBSejZ1D6XtLuAEkEmlE74CM

《少儿沪剧教唱　传承戏曲文化》

https：//mp. weixin. qq. com/s? __ biz ＝ MzA3MTY1NzU1MA ＝ ＝ &mid ＝ 2650501242&idx

 ＝ 1&sn ＝ 9e13a5ed83465b231249a5934c3e330a&chksm ＝ 8725e15bb052684dc4177264

b84e1901c92b58419de4165b1ac1ca67415f53aa34bcbf3272a5&scene ＝ 7&key ＝ &ascene ＝

0&uin ＝ &devicetype ＝ android－21&version ＝ 26031732&nettype ＝ WIFI

《小小金穗少年　传承沪剧文化》

https：//mp. weixin. qq. com/s？ ＿ biz = MzAxNjIzMDU2OQ = = &mid = 2649466355&idx =
1&sn = 103333382bd90586e4f0637d0f4f7f3a&chksm = 83e8f435b49f7d2330829aab65e07
bf6dcd73cee07d68a5ad40f5097a254dad4d81227f6150d&scene = 7&key = cde9f53f8128acbdf
8ba252c680cac9fea0bb8bd7d54d39232c05ad9e5b402281274a1bcbf49a20a9149ba68dc97328
3&ascene = 0&uin = MjUwNzAxNzY2MQ% 3D% 3D&devicetype = android － 21&version =
26031732&nettype = WIFI&pass＿ticket = L% 2B5v0t8kPZcF4v% 2BdDUlFu5h3xIFOpgW%
2BYW%2FXMasqlBSejZ1D6XtLuAEkEmlE74CM

《古猗小学："非遗进校园"南翔小笼制作亲子体验活动》

https：//mp. weixin. qq. com/s？ ＿ biz = MjM5NTg0ODc4Nw = = &mid = 206933620&idx =
2&sn = 710b16137b2b5376c01e1f39d14129ce&scene = 7&key = cde9f53f8128acbd58017f66
f8109f920d49dece084229f6b5c1af786c32980fd7598e0cd47ae496e1747cd6bead2848&ascene =
0&uin = MjUwNzAxNzY2MQ% 3D% 3D&devicetype = android － 21&version = 26031732&
nettype = WIFI&pass＿ticket = L% 2B5v0t8kPZcF4v% 2BdDUlFu5h3xIFOpgW% 2BYW%
2FXMasqlBSejZ1D6XtLuAEkEmlE74CM

《华泾镇社区学校喜获"上海市社区教育实验示范项目"》

https：//mp. weixin. qq. com/s？ ＿ biz = MzA3MDcwODYwOQ = = &mid = 205148431&idx =
1&sn = fea5f403ce624dc336d2df2a5467e298&scene = 7&key = cde9f53f8128acbd82f8ba
48a82b837263dff08e94355fbc10a467d27670adff271527f374863f09e06463c2115fdda9&ascene =
0&uin = MjUwNzAxNzY2MQ% 3D% 3D&devicetype = android － 21&version = 26031732&
nettype = WIFI&pass＿ticket = L% 2B5v0t8kPZcF4v% 2BdDUlFu5h3xIFOpgW% 2BYW%
2FXMasqlBSejZ1D6XtLuAEkEmlE74CM

《竹上神工　薪火相传》

https：//mp. weixin. qq. com/s？ ＿ biz = MzA3ODI5NzAzMQ = = &mid = 203223164&idx =
3&sn = 662b526556e646ec264521090561cf72&scene = 7&key = &ascene = 0&uin =
&devicetype = android － 21&version = 26031732&nettype = WIFI

《上海有个"东方毕加索"，40 年从乡间走向国际》

http：//www. shobserver. com/news/detail？ id = 30337

9

海派剪纸融入上海高校
公共艺术教育研究

李 柯[*]

摘 要 本文在非物质文化遗产校园传承的基本语境下,爬梳关于民间剪纸
传承与我国高校艺术教育发展的研究现状,论证海派剪纸融入上海
高校公共艺术教育对于艺术教育、文化传承的双向意义,揭示出海派
剪纸与上海高校公共艺术教育融合发展程度较低的基本现状,以及
由此引发的沪上中小学与高校公共艺术教育发展失衡的问题及原
因。在此基础上,有针对性地提出海派剪纸融入上海高校公共艺术
教育的实现路径,以相关课程体系的构建、相关课外活动的开展及其
体系构建为基本路径,辅以环境烘托和舆论营造,并特地申明实现海
派剪纸校园传承与上海高校公共艺术教育融合发展的注意事项。

关键词 海派剪纸 上海高校 公共艺术教育 融合发展

---

* 李柯,男,华东师范大学民俗学博士后、复旦大学文学博士,现任华东师范大学社会发展学院
民俗学研究所助理研究员,研究方向:民俗学与非物质文化遗产保护、中国古代文学。
　　本论文受 2015 年度上海市学校艺术科研青年项目"海派剪纸融入上海高校公共艺术教
育研究"(项目批准号 D59)、中国博士后科学基金第 59 批面上一等资助项目"当代城市化语
境中民间剪纸文化生态的变化与重构研究"(项目编号 2016M590334)、2012 年度国家社科基
金第一批重大招标(文化类)项目"我国非物质文化遗产名录体系与资源图谱研究"(项目编
号 12ZD019)、2014 年上海高校青年教师培养资助计划"城市语境中我国民间剪纸类非物质文
化遗产资源的传播机制研究——以上海、南京、扬州、佛山等地为中心"(项目编号
ZFZX1102)、上海建桥学院 2014 年校级科研项目"城市语境中上海民间剪纸类非物质文化遗
产资源的传播机制研究"(项目编号 Sjq14005)资助。

引　言

按照联合国教科文组织于 2003 年制定的《保护非物质文化遗产公约》,非物质文化遗产(Intangible Cultural Heritage)是指被各群体、团体、有时为个人所视为其文化遗产的各种实践、表演、表现形式、知识体系和技能及其有关的工具、实物、工艺品和文化场所。

随着上述保护公约的颁布以及政府与社会各界对于非遗保护的重视,我国非物质文化遗产保护工作已被提升至维护、发展人类文明多样性,巩固本土文化主体性,加强民族文化认同,实现中华民族伟大复兴的高度来认识。

在此大背景下,如何实现非物质文化遗产的永续传承成为保护工作的重中之重。基于当代社会的结构变迁,解决此议题,不仅要依靠家族传承、行业传承等传统传承方式,更须依托以学校、培训机构、传习场所等现代教育文化空间为载体而展开的社会传承。"非物质文化遗产校园传承"由此而提出,其作为非遗当代传承的重要路径业已为各界所共识。而海派剪纸融入上海高校公共艺术教育这一命题的探究正是为了回应非遗进校园的现实使命与理论诉求。

一、 民间剪纸传承与我国高校
艺术教育发展研究述略

在非物质文化遗产校园传承的话语框架下,剪纸艺术,尤其是民间剪纸基于当代语境的传承方式备受政府、业界、学界三方关注,寻求剪纸传承工作与学校艺术教育的联姻因此而成为一种重要的文化实践,相应的学术研究也正逐步展开,既往的研究成果主要有如下三类:

1. 以某地或某流派剪纸为例,阐析我国高等院校在剪纸艺术保护、传承工作中所应体现的总体价值与功能。从事此类研究的代表学者有殷海霞(2012年)、赵希岗、吴建国、张翰韬(2015 年)等;杨远(2014 年)、郭艳、李长福(2012

年）等人的相关论文对此命题也有所关涉。

2. 从专业建设与课程设置的角度考察剪纸融入高校艺术教育的意义、途径。此类成果中，以关注剪纸艺术传承与专业艺术教育之关系者居多，代表学者有周鸣（2012 年）、张湾湾（2012 年）、赵俊、王飞鹏（2012 年）、贺平（2011年）、孙强（2011 年）、马绥莉（2014 年）、李小平（2012 年）、王宁（2010 年）等；也有不少研究主要围绕剪纸与公共艺术教育而展开，如杨婷婷（2013 年）、向宏年（2015 年）、魏颖艳（2015 年）、赵轶斐（2013 年）、关杰（2013 年）等人的相关成果。

3. 从其他角度探察剪纸融入高校艺术教育的意义、途径。此类研究并不多见，如游江滨、张鹏（2014 年）所撰论文，即以开发、设计剪纸类文创产品为抓手，探究传统剪纸艺术的保护、利用如何同当代高校艺术教育密切结合，杨华华、段渊古（2011 年）阐论剪纸艺术在高校景观中的应用，也涉及这一命题。

由以上文献综述可知，迄今目前，海内外学界尚未对剪纸类非遗资源融入我国高校艺术教育，特别是公共艺术教育的意义、现状、问题、实现途径等作全面观照和深入论析，相关研究虽在局部取得一定突破、进展，却并不能与非遗保护工作的总体发展要求相同步。而由于中国剪纸以舆地为分野，流派纷呈、风格多样，因此对特定地域内的剪纸艺术传承与高校艺术教育之关系予以专门梳理、探讨则是更为迫切而基础的工作。

具体到上海一地，则与近年来，沪上民俗文化、民间艺术进校园活动持续开展不相匹配的是，学界围绕海派剪纸融入上海高校艺术教育的研究严重缺位，上述研究成果均未有关涉。王建中《剪纸：让艺术教育不断线》（2008 年）一文、蔡丰明、李柯等《上海剪纸》（2012 年）一书虽皆述及海派剪纸的保护、传承与艺术教育的关系问题，然前者所论囿于基础教育领域，后者仅有少量篇幅关涉高校艺术教育。蔡丰明在其专著《城市语境中的民俗保护——当代上海城市民俗文化遗产保护与利用研究》（2010 年）中，对于上海城市语境与其地非物质文化遗产保护工作的相关性作出深刻的理论探讨，亦论及学校传承的问题，但该书并不以上海剪纸类非遗资源为主要研究对象或典型案例。

二、 海派剪纸融入上海高校公共
艺术教育的意义与现状

作为中华传统民间美术的代表性门类和国人喜闻乐见的艺术表达样式，剪纸充分反映了广大民众的文化理想和审美情趣，在我国各地民间生活和民俗活动中具有相当广泛、深刻的影响。它是我国非物质文化遗产保护工作的重要对象之一，也是非物质文化遗产校园传承的重要资源。

剪纸类非物质文化遗产是我国非遗资源中分布较广、保护点较多的项目。据统计，截至 2012 年底，在已公布的国家级非物质文化遗产名录中，共入选 45 项剪纸项目，其中 9 项入选第一批国家级非物质文化遗产名录，31 项入选第二批国家级非物质文化遗产扩展名录，5 项入选第三批国家级非物质文化遗产扩展名录，入选省级非物质文化遗产名录的则多达 151 项。2010 年，"中国剪纸"被联合国教科文组织列入《人类口头和非物质文化遗产代表作名录》。

海派剪纸则是当代中国剪纸的重要流派。近代以来，上海地区的剪纸艺术逐渐从江南民间剪纸中脱胎而出，在长期的城市化进程中不断传承、发展，形成了兼容并蓄、创新求变，都市形态鲜明的海派风格，出现了王子淦、林曦明等海派剪纸艺术大师。上海剪纸于 2008 年被列入第一批国家级非遗扩展项目名录，上述入选《人类口头和非物质文化遗产代表作名录》的"中国剪纸"就包括上海剪纸在内。就风格特征而言，上海剪纸虽不失江南剪纸的细腻底色，却又在迥别于传统乡村的都市空间中糅合了来自不同地域、不同流派，乃至域外的艺术理念，以其有容乃大的特色展示出中华优秀文化中的海派传统，承载着海派文化基因，在我国民间艺苑中独树一帜。所以说，海派剪纸艺术传承与上海优秀地域文化、中华优秀传统文化弘扬具有内在的一致性。

同非遗保护、文化传承工作日益深入相呼应的是，我国当代高校的公共艺术教育体系也亟待且正在进一步完善。在西方艺术、现代艺术、学院派艺术唱主角的公共艺术教育领域，民间艺术独特的美学功能、综合性的文化价值已逐渐引发各方重视。只有加强民间艺术、民间美术类公共教育，才能充分满足大学生的审美需求，弥补精英艺术单一维度的不足，从而更好地承担弘扬中华优秀传统文化的任务和使命。特别是在上海国际大都市的社会文化语境下，西方思潮大规模输入，在沪高校的公共艺术教育更应考虑古今中西艺术的多元平衡，以"只有民族的才是世界的"为基本理念，从中国文化"走出去"的战略高度，力促民族文化的保护、传承和异质文化的对话、交流，不断提高大学生基于博综艺术修养的创新能力。

由此可见，海派剪纸融入上海高校公共艺术教育对于艺术教育和文化传承实具有双向意义：立足于艺术教育、文化传承相辅相成的角度，探讨优秀文化遗产传承与高校美育工作推进如何获取双赢的可能性与可行性，一方面有助于丰富沪上高校公共艺术教育的主体内容，提升在沪大学生的艺术素养、道德情操、创新能力和民族文化认同，促进沪上高校校园文化建设，从而为构建具有鲜明风格的上海高校公共艺术教育体系提供重要支撑；另一方面则有助于完善海派剪纸艺术在当代城市语境中的传承机制，发挥沪上高校在本土非物质文化遗产项目保护与资源利用方面的重要作用，从而为弘扬中华优秀传统文化，普及、发展海派艺术提供重要场域；此外，亦可为进一步认知、探讨、调整、完善我国高校艺术教育和文化遗产保护的内在关系奠定研究基础。

然而，与上述意义的重要性不相协调的是，海派剪纸融入上海高校公共艺术教育的现实状况并不尽如人意。首先，在上海高校当前的课程配置中，公共艺术课程资源并不富足，与民间剪纸、海派剪纸相关的课程则更为少见。根据移动网络随机问卷调查所获的 315 份有效答卷，年龄不超过 40 周岁，正在或曾在沪上高校就读的 315 名受访者中，认为海派剪纸在上海高校公共艺术课堂上有所体现的人数只占总人数的 14.29%，认为上海高校有专设的海派剪纸公共艺术课程的人数则更少，仅占总人数的 7.94%。剪纸类的常规性课程往往安排在部分高校留学生的人文素养教育中，而这一类的剪纸课程也绝少关涉海派剪纸艺术的内容，更多的是针对留学生的浮光掠影式的中国艺术、文化普及。

其次，海派剪纸走进沪上高校第二课堂也并没有形成普遍之势，只有间或零星的活动举办。近期以来，颇值称道的有如下几项活动。2015 年 11 月 17

日至 30 日,由华东师范大学社会发展学院民俗学研究所、校博物馆筹建办和图书馆主办的"江南水乡的记忆:那景、那人、那生活"海派剪纸艺术展在该校中山北路校区图书馆举行,以表现上海都市化语境中江南水乡剪纸的海派变革和市井艺人剪纸的社区融合为主题,展览期间邀请上海颛桥剪纸代表性传承人周若妹、上海花样经代表性传承人郑树林开展面向高校师生的现场传习活动,受到了较为热烈的欢迎和关注。随后,该展上的海派剪纸艺术作品又到复旦大学、同济大学、上海社会科学院等院校巡展。这次系列活动对于海派剪纸通过校园展示、传播、传承的方式融入上海高校公共艺术教育起到了良好的促进作用。2015 年 12 月 15 日,上海民间文艺家协会、上海工艺美术学会、上海工艺美术职业学院联合举办了"艺术与当代语境之融合——守白艺术现象之探究"研讨会,此次会议有高校主体以及不少致力于非遗校园传承研究的专家、学者参与,对海派剪纸与沪上高校公共艺术教育的互介、互融也有一定程度的间接助推。而即将于 2016 年 10 月召开的第十八届中国上海国际艺术节艺术教育论坛同样可能会对此有所助益。尽管如此,海派剪纸与上海高校第二课堂的融合程度还是比较低,理论研讨尚须深入,实践行为更是不足,主要表现在常规性活动的暂付阙如和专业性社团的稀见。同样是根据移动网络随机问卷调查所获的 315 份有效答卷,年龄不超过 40 周岁,正在或曾在沪上高校就读的 315 名受访者中,认为海派剪纸在上海高校第二课堂上有所体现的人数只占总人数的 17.14%。这一比率只是比上述海派剪纸融入上海高校公共艺术课堂的调查数值稍高而已。

与此相反的是,海派剪纸的普及和传承业已在沪上的中小学校形成一定的气候。许多学校特别是国际学校都开设了有关中国剪纸或海派剪纸的课程,上海剪纸代表性传承人李守白就曾在紫阳中学、华泾小学、大华二小、上海新加坡学校、上海美国学校等中小学授课。得益于政府文化、教育部门的主导以及文教单位的双向联动,近年来,非物质文化遗产进中小学第二课堂的活动可谓如火如荼。单从"2016 年上海市学生中华优秀文化主题月系列活动"(2016 年 9 月)的安排来看,就有封浜高级中学、马陆育才联合中学、宝山区大华第二小学、华阴小学、呼玛路小学、徐汇区西南位育中学东校、上海市园南中学等学校开展了以海派剪纸为主题的体验、传习活动。同时,市内各类、各级少年宫也在积极组织、举办与海派剪纸相关的第二课堂活动,如杨浦区少年宫,目前正在跟民间艺人合作,于每周六下午开设了包括海派剪纸在内的 10 个非遗兴趣班,总共招收了 240 名学生。此外,根据移动网络随机问卷调查所获的 240 份有效答卷,年龄不超过 40 周岁,正在或曾在沪上中小学就读的 315 名受访者中,认为海派剪纸在上海中小学公共艺术课堂上有所体现的人数占总人数的 38.33%,认为上海中小学有专设的海派剪纸公共艺术课程的人数占总人数的 16.67%,认为海派剪纸在上海中小学第二课堂上有所体现的人数占总人数的 34.17%。这些数值比均高出上述海派剪纸融入上海高校公共艺术教育的调查数值不少。

在海派剪纸当代接受日渐广泛,中小学校、城乡社区传承较为活跃的情势下,海派剪纸与上海高校公共艺术教育的融合发展确乎不甚景气。这一教育失衡、文化失衡景观的形成,究其内外原因,主要有三:其一,剪纸艺术对于少年儿童益智巧手的作用,对于老年群体延防衰老的价值,已被普遍接受和认识,但其对于青年大学生的审美、文化熏陶却仍被忽视。其二,在冷热不均的文化格局中,无论是主政者、管理者,抑或教师、传承人,多形成思维定式,往往不自觉地将校园传承等同于中小学校园传承。其三,某些高校高高在上的文化姿态容易导致传承人有意无意地疏离,在校艺术教师本身又并不具备足够的海派剪纸知识和相关技艺,精英聚集的文化环境则致使公共艺术教育严重偏倾于学院派,而非草根与民间。以上三则因素综合起来,共同诱发了海派剪纸融入上海高校公共艺术教育的现实窘境。

为了解决海派剪纸与上海高校公共艺术教育融合发展程度较低,中小学与高校公共艺术教育发展不平衡的问题,更为获取海派文化遗产传承和在沪高校美育工作推进的双赢,深入探索、论证海派剪纸融入上海高校公共艺术教育的实现路径可谓势在必行。根据上文关于既存缺失、痛点的分析,应有针对性地从课程体系、课外活动、环境烘托、舆论营造等方面着手全面制订路径实现的设计方案。

三、 海派剪纸融入上海高校公共艺术教育的实现路径

首先,相关课程体系的构建是实现海派剪纸融入上海高校公共艺术教育的主要路径。在学校教育中,课程实施是人才培养体系中决定教育、教学水平高下的重要环链,教学育人工作主要依托微观层面的课程及其所构筑的体系架构而得以展开,对此,高等院校的公共艺术教育亦不例外。从理论的可行性和现实的可操纵性上来看,这一课程体系应包括如下几个方面:

1. 设置介绍海派剪纸艺术、传授海派剪纸技艺、讲述海派剪纸文化的选修或必修类公共艺术课程。以海派剪纸为专题的独立课程的设置,是构建相关课程体系的重中之重。这一类独立课程应该是成系列的,具备一定的系统性和进阶性,主要涉及艺术介绍、技艺传授、文化讲述三个层面。

（1）对于入门者或初学者而言,围绕海派剪纸的题材内容、功能类型、风格特征、剪刻方式、构图、造型、纹样、线条、色彩等艺术要素作基本而全面的介绍,通过跨地域横向比较的方式,表明海派剪纸与其他剪纸流派的艺术差异,是必不可少的功课。这样的课程安排可以帮助学生初步建立起有关海派剪纸艺术的总体认知,并为进一步的实践性学习奠定知识基础,同时也有益于学生艺术兴趣的激发和培养。

（2）在绍述海派剪纸艺术的基础上,应趁热打铁、不失时机地展开海派剪纸的技艺传授。这是通过课堂形式实现海派剪纸艺术校园传承最为核心、关键的一个环节。只有通过实践性的手作过程,学生才能真正领会进而掌握海派剪纸技艺的要义所在。因此,这一阶段的课程实施应以教师演示、评点、学生练习、创作相结合的方式进行,突出围绕技艺要点的操演,并应重视艺术训练的趣味性,同时强调反复实践的重要性。

（3）当技艺传授达到一定效果时,不可满足于一技之长的习得,而应更上一层楼,从文化的高度深入讲述海派剪纸所含纳的丰富意蕴、所反映的本质精神。海派剪纸艺术的产生、发展和成熟,离不开上海城市文化的滋养,从某种

程度上讲，兼容并蓄、创新求变的海派剪纸就是上海城市精神的写照。这样一种关联性的揭示，十分有助于学生把握海派剪纸艺术的内在灵魂，从而提升对于民间美术文化功能、民俗功能、社会功能的认识。当然，这样的讲述不应是从理论到理论的空洞说教，而须围绕中国剪纸的总体面貌、海派剪纸与江南剪纸、上海都市的历史关系、海派剪纸艺术界"双子星"王子淦、林曦明的实践、传承故事、海派剪纸在当代社区中的星火燎原等具体鲜活、有血有肉的文化事象而逐步展开。从生动的实例中提炼理论要点，既符合人们认识事物的过程和规律，同时也有利于引导学生对教师观点的提出作进一步的反思、推演，推动大学课堂的理论创新。

这里需要特别说明的是，以上三个层面，是层层递进、环环相扣而又有机统一的，既可作为同一课程的三个环节，亦可分别形成互为进阶关系的三门独立课程，其设置方式、实施方案相对灵活。

根据移动网络随机问卷调查所获的 315 份有效答卷，年龄不超过 40 周岁，正在或曾在沪上高校就读的 315 名受访者中，分别有 71 人次、66 人次、76 人次认为上海高校海派剪纸公共艺术课的主要内容为介绍海派剪纸艺术、传授海派剪纸技艺、讲述海派剪纸文化，各占总人数的 22.54%、20.95%、24.13%。再根据移动网络随机问卷调查所获的另外 240 份有效答卷，年龄不超过 40 周岁，正在或曾在沪上中小学就读的 214 名受访者中，分别有 68 人次、68 人次、47 人次认为上海中小学海派剪纸公共艺术课的主要内容为介绍海派剪纸艺术、传授海派剪纸技艺、讲述海派剪纸文化，各占总人数的 28.33%、28.33%、19.58%。可见，相比于中小学课程，高校课程更注重文化讲述，在常识性的艺术介绍和要求具备一定动手能力的技艺传授方面，则显得不足。上升到文化的高度，而非停留于一般介绍，体现出高等教育的特点和优势，也反映出学习层次提升的必然。但作为海派剪纸艺术校园传承最为核心、关键的环节，技艺传授的教学权重分配绝不能减少。换言之，沪上高校对于海派剪纸技艺传授这项教学内容还应给予更多的重视，增加更多的课堂互动空间。

2. 在已有的美术类、民间美术类等相关公共艺术课程中设置或强化"海派剪纸"专题。作为人类口头和非物质文化遗产代表作，上海剪纸在民间美术类非遗中所具有的标志性、典型性和代表性毋庸置疑,因此"海派剪纸"专题理应在相关的公共艺术课程中占据一席之地。在独立课程资源相对缺乏的情形下,既有课程专题版块的设置和加强也是最为便利而可行的解决之道。具体的授课内容则可参酌上述独立课程的进阶思路,应根据课时多寡进行体量调整,但必须确保一定的课堂实践时间比重。

3. 在其他相关文化、艺术类课程中,嵌入有关海派剪纸的教学内容。高校公共艺术教育不仅存在于专设课程中,亦可渗透于其他相关课程的各个教学环节。比如,在民俗学课程中,可以通过讲述海派剪纸艺术大师王子淦面向其子王建中,面向弟子赵子平、奚小琴等人的传承活动,表明家族传承、师徒传承在民俗文化传承中的重要作用。又如,在创意设计课程中,可以举述李守白秉持着"十分学七要抛三"的理念,将海派剪纸的艺术元素成功运用于现代家装设计、广告设计、品牌设计的事例,从正面激发学生的创新思维。

4. 加强相关优质课程建设。为了更好地开展以上三类课程的课堂教学,应积极听取优秀教师、相关学者、业界专家、非遗管理者、传承人、从业者的学术建议,通过多方共谋、互动、协作的方式,不断改进、完善课程的教学目标、教学要求、教学内容、教学方法、实施方案、考核方式,同时加强相关讲义、教材的编订和教研论文的撰写、发表,依托线上线下平台特别是新媒体工具、数字化手段,重点建设优质课程,打造精品课程。

5. 加强相关师资队伍建设。包括海派剪纸艺术在内的非物质文化遗产校园传承与上海高校公共艺术教育的融合发展是当代高等教育范畴的重要现实命题,相关课程及教学活动具有交叉综合的学科性质和实践理论并重的专业要求,因此亟须一支识见广博、经验丰富,专门技能、教学能力、学术水平皆可而各有侧重的师资队伍作为支撑。在此情况下,沪上高校应从各自的实际条件出发,一方面有效实施校外非遗专家、传承人进课堂计划,一方面也要鼓励校内艺术教师积极传习非遗、学习剪纸,努力促进校内外师资的互补、交流,从而实现海派剪纸实践传承、理论研究与公共艺术教育三类教学团队的交叉培养。

其次,相关课外活动的开展及其体系构建也是实现海派剪纸融入上海高校公共艺术教育所应普遍采取的重要路径。进一步说，海派剪纸基于公共艺术教育的校园传承不仅要依靠完备的课程体系，更应贯穿于包括"第二课堂"在内的整个教学、教育过程。

就其性质而言，相关课外活动分为"走出去"和"请进来"两大类，包括属于第二课堂范畴的校内活动举办、校外活动参与或举办等，具体则可细分如下：1. 开设与海派剪纸有关的学术讲座；2. 展开与海派剪纸有关的社会调研；3. 举办或参观校内外剪纸展演、展览；4. 举行或参加校内外剪纸竞赛；5. 设计、开发由海派剪纸衍生的文创产品；6. 建立或发展海派剪纸类的学生社团；7. 建设海派剪纸类的非遗传习基地；8. 持续、有效地开办其他形式的相关校园文化、艺术活动。

为引导以上系列活动朝着规范化、常规化、可持续的方向发展，应始终确保学生作为活动受益者的主体地位，充分利用高校党委、团委学生会、研究生会、学生社团、校外非遗管理部门、文化学术单位、人民团体、相关企事业单位、居民社区等机构、组织、平台的共享资源，在活动类型、主题、内容、形式的组织安排上，也应因地制宜、择取有度，重点围绕传统继承与特色彰显下功夫。

此外，还应从环境烘托、舆论营造等路径出发，不断促进海派剪纸校园传承与上海高校公共艺术教育的融合发展。一方面，可将海派剪纸艺术及相关人文元素融入海派风格校园环境建设，以此作为上海高校特色公共艺术教育的必要呼应。海派剪纸艺术具有较强的表现力、可塑性以及跟其他物件嫁接的可能性，因此将海派剪纸作为校园环境烘托的重要元素，是完全可以实现的。而公共空间的营造与引导，本身也就意味着公共艺术教育潜移默化的实施。另一方面，可将海派剪纸艺术及相关民俗事象与校园媒体的文化宣传、内容生产相结合，以此作为上海高校特色公共艺术教育的必要协动。也就是说，要充分利用包括校刊、校报、广播、网站、微博、微信等在内的校园全媒体的传播优势，面向在校师生，针对海派剪纸的相关课程及活动进行积极宣传，提高其知晓度；同时围绕海派剪纸的艺术要素、技艺要点、文化内涵进行图文推送，增强其影响力。

余论： 实现海派剪纸与上海高校公共 艺术教育融合发展的注意事项

探索海派剪纸融入上海高校公共艺术教育的具体路径,实现海派剪纸校园传承与高校公共艺术教育融合发展的践行过程中,还有四则注意事项必须引起实施各方特别是校方的重视。

其一,善于将海派剪纸校园传承与上海高校公共艺术教育的融合发展跟党和国家及上海市的相关方针、政策、战略、法规、精神、计划、意见的贯彻、落实有机结合。这些方针、政策、战略、法规、精神、计划、意见主要包括:培育、践行社会主义核心价值观、实现中华民族伟大复兴的中国梦、习近平总书记关于中华优秀传统文化系列重要讲话精神、"一带一路"、中国文化"走出去"战略、教育部《完善中华优秀传统文化教育指导纲要》、《中华人民共和国非物质文化遗产保护法》、《上海市非物质文化遗产保护条例》、《中共上海市教育卫生工作委员会上海市教育委员会关于完善中华优秀传统文化教育长效机制的实施意见》、《上海市文教结合工作三年行动计划(2016—2018 年)》等。由政治意识形态主导的正面的行为动向和话语表述往往有助于在制度层面推进文化、教育事业的融合发展。

其二,善于利用民俗文化的时空特性,进一步提高海派剪纸校园传承与上海高校公共艺术教育融合发展的有效性。民俗文化既不乏历时性的多样呈现,区域特色更是鲜明突出,具有典型的历史地理属性。因此,一方面应充分借助人文时间序列上的传统节庆、新兴节日、"文化遗产日"等重要节庆示范、传播海派剪纸融入上海高校公共艺术教育的行为理念;一方面又应充分考虑到海派剪纸艺术各亚流派、子流派的不同地域形态(如颛桥剪纸与枫林剪纸之不同),以及各大高校所在的不同地理位置,提倡特定高校对在地资源的传承、保护(如闵行颛桥剪纸向华东师范大学公共艺术教育的融入),从而促进这一工作的有效落地。

其三,善于将海派剪纸校园传承与上海高校公共艺术教育的融合发展跟相关专业(如美术学专业、民俗学专业、文艺学专业等)的专业建设、产学合作有机结合。

其四,善于将海派剪纸校园传承与上海高校公共艺术教育的融合发展跟相关高校的学术研究、学科建设(如民间美术研究、都市民俗学研究,以及强调跨专业和学科交叉融合的非物质文化遗产研究等)有机结合。

主要参考文献:

1. 中共中央宣传部:《习近平总书记系列重要讲话读本》,学习出版社、人民出版社,2014 年。

2. 乌丙安:《非物质文化遗产保护理论与方法》,文化艺术出版社,2010 年。

3. 牟延林:《物质文化遗产概论》,北京师范大学出版社,2010 年。

4. 田兆元:《民俗学的学科属性与当代转型》,《文化遗产》2014 年第 6 期。

5. 蔡丰明:《城市语境中的民俗保护——当代上海城市民俗文化遗产保护与利用研究》,上海社会科学院出版社,2010 年。

6. Glassie H.:The Spirit of Folk Art. Abrams,1989.

7. E. H. Gombrich:Symbolic Images(Gombrich on the Renaissance – Volume 2),Phaidon Inc Ltd. ,1994.

8. 欧文·潘诺夫斯基撰,戚印平、范景中译:《图像学研究:文艺复兴时期艺术的人文主题》,上海三联书店,2011 年。

9. 皮埃尔·布尔迪厄撰,包亚明译:《文化资本与社会炼金术——布尔迪厄访谈录》,上海人民出版社,1997 年。

10. Julian H. Steward:Theory of Culture Change:The Methodology of Multilinear Evolution,University of Illinois Press,1990.

11. 罗伯特·墨菲撰,王卓君、吕迺基译:《文化与社会人类学引论》,商务印书馆,2009 年。

12. 陈竟:《中国民间剪纸艺术研究》,北京工艺美术出版社,1992 年。

13. 吕胜中:《中国民间剪纸》,湖南美术出版社,1994 年。

14. 王伯敏:《中国民间剪纸史》,中国美术学院出版社,2006 年。

15. 王贵生:《剪纸民俗的文化阐释》,北京大学出版社,2009 年。

16. 蔡丰明、李柯等:《上海剪纸》,上海文化出版社,2012 年。

17. Jean Piaget. The principles of genetic epistemology. Routledge and K. Paul. , 1972.

18. John D. Mcneil. Curriculum：The Teacher's Initiative. Prentice‐Hall,lnc. , 1994.

19. 徐金龙:《大学生非物质文化遗产教育的现状及对策》,《赣南师范学院报》2009 年第 1 期。

20. 王海建:《海派文化在高校思想政治教育中的价值及实现路径》,《思想理论教育》2011 年第 23 期。

21. 李柯:《上海优秀地域文化融入沪高校思政教育途径探索》,《现代交际》2015 年第 4 期。

22. 魏颖艳:《民间美术视野下高等学校剪纸公共艺术课程建设实践研究》,《甘肃高师学报》2015 年第 1 期。

23. 向宏年:《剪纸在高校选修课中的价值探微》,《美与时代》2015 年第 2 期。

10

西郊农民画的传承与教育

吴玉萍　陈林茜*

摘　要　西郊农民画是上海农民画的后起之秀。在发展过程中,西郊农民画
　　　　遇到了传承问题。市场化是有效传承的一条途径。一方面,它能让
　　　　更多人认识农民画,形成广大的群众基础。另一方面,市场化能够带
　　　　来经济效应,从而刺激潜在的学习者。我们需要从生产和销售两个
　　　　路径去探索西郊农民画的市场化。西郊农民画的教育意义在于其独
　　　　特的审美特性和丰富的文化意义。

关键词　西郊农民画　传承　教育

"民俗文化的范围,大体上包括存在于民间的物质文化、社会组织、意识形态和口头语言等各种社会习惯、风尚事物。物质文化,一般包括它的各种品类及其生产活动两个方面。它是由人类的衣、食、住、行和工艺制作等物化形式,以及主体在物化过程中的文化传承活动所构成的。像传统的民居形式、服饰传统和农耕方式等,都是物质文化的内容。"①作为物质文化的重要组成部分,非遗产品承载着民俗的要义,具备传承和教育的基本特质。在上海,农民画作为市级非遗项目,以金山农民画为代表。然而作为后起之秀,西郊农民画的光彩并不逊色,从画作的内容到画作本身的意义,都满载时代的华彩。

---

　　* 吴玉萍,女,文学博士,民俗学博士后,上海视觉艺术学院文化创意产业管理学院讲师;陈林茜,女,文学硕士,上海视觉艺术学院文化创意产业管理学院助教。
　　① 钟敬文:《民俗文化学发凡》,《北京师范大学学报》(社会科学版)1992 年第 5 期。

一、关于西郊农民画

对于农民画,往往有两个错位的理解,一是农民画是农民画的画;二是农民画画的是农民的生活场景。第一个错位是对农民画作者身份的错位理解。如果说农民画就是指"农民画的画",那么这一定论在很多场合便会出现矛盾,尤其是放置在当下一些农民画的作者身上更加不符合实际。比如说新疆麦盖提农民画的作者中就有不少是牧民;农民画的作者中学院派出身而没有农村生活经验者也并不鲜见,如金山农民画的开拓者吴彤章先生;一部分农民画作者在成名之后完全以画画为生,不再务农,如西郊农民画的传承人胡佩群女士。这是从作画者本身的身份来界定。

第二个错位是对农民画内容方面的错位理解。从农民画的内容上,我们也可推翻农民与画的等号关系。如果说农民画是专门"画农民的画"的话,那么这也是不符合现实。如舟山渔民画反映的是渔民的生活,但它仍然被视为农民画。在当代,城市街头巷尾的宣传画用的都是农民画的形式,内容是城镇化的变迁,那这些是否能认定为农民画? 所以说,单纯以画的作者和画本身来定义农民画行不通,也不科学。那么农民画的定义究竟是什么? 该如何界定呢?

复旦大学郑土有教授对农民画有很深刻的研究,他曾给农民画下过一个定义,他指出:"农民画是新中国社会主义文化制度下形成的独特艺术形式。它是由文化部门组织、专业画家指导(辅导员)、农民作者创作'三结合'形式下的产物,政府力量、精英力量、草根力量三者共同促成了农民画的生成。"[①]这个定义较为客观地给农民画进行了内涵和外延的概括。从这个定义中我们也可以看出,农民画不是通常所说的就是农民画的画,但是农民画与农民息息相关且主力依旧是农民。

受农耕文明的影响,农民在结束一年的农忙后,会有一段清闲的时间,这

---

① 郑土有:《三种力量的互动:中国农民画艺术的生产机制》,《民间文化论坛》2014年第1期。

143

段时间给农民的艺术创作提供了良好的时间条件。赋闲在家的农民有了时间和实际的经历,所以能够创造出跟他们生活息息相关的场景。然而农民画的发生、发展以及结果还是受政治等因素制约,农民画的产生与存在的重要根源之一便是中国社会的特殊背景。20世纪的中国革命是一场农民革命,这段时期里的战争,也主要是以农民为兵源,而且是长期在农村开展战争。农民画在那个时期同枪杆诗等民间艺术形式应运而生。后来,农民画的发展经历了三个发展高峰期。第一高峰期是1958年,这时的农民画主要以壁画的形式出现。第二高峰期是"文革"期间,这时期农民画的代表是陕西户县农民画,这时期的农民画基本是应政治运动而生,成为传声筒。当然也有随之而生的金山农民画,金山农民画因为产生于"文革"后,它的艺术形式高于政治表述。第三个高峰期是80年代中期,这时的农民画出现了百花齐放的态势,陕西、江西、贵州等地都出现了大批的创作群体,且这一时期的农民画艺术造诣有了很大的提升,受到了广泛关注。

从这三个高峰期可得出农民画的发展交织着多股力量,尤其郑土有教授给出的农民画定义中的三股力量。农民画的发展首先需要政府给予政策,如果政府重视,那么任何艺术都有机会蓬勃,农民画也不例外。发展到当下,很多地方的农民画被列入市级、省级乃至国家级的非遗,这便是政府给予的政策优惠。其次需要精英力量给予指导。农民画的创作主体是农民,农民们没有很高的文化水平和审美能力,需要精英阶层给予精英艺术的指点,如对精神性的追求、对艺术语言的创造、对外来艺术的借鉴等。在这诸多的指点中,农民画不止能赢得文化精英们的尊重,更会让它融入精英艺术中。最后,也是最根本的是需要草根力量给予创新。中国广大的农民因生产方式、生活习俗和教育背景等因素,总是相对保持着他们的文化特性和偏离性,所以在艺术创作上较难有突破。拿农民画来说,它的主题一直停留在对农村、农民、农事等的描绘上,需要有更多的创新。

在多股力量影响下产生的农民画,它的特点也是非常鲜明的,开始是自娱性比较强,后来是接受度比较弱。所谓自娱性较强,也就是自己创作自己欣赏,受众就是所谓的圈内人。这些农民画作者以及所作的农民画没有销售、推广的动机和功能,他们的创作不是为了消费而生产,是为了打发闲暇时光。到了国家大力推行非物质文化遗产时,农民画得到了高度重视,传承人们作画的动机也发生了改变。他们也想让农民画走向市场,这不仅是经济的催使,也是农民画作为艺术的发展道路。然而由于"传承"的枷锁,农民画的主题难以突破,作为绘画,并不为广大群众所普遍知晓和接受。因为不熟悉农民生活、情感、审美习惯、审美理想和趣味等问题,就无法懂得他们的艺术语言。农民画只有一群孤独的研究者。

西郊,意指上海市的西部郊区,主要包括原上海县、原嘉定县(今嘉定区)、原青浦区(今青浦区)、长宁区、普陀区等。在没有开发之前,20世纪80年代的西郊,充满着田园气息,麦香稻香在田野的旷野里四下弥散;各类蔬菜瓜果在架上、地上争相生长。这样的生活给了地处西郊的人们提供了创作的土壤,农民画就是在这样的孕育中破土而出,继而繁衍开花。炉灶画、手绘年画等艺术形式在三四十年代的时候就已经在新泾地区盛行,后来在新中国成立后因为各种原因逐渐为大众忘记。直至80年代,农民画家高金龙、胡佩群等重新认识到新泾炉灶画、手绘年画的艺术价值,对原有的炉灶画、手绘年画进行传承发展、挖掘创新,逐步创作出一系列西郊农民画。

西郊农民画的主要传承人有高金龙先生和胡佩群女士,高金龙先生的画作奔放热情、写实写意,对西郊农民画有奠基之功;胡佩群女则履行传承之责,其绘画风格细腻,充满着强烈、真挚的乡村情怀。在1987年至1993年间,高金龙先生创作了近30幅代表作,他和胡佩群女士的画作甚至远销到了海外。也正是由于他们的贡献,1993年,新泾镇(当时的新泾乡)以西郊农民画入选国家文化部命名的"中国民间艺术之乡"。2007年西郊农民画被列入长宁区区级非物质文化遗产保护项目名录,2015年被列入上海市市级非物质文化遗产保护项目名录。

西郊农民画以传统高丽纸为画纸,以农村田野、民俗、民风和农村劳作场景为基本素材,采用独立的情景构图,以浪漫丰富的想象,大胆的艺术夸张手法,水粉为颜料,水墨勾线,重彩艳丽,线条流畅,人物夸张,多视角化的平面构图,透出中国彩墨画和西洋油画的艺术笔触,释放出的浓浓泥土气息,孕育着令人陶醉的江南风情。① 如高金龙先生的《莲藕仙子》《水乡迎亲》《端午家庆》;胡佩群女士的《柿柿如意》《闹新房》《蚕情》等,这些画作充斥着西郊的风土人情,地域文化特色鲜明。这都是源于西郊农民画的传承人都是西郊本土人,他们的画作都是以西郊为原点,构筑的都是西郊的生活风貌。然而,随着城镇化的发展,这些场景遭到了破坏,西郊农民画的发展也随之遇到了瓶颈。

群体的生活环境影响着群体的心理,在城镇化进程中,西郊被不断地"现代化",原来的乡民变成了市民,他们的生活影响着他们的审美。"同属长宁区的市民阶层以其保守而优越的文化立场歧视、误读农民画的乡土本质,主政者也质疑农民画在城市中担当政治功用的必要性,原以务农为本、现为新兴市民的新泾乡民在其身份转换的焦虑中,竟也对表征着乡土符号的农民画避之而唯恐不及。在政治、经济、文化的多重压力下,农民画创作阵营日益解体,传承主体胡佩群等皆无奈淡出农民画坛。随着 1994 年新泾乡文化站更名为新泾镇文化馆。同年,传承人高金龙被新泾镇文化馆辞退,西郊农民画的发展跌入低谷。1996 年,高金龙因病去世,则标志着西郊农民画基于其文化特征而建构起来的认同性遭遇彻底断裂、消解。"②发展至今,西郊农民画的主要传承人只有胡佩群女士一人,她平日除了画画,还有就是开设一些培训班,给社会上的小朋友进行创作指导。凡此总总,西郊农民画的传承路径亟待探索。

二、 西郊农民画的传承

非物质文化遗产的传承主要有家族传承、师徒传承以及社会传承等方面,然而随着社会发展步伐的加速,以上传承形式均难以为继。如家族传承和师徒中,传承人的后代往往对传统艺术形式不感兴趣,尤其是旧时的师徒关系在当

---

① 《西郊农民画在"田野文化"花苑里绽放》,《东方城乡报》,2015 年 11 月 17 日第 A06 版。
② 李柯:《上海西郊农民画产业化发展的可能性——基于经济民俗学认同性经济的理论探究》,《文化遗产》2016 年第 2 期。

今有了很大变化后,这两种传承形式很难再存现。社会传承中,当下比较多的是传习所和社会培训班,然而这种传承形式也有问题,如很多人前来学习往往都是作为一种业余爱好,很难将其作为传承人去培养。非遗传承人自己曾坦言很多小学生来学习非遗,基本都是为了给自己增加一点艺术才能,为的是能在学校考试中加分。试想,这样的学习动机和学习时间如何让非遗得到有效传承?

西郊农民画的传承,遇到的也是同样的问题。那么如何才能有效传承呢?市场化是一条曲径。市场化虽然不能立竿见影地能帮助西郊农民画得到传承,但它有两点好处,一是这种形式能让更多人认识农民画,形成广大的群众基础,吸引人们的注意、提高人们的关注,这样才能吸引人来学习,继而传承;二是市场化能够带来经济效应,这样能刺激人们前来学习非遗,因为非遗的传承不光是一份情怀,也需要满足生活需求。有了市场化的大前提,西郊农民画的传承或许会事半功倍。

如何才能让西郊农民画更好地走向市场呢? 存有两个关键,一是生产,一是销售。文化部于2012年初出台了《关于加强非物质文化遗产生产性保护工作的指导性意见》,其中就有明文指示:"非物质文化遗产生产性保护是指在具有生产性质的实践过程中,以保持非物质文化遗产的真实性、整体性和传承性为核心,以有效传承非物质文化遗产技艺为前提,借助生产、流通、销售等手段,将非物质文化遗产及其资源转化为文化产品的保护方式。目前,这一保护方式主要是在传统技艺、传统美术和传统医药药物炮制类非物质文化遗产领域实施。"[1]可以这样定义,非遗产品不仅是对传统文化的传承,对经济的增长也有重大意义。弗里森(V. Friesen)从符号学角度对"徽识"有过解释,他说:"徽识所指的是有直接的言语诠释或字典定义的非语言行为。其意义为一群,一个阶层和一个文化的所有成员所熟知。"[2]非遗产品在一定程度上也是一种徽识。所以,通过对非遗产品的符号化、创新化设计,可以使非遗产品满足消

---

① 田兆元:《经济民俗学:探索认同性经济的轨迹——兼论非遗生产性保护的本质属性》,《华东师范大学学报》(哲学社会科学版)2014年第2期。

② V. Friesen, "The Repertoire of Nonverbal Behavior: Categories, Origins, Usage, and Coding", *Semiotica*, 1969, 1.

费者文化消费和日常生活的需求，创造更大的文化价值和经济价值。

首先是生产。非遗产品的批量生产，前提是要让产品获得认同。这个认同包括两个方面，一是企业的认同，二是市场的认同。这两个认同其实又可以简单归结为市场认同，因为企业向来以经济为最大目标，获得市场认同，企业必然认同。如何获得认同？既然非遗产品是体现民俗真义的精华，那么让非遗产品获得产品认同必须具备以下几点：

强烈的实用性。作为一种商品，非遗产品应该满足人们在使用方面的实际需求。虽然文化是非遗产品的首要真义，但是实用性特必不可少。如非遗食品再独特，首先要能够适合人们的口味，非遗服饰再华美，也要能够满足人们的御寒需求等。

仪式美术的再现。很多非遗产品因为特殊原因无法获得主流的认同，被认为是封建迷信的产物，如丧葬仪式中的面具、服饰、雕塑等就是代表。但是如果将其视为一种广义上的美术再现品，那便能获得"再生"。以面具为例。面具通常用在巫师的通天、招魂等仪式中，然而随着现代化的到来，人们逐步将面具从传统中解放出来，成为娱乐、商业的新宠。"在纵情狂欢的化装舞会中，不仅性别意识荡然无存，就连通常的社会等级也被颠倒过来。在巴西的狂欢节中，贫民窟中的穷人们向来穿着 18 世纪葡萄牙宫廷服装，而上等人在这种场合却扮演了反社会体制的角色，如海盗、匪帮以及妓女。这类体验看来具有真正的宣泄作用。在欧洲的各个不同时期，狂欢节常被用来攻击既成的社会秩序，最初采取的方式是取笑、讽刺虚伪的资产阶级官员，但后来则成了公开的反叛。在许多文化中，有些职业，在履行其'正常'的职业技能时包含着对肉体施暴力，那么操这一行的人必须戴面具。这样的行业包括：土匪、外科医生、刽子手。那些遭到社会惩罚的牺牲品，他们的脸部通常也是掩盖的。在所有这些场合，唯有一点是共同的，即在对物质或社会的现存世界实施具体变革时，面具即便不是必不可少的工具，也是重要的辅助手段。"[①]在这种情况下，面

---

① J. C. 克劳克：《庆典中的面具》，载维克多·特纳编《庆典》，方永德等译，上海文艺出版社，1993 年，第 97 页。

具作为广义的美术再现品便获得了再次消费的属性。

从上文所列的非遗产品特点中可以看出,任何非遗产品的功能属性都不是单一层次的,而是多层次复合的。多层次的复合才能形成品牌,而品牌则是市场运作的有效路径,是所有功能价值的合力化符号,它最终决定了民俗制品的定位和生产,当然也会影响其销售成果。

除了生产是关键以外,销售也是关键。市场化的今天,销售已经是每个企业的根脉,营销策略层出不穷。作为民俗制品,其销售也应该对症下药。首要考虑的便是节日平台。"在闻名遐迩、精心布置的节日庆典上,人们公开地展示自己的产品,表现自己引以为傲的富足,并兴奋地交换、展示、传观、赠送或接受那些最富活力的文化象征。"①亚伯拉罕在此道出了节日交易的特性。节日也是中国传统文化的产物,有着一定的认同度,节庆里人们对日常生活秩序进行颠覆与反动,成为人们释放自我、娱乐狂欢的合理途径与方式。举行各种各样的庆祝活动成为人们表达节日欢快的主要方式,如朋友聚会、集中购物、互赠礼品、异地旅游等。

节日有交易的特性,而围绕节日形成的经济效益也是蔚为壮观。节日经济是一种消费经济,是以居民出游消费为主体的消费活动带动相关产业发展的经济现象;是人们利用节假日集中消费、集中购物的行为,是一种带动供给、带动市场、带动经济发展的系统经济模式。节日经济有巨大的消费市场,因为居民出游或出行消费,所涉及的一切消费活动,如食、宿、行、游、购、娱等消费等全部需要社会承担,所以无论从经济学角度,还是从市场学角度,都极大地推动着企业主动地适应和满足这种需求,并不断调整企业的经营模式和范围去捕捉市场的新机遇。

既然非遗产品是中国传统文化的物化载体,是体现中国传统的符号标志,那么利用中国传统的节日作为营销阵地,利用节日经济带动非遗产品的销售,适得其所,也必然会事半功倍。因此,充分利用节日平台,形成平台认同,以节

---

① 罗杰·迪·亚伯拉罕:《节日的语言:对经济繁荣的庆祝》,载维克多·特纳编《庆典》,方永德等译,上海文艺出版社,1993年,第205页。

日经济带动销售,这是非遗产品销售的最佳路径,如在各大美食节,推广各类非遗食品。集中购物是节日经济的核心,是节日内涵的重要体现,非遗产品也可以在这个时候加入到这一行列,以节日经济带动销售增长,比如非遗产品在设计环节上加入各大节日标志性元素,设计不同的造型来表达不同的祝福。从商品经济到符号经济,非遗产品已日益成为节日习俗的基本元素和象征符号,因为很多非遗产品与节日的文化和礼仪有着直接的关系,也能够表现节日间的差异。再者非遗产品与节日平台还存有互相影响的一面,即节日平台有助于非遗产品的销售,非遗产品也能有效增强节日气氛,加深人们对于传统节日礼仪习俗的认知。

以上概述了非遗产品走向市场应该具备的特点,那么作为非遗产品的一种,西郊农民画如何发展呢?如何从生产和销售角度如何加快西郊农民画市场化步伐呢?

首先依旧是生产方面。西郊农民画的生产其实就是农民画的创作。农民画的承载的文化意义自不必说,有着鲜明的中国特色。然而作为一种现代工艺,农民画的审美旨趣是生产的关键。非遗的传承有家族传承、师徒传承、社会传承等诸多方面,但是不管哪种方式,既然是传承,那就有一个核心命脉,创作基本主题不会变。既然无法改变这个主题,那就需要在审美旨趣上做文章。这就是前文所说的需要引入精英阶层的帮助。西郊农民画的生产者因为自身的教育背景,他们的审美旨趣有待提升,最好的办法就是给他们进行辅导。"辅导的使命有二条,一是开发,二是塑造。即以艺术精英的素养去开发农民作者的艺术创造力,塑造农民艺术家和相应的艺术模式。"①经过这样的辅导,可以帮助传承人群提高文化艺术素养、审美能力、创新能力,在秉承传统、不失其本的基础上,提高他们的创作水准、制作水平,促进农民画走进现代生活,让现代理念与传统工艺融合。这也是当下文化部、教育部共同实施的针对非物质文化遗产传承人群的教育活动——中国非物质文化遗产传承人研修研习培训计划的根本出发点。

---

① 郎绍君:《论中国农民画》,《文艺研究》1989 年第 3 期。

一旦农民画激活大众的审美细胞,那么它的市场化就完成了一个大前提。既然独特的审美特质能够刺激消费者,那么就可以将农民画附着于很多商品中,如化妆包、抱枕,这些实用的日常用品加上颜色明快的农民画装饰后,实用与美观并存,大大加速了西郊农民画的市场化进程。

完成生产方面的环节后,销售西郊农民画是另一个关节。在农民画的产业化道路上,很多地方都进行过尝试,如陕西户县的农民画,当地曾有过很多尝试,如开设以农民画为主要商品的现代民间艺术品超市;开辟农民画民间风情一日游;建立农民画网站;美化公共场所,城市沿街的一侧为城区路线图或广告,另一侧为农民画获奖作品或一些新创作品等。① 当然这些都是非常好的举措,但是这些举措基本是宣传大于销售,没有很好地将农民画切实地销售出去。

农民画既是非遗产品的一种,那它本身就自带文化认同因子。所以,创作出跟中国传统节日相关的画作,在相应的节日推出,就好比年画之于春节一样,那样必然会引燃消费者的热情。从节日平台的效应中增收效益,农民画的市场化应当会出现一重新高。

从生产和销售这两个路径去探索西郊农民画的市场化,也就是从主体和客体两个层面去探讨,因为西郊农民画的生产就是农民画的创作,而农民画的销售对象就属于客体。充分挖掘创作主体的"大众意识",使他们的创作更加符合广大群众的审美旨趣,这是生产的重心。调节利用好销售的节日平台,让客体的消费从被动到主动,这是销售的重心。做到这两点,从理论到实践,相信会给西郊农民画的市场化带来启发。

三、 西郊农民画的教育意义

中国农民画肇始于 20 世纪 50 年代,是在特定政治体制和文化体制下发

---

① 详参蒋明、曾伟、高强:《发展特色文化产业,提升县域经济竞争力——陕西户县农民画产业发展实证研究》,《西南民族大学学报》(人文社科版)2005 年第 2 期。

展起来的独特艺术种类，在其曲折的发展进程中，大体经历了三个阶段，分别为束鹿、邳县模式阶段、户县模式阶段和金山模式阶段。① 西郊农民画属于第三个阶段，但它跟金山农民画相比，在原有的携浓厚乡土气息和地域特色的基础上，细致而全面地跟踪描述了地域的城镇化过程。应当说既有传承，又有创新，这种创新让西郊农民画的教育功能有了彰显的可能。

1. 独特的审美特性。穆卡洛夫斯基（布拉格学派符号学家）认为，任何产品都具备两个功能，一个是物品本身的使用功能，一个是物品的表达功能。实用功能即强烈的实用性。而表达功能中又包含了认知功能和审美功能。这就是说审美特质在非遗作品中不可或缺。所以，作为一种艺术行书，非遗作品必须具备美的品格，其审美功能主要体现在让能够受众赏心悦目，心情愉悦。独特的审美特质能够激起人们审美的欲望，这也必然能产生教育意义。

2. 丰富的文化意义。作为传统文化的物化载体，非遗作品必须具有明确的符号特征，即有对传统文化的表达功能。比如非遗作品应包含强烈的节日特征、能传承节日礼仪、能促进文化传播、能增添节日气氛等。受众从非遗作品中能够获得对传统文化、社会，自然，人生以及哲学等方面的认识，提升自己的文化涵养、醇化自己的传统认知。再者，非遗作品作为文化传播的媒介，可以在国外消费者消费的同时，弘扬和促进中国传统文化的发展，利用非遗作品这一媒介，加深他们对中国灿烂辉煌文化的了解，起到文化传承的作用。

西郊农民画完全具备上述两点特性。作为不是独立发展起来的艺术品类，它既与传统绘画有一脉相承的联系，也有民间绘画所没有的特质。西郊农民画在形式上借鉴了传统民间工艺中年画、版画、灶画、剪纸、石刻等形式，采用多视角平面化构图，人物形象质朴，擅长浓重色彩，视觉冲击大，在内容上经历了由农村田野民俗风到城镇化变迁再到城市生活风景的变迁。人们在这种形式和内容中都能找到自身想要寻觅的文化情愫，尤其在传统节日、民俗生活中，人们极易在这种艺术形式中获得生命的亲和感以及产生情感共鸣，形成文化认同。

---

① 郑土有:《中国农民画考察》,上海人民出版社,2014年。

此外,在现代化进程中,尤其是在上海这样的国际化大都市,在面对冰冷的楼宇和嘈杂的人群时,这种具有乡土气息、朴素人情以及精神自由的画作给人们提供了想象的场域,是人们乡愁寻根、追逐自然的美好原乡,这种景观是最和谐的"故乡原风景"。

西郊农民画的这种特殊内涵产生了正面的教育意义,在上海地区形成了非常好的教育实践。2016 年的"国际博物馆日"主题是"博物馆与文化景观",西郊农民画因为独特的景观意义,走进了上海高校民俗博物馆。2016 年 4 月 29 日到 5 月 31 日,华东师范大学民俗学研究所、华东师范大学民俗学博物馆、上海长宁区新泾镇社区文化事务中心联合承办了"农民画与文化景观"的展览,该展览吸引了大批中小学、社会群体以及国外人士的参观,如"进小学:威宁路小学阳光小队校外活动"、"进中学:曹杨二中高二'筑梦'社会实践活动"、"美国国际教育交流协会(CIEE)上海中心'初识中国'教育活动"等。在这些主题活动中,西郊农民画作为象征符号,或引发学生想象、或寄托市民乡愁、或传播传统文化,形成了一轮景观叙事。

非物质文化遗产的开发与利用

11
我国非遗生产性保护的理论与实践

覃　琮*

摘　要　生产性保护是我国非遗保护理念和实践中的一大创举,应认真厘清
　　　　生产性保护在实践和理论中遇到的重点难点问题。本文认为,生产
　　　　性保护不等同于产业化,但生产性保护也不是要"去产业化",而是要
　　　　避免"过度产业化";生产性保护需要画"红线",但应既定在重点传
　　　　承人范畴;应当鼓励非遗生产性保护领域的拓展,使它和原来规定的
　　　　传统领域相举并行,实现文化传承与社会进步的共同发展。

关键词　生产性保护　内涵　产业化　红线　拓展

　　自2006年"生产性保护"被引入我国非物质文化遗产(以下简称非遗)保

* 覃琮,广西师范大学法管学院副教授,研究生导师,主要研究领域为民间文化、乡村社会治理。

护实践以来,借力于国家文化部门和各地政府的强势推动,这种理念很快被人们所熟知。① 但由于其与商业化、产业化等概念有着难解难分的关系,直到2012年12月,文化部才下发了《关于加强非物质文化遗产生产性保护的指导意见》(文非遗发[2012]4号),同时还命名了41家不同类型的非物质文化遗产保护单位为生产性保护基地,以期取得经验,从而在合适的时候实施更大范围的生产性保护。由此,生产性保护,成为继立法保护、抢救性保护、整体性保护之后我国并行的四大保护措施。

近十年来,我国非遗的生产性保护,不仅实践工作成绩斐然,研究成果也呈显著上升趋势。在"中国读秀学术"的"期刊"上,"标题"含"生产性保护"的研究文献共304篇。其中,2009年6篇,2010年7篇,2011年10篇,2012年有大幅度增长,达64篇,此后每年都保持有50篇以上的文献。通过对检索到的期刊文献的分析可以看出,国内学者已从不同的角度对生产性保护的相关概念、本质、范畴等基础理论进行讨论外,还围绕非物质文化遗产生产性保护与产业化发展等问题进行探讨,并呈现大量的个案研究。但是,也有一些理论认识需要进一步探讨,也需要厘清生产性保护一些认识上的偏差,特别是生产性保护提出的内涵、生产性保护与产业化之间的关系、该不该为生产性保护划"红线"、如何看待生产性保护领域的不断扩大等问题。科学定义和准确把握这些问题的实质,创新非遗生产性保护的认识视角,并以此对相关社会实践问题加以有效指导和规范,对促进我国非遗保护事业和文化产业的健康、可持续发展有着重大的现实意义。

一、 生产性保护的提出与内涵

什么是生产性保护？根据《文化部关于加强非物质文化遗产生产性保护的指导意见》,非物质文化遗产生产性保护是指在具有生产性质的实践过程中,以保持非物质文化遗产的真实性、整体性和传承性为核心,以有效传承非

---

① 王文章:《非物质文化遗产概论》,文化艺术出版社,2006年,第29—30页。

物质文化遗产技艺为前提，借助生产、流通、销售等手段，将非物质文化遗产及其资源转化为文化产品的保护方式。目前，这一保护方式主要是在传统技艺、传统美术和传统医药药物炮制类非物质文化遗产领域实施。

为什么要提生产性保护，难道之前我们的非遗保护就没有生产性保护吗？当然不是。早在非遗概念出来之前，我国的很多传统文化，特别是与人们日常生活息息相关的、本身又具有市场开发潜能的文化项目，如年画、剪纸、雕刻、书法、绘画等，一直就是通过生产性保护沿袭至今。那么，为什么还要提生产性保护的概念呢？这里面有两个重要的时代背景。一是远在非遗保护公约出现前十几年，我国早就出现了对传统文化进行商业化改造和利用的活动。这种活动就是人们说的"文化搭台经济唱戏"。这种"唱戏"的结果，多半造成了传统文化的灾难性后果：真遗产被破坏后制造出一大堆赝品和伪民俗进行商业表演、商业推广，有的还存活在人们日常生活的遗产也被按照旅游、商业需要改造得失去本来面目和文化价值……由于这些情况使得非遗保护与商业化之间的关系变得复杂起来。二是近几十年来在我国走向现代化的进程中，随着人们生活水平的不断提高，的确需要重新挖掘传统文化的价值。非物质文化遗产是历史上不同时期的人民群众为了满足自己的不同层次的需要进行创造并享用的生活文化。近百年来，特别是近几十年来，中国社会在走向现代化的进程中产生了巨大的变化，过去的生活方式和生产方式逐渐地在历史发展的长河里沉淀下去，一些过去在人们的社会生活中必不可少的事项已经不再是人们生活之必需。没有需要就没有生产，有许多非物质文化遗产的项目品类因为社会的需求锐减甚至不再需要而导致停产，店铺关门或改行，技艺人员转业。时间一长，这些项目及与之相关的技艺就会逐渐边缘化，慢慢地成为人们的记忆，有的甚至彻底消亡。但是，这并不意味着这些项目真的没有价值了。有的项目，它的经济价值不高了，但是文化价值、历史价值、艺术价值、科学价值等反而凸显出来。而有的项目，借助于传统技艺和现代科学的融合，经过重新设计、重新包装、重新定位，是完全有可能重新回归到人们的日常生活中的。因此，提出生产性保护概念，我们理解，一方面是鼓励包括传承人在内的相关群体、创业群体大胆地探索传统文化如何更好地走向市场；二是实现非遗的商业化过程中有法可依、有章可循、有财可支、有人可用。即怎样才能在不危害文化传承价值的前提下创造合理的商业价值,并利用商业利润和商业价值反哺非遗本身。因而,生产性保护,不是玩弄概念,而是我国非遗保护理念和实践中的一大创新。

仔细研读这份文件就会发现,当时提出"生产性保护"概念时,文化部是经过深思熟虑的。它规定了实施生产性保护的两个重要条件:一是强调生产性保护实施的前提——"以真实性、整体性和传承性为核心,以有效传承技艺为前提"。生产性保护的出发点和落脚点是提高非物质文化遗产的传承能力,从而实现依靠自身造血、存续于当代的目的。创造经济价值只是达到目的的手段和途径,并非根本目标,因此,必须杜绝为追求经济效益、对项目进行扭曲、破坏性的开发。二是限定了生产性保护方式的适用范畴——必须是"具有生产性质"的项目。即只有传统技艺、传统美术和传统医药药物炮制三个门类的项目被明确提出适用于生产性保护。[1]

也就是说,非遗的生产性保护不是一般意义上的生产,而是要在现阶段对一些逐渐边缘化、或是处于濒危状态、或是即将消亡的非遗项目,按照生产性保护的规范和要求,使之能够完整地恢复与重建原有的生产过程,在这一过程中来实施非物质文化遗产保护所要求的确认、立档、研究、保存、保护、宣传、弘扬、承传和振兴的手段,以期进行有效的保护。[2] 这里需要强调的是,生产性保护不仅需要法律的保障,政策的保障,更需要财政的保障。因为企业组织生产是需要资金投入的,若是产品没有市场和销路,投入的资金就无法回笼,企业就无法进行再生产。这种维持性的生产,也有可能因生产的数量少、过程复杂而导致其材料和人工的成本超过其产品本身应有的成本。如果对这一部分的非物质文化遗产项目实施生产保护,那么,超出应有成本的部分就可以由公共财政来进行补贴,从而使生产过程中的传承顺利进行。

---

① 曹洋、王丽坤:《非物质文化遗产生产性保护模式初探》,《文化学刊》2014 年第 6 期。
② 徐艺乙:《生产性保护的理论和实践》,2013 年中国—东盟文化论坛:《非物质文化遗产论文集》,第 88 页。

二、 生产性保护与产业化之间的关系

无论从哪一种角度探讨生产性保护,有一点是不可否认的,即非遗的生产性保护必然会涉及产业化问题。甚至可以说,生产性保护背后真正为非遗保护研究所关注的其实是非遗的产业化问题。

比较而言,"产业化"的概念更偏重于经济学范畴,它追求的是资源相对集中和行业重组调配,是经济效益和产能规模的扩大化,是机器生产替代手工,是产品的系列化、规格化。它主要包括下面几个要点:市场化经济运作形式;达到一定的规模程度;与资金有密切关系;以赢利为目的。① 作为经济学概念意义上的产业化,虽然它也强调对核心技术的拥有和支配,但不一定有保护和传承传统文化的自觉意识,特别是非遗的真实性、整体性和传承性。因此,对于将产业化引入非遗生产性保护会产生什么样的影响,非遗的差异性、独特性以及最为重要的本真性,在以市场为风向标、以盈利为最终目的的产业化生产中能否得到切实保证? 许多人心存不安。② 而非遗自身系统的庞杂性无疑将为产业化保护的操作实施增加更多的不确定因素。正是基于这样的理解,有学者认为生产性方式保护的最终目的,不是对"非遗"项目进行"开发",而是在生产与经营、流通等环节中,对其进行科学保护。③ 也有人以非物质文化遗产大都为农业社会和自给自足的小农经济社会时期形成的为理由,反对非物质文化遗产生产性保护的"商业化、产业化和旅游化",并认为非物质文化遗产的生产性保护不是"为了形成很大的经济效益",不是"为了形成一种产业"。④

那么,生产性保护与产业化到底是一种什么样的关系呢? 我们认为,首

---

① 柯杨:《关于民间文化产业化的三点思考》,选自白庚胜、许柏林主编:《文化产业兰州论剑:中国民间文化艺术产业建设研讨会论文集》,民族出版社,2005 年,第96—99 页。
② 刘锡诚:《"非遗"产业化:一个备受争议的问题》,《河南教育学院学报》(哲学社会科学版)2010 年第4 期。
③ 马盛德:《让古老技艺走进新生活》,《人民日报》,2011 年6 月9 日。
④ 陈华文:《论非物质文化遗产生产性保护的几个问题》,《广西民族大学学报》(哲学社会科学版)2010 年第5 期。

先,生产性保护不等同于产业化。生产性保护和产业化就像两个有交集的集合,存在共同的元素,并不是非此即彼的关系。产业化是大机器化生产的现代企业组织方式,追求低成本、大批量的生产。但是,在生产、经营、流通等环节中是有可能使非遗代表性项目得到有效、健康的保护和传承,这是生产性保护的重要手段和方式。① 事实上,我国的很多非遗项目,将保护和传承基地就设在企业,借助于企业的运作,实现传统文化的保护传承和企业的经营获利双赢局面。其次,生产性保护不是要"去产业化"。非遗的生产性保护模式,除了要注重市场要素的引入、市场动能的激发、市场环境的营造、市场空间的拓展,还必须将市场严格纳入到政府调控的范围中,确保所有市场功能的发挥都服从与服务于"非遗传承与保护"这个主题。这是生产性保护与一般意义上的生产之不同所在,也是生产性保护模式下的产业化。这样的产业化,不是一味地将非遗的文化属性、本体意识与挖掘经济价值、市场功能对立起来,而是要积极探索非遗资源的经济价值及其转换机制和实现方式,将技艺、创意与生意完美结合,实现从资源、资本到资产的跃升。如果一味地强调文化属性、本体意识与挖掘经济价值、市场功能对立,会因为无止境的公共管理责任造成政府的财政压力,可能随着政府无力承担而流于形式,也容易割裂非遗与民众日常生活和文化消费需求的天然联系,远离创造当代社会财富的生产实践,也就失去了非遗传承与发展的命脉。② 最后,生产性保护不能"过度产业化"。非遗的生产性保护,是以不能丧失文化内涵和核心技艺为前提的,只有在这个前提下才能进行产业化开发,因而,产业化开发也应当是为了建立更具有生命力和延续性的非遗传承与保护体系的目标。近年来的一些生产性保护实践,一些地方为了制造集群效应,制造商和经销商扎堆出现,部分企业在利益的诱导下假借生产性保护的概念对非遗进行过度开发,甚至完全用机器大生产代替手工劳作,造成赝品、劣品驱逐良品等现象,进而破坏市场规律,最终造成很多厂家转

---

① 蒋多、杨裔:《生产性保护背景下非物质文化遗产国际化的路径与对策》,《中国海洋大学学报》(社会科学版)2015 年第 1 期。
② 宋俊华:《文化生产与非物质文化遗产生产性保护》,《文化遗产》2012 年第 1 期。

产、知名品牌倒闭,不仅导致市场混乱,也给非遗带来毁灭性的打击。①

从实践主体来说,无论是传统的民间手工作坊(包括家族式和雇佣制),还是公司(非遗企业),只要允许其所掌握的技艺等可以进入生产、流通、销售等环节,没有人会排斥市场,也不会排斥产业化。商业化、市场化不等同于产业化,但商业化、市场化的不断扩大往往意味着离产业化不远了。一些非遗项目,如刺绣、印染、年画、泥塑、编织等本来就是应市场需求而生,通过市场实现其价值,这些项目最后走向产业化也是很自然的事。因此,如果某个非遗项目能在遵循非遗自身发展规律的前提下实现产业化,必定能增强其自身活力,推动它更紧密地融入人们的生产生活,有利于提高该项目传承人的传承积极性,培养更多后继人才,为项目的保护奠定持久、深厚的基础,最终也将有利于促进文化消费、扩大就业,促进非物质文化遗产保护与改善民生相结合,推动区域经济、社会全面协调可持续发展。

因此,非遗生产性保护与产业化论争的焦点,其实不在要不要产业化,而在于如何产业化的问题。一项非遗项目,在生产性保护过程中,可以不走产业化的道路,也可以走产业化的路子。但一旦走向产业化,则必须坚持生产性保护的那些前提条件,接受法律的规约和政策的指引以及非遗主管部门的监控。

三、 如何为生产性保护划出"红线"

该不该为生产性保护划出"红线",如何给生产性保护划"红线",这是困惑当前生产性保护的另外一个焦点问题。所谓"红线",就是在生产性保护的实践中,要不要有底线,哪些要素可以改变,哪些要素不可以改变。包括文化意蕴、核心工艺、手工方式、甚至使用的原材料等等,这些能不能改变。毕竟,无论是生产性保护还是其他保护方式,保护的最终目标绝不是符号和废墟,而是活态生活内涵,是生活形态本身。这也是近年来很多学者一直提倡非遗要

---

① 伍梦尧:《宣纸的生产性保护问题研究》,安徽大学,民俗学硕士论文,2014 年。

从"生产性保护"走向"生活性保护"的理由。①

目前,该不该为生产性保护划出"红线",国内学者也有不同的看法。一种观点认为,非遗保护是对活态传统文化的保护,需要划定"红线"确定保护区域那样的具有限制性的保护措施。高小康撰文指出,生产性保护作为限定性的概念,需要确定的是以商业化方式保护传统文化时所解决的文化价值和商业价值二者之间的矛盾关系。他从贵州省黔东南雷山县的两个苗寨郎德镇和西江镇不同的保护方式以及效果得到启发,认为文化空间的保护必须照顾好相关文化群体的历史记忆与当下生活两种需要。与文化空间保护不同,传统技艺的保护可以在基本工艺、形态特征、艺术风格等方面为那些被确定为保护对象的非遗项目划出"红线"。但是,他自己也承认,在这些连续的文化活动形态中人为地划出一条"红线"并不难,难的是如何对待那些与传统文化有关联但却又超出非遗保护边界的次生形态"越界"文化活动和产品?因为很多传统的技艺和艺术在历史发展过程中本身就是不断演变的,高水平的工艺和艺术品从来都是和低水平的产品乃至赝品和仿制品共生的,正宗传承的文化遗产与蜕变、衍生的文化创新形态同样也是共生共荣的。甚至可以说,不同层次文化产品的共生不仅是历史事实和必然,而且是优秀文化遗产产生影响力的条件和产物。因此,划"红线"的关键在于如何界定被保护的非遗文化形态与"越界"的次生形态之间的区别与关系,从而使不同的文化活动与产品获得相应的生存环境。②

另一种观点认为,生产性保护无须画"红线",只要它们不违反法律。佟玉权认为,非遗是由内容与形式构成的统一体。我们不能对具有整体意义的文化现象进行片面地理解,不能将文化问题简单的看作是由一些互不关联的要素所构成的"拼盘"。所有文化都是特定环境下的"动态"的产物,都是各种文化相互交融的"混合物",通过保留形式而改变内容,或者保留内容而改变形

① 陈勤建:《当代民众日常生活需求的回归和营造——非物质文化遗产保护方式暨生产性方式保护探讨》,《徐州工程学院学报》(社会科学版)2012年第2期;胡惠林、王媛:《非物质文化遗产保护:从"生产性保护"转向"生活性保护"》,《艺术百家》2013年第4期。
② 高小康:《如何为"非遗"的生产性保护划出红线》,《人文杂志》2013年第9期。

式,抑或给某一内容或形式以限定,并以此作为"红线"来对非遗加以"保护"都是不可取的,也是不现实的。以唐卡为例,使用天然矿物为原料,严格取材于佛经故事及藏民族历史文化,由专业画师长时间精心手工绘制完成的作品固然包含有更多的传统文化信息,相信它也同样会有很高的审美艺术价值和收藏价值。尽管这样,它也不应该成为限制其他方式对唐卡进行制作的理由。"非遗"产品的手工制作与机械制造所凝结其中的人类劳动不同,其所蕴含的文化意蕴也不一样,它们的市场价值与价格也会有明显的差距。即使那些靠机械规模生产,工艺略显粗糙,但其成本低、价格低,有市场需要的产品,同样在满足基础层面人们的文化需要,扩大"非遗"的文化影响、增加地方收入等方面也有它的存在价值。"非遗"的手工技艺需要保护,"非遗"产品的现代化工艺手段也没有理由被废止。生产性保护具有多层面、多角度的含义,我们既要尊重文化持有者对唐卡不同制作工艺的选择,也要尊重和相信消费者对不同艺术形式的唐卡文化作品的消费选择。在生产性保护这一视角上,不是要硬性地限制这个能生产,那个不能生产,只要它们不违反法律。而需要的是对生产者和消费者进行有意义的引导,通过法律、政策、监督等途径保障不同类型唐卡的生产者和消费者拥有不同的权益。

生产性保护该不该画"红线"？我们认为,给非遗的生产性保护画"红线",不应该针对项目本身,而应该针对具体的人群。说得明白一点,就是被认定的代表性传承人,特别是国家级代表性传承人。原因在于,一个非遗项目,不是一个人拥有,也不是一个家族拥有,而是很多人拥有,有的项目流布面积还特别大,甚至是全国的。因此,要划一条"红线"要求所有人的非遗文化活动和产品都能遵守无异于天方夜谭。但是,我们却可以对重要的传承人,特别是被认定的国家级传承人划一条"红线",要求他们现阶段先把祖宗留下来的到他们那一辈的技艺和知识"原汁原味"地传下去。这点在技术上是可行的,在道理上也理当如此。因为他们和普通的传承人、一般享用群体是不一样。国家认定他们做传承人,就是希望这门非遗技艺和知识能够原原本本的、真真切切地传下去。我们并不是反对他们进行改造或创新,但他们的首要任务不是这个,而是先原原本本地守护好这份遗产,原汁原味地传承这份技艺和知识。

不是重点传承人,则不需要对他们划"红线",一则有的非遗项目传承人人数太多,划了也监控不了;二则这些不是重点的传承人所进行的文化活动和产品,能满足不同层次人群的需要,有利于扩大非遗的影响力;三则不对这些传承人画"红线",让他们大胆尝试改造或创新,形成与重点传承人文化活动和产品的某种竞争和响应,这样反而会有利于这项非遗的保护和传承。

四、 生产性保护领域的拓展

按照文化部《关于加强非物质文化遗产生产性保护的指导意见》,生产性保护方式主要是在传统技艺、传统美术和传统医药药物炮制类非物质文化遗产领域实施。但近几年来,我国非遗的生产性保护实践,还扩展到了民间信仰、传统节日、民间文学和民间舞蹈等领域。我们选择介绍一些具有代表性的非遗项目及其研究文献,管窥这些领域的生产性保护状况。

(一)民间信仰类非遗的生产性保护

蒋明智以国家级非遗代表作西江流域的悦城龙母文化为例,探讨了龙母文化的产业化历程,指出经过地方政府30多年的着力打造,已在旅游经营开发、规划设计、宣传营销和庙会经济等方面积累了成功的经验,龙母文化已成为粤港澳一块重要的旅游文化品牌。它不仅促进了经济次发达地区产业结构的调整和升级,而且提升了地方的文化软实力,有利于地方文化的繁荣和对外文化的交流。①

(二)传统节日文化的生产性保护

潘文焰、仲富兰认为作为民俗文化的传统节日文化的系统的各个方面都发生了本质的变化:传统节日原先赖以生存的农业社会已变为工业社会,农

---

① 蒋明智:《非物质文化遗产产业化探讨——以悦城龙母文化为个案》,《华中师范大学学报》(人文社会科学版)2012年第2期。

村环境正在演变为城市环境,节日文化的实施主体由互联互助的农民群体为主体逐步演变为分散独立的市民群体,还必须依靠以政府、商家、媒体等多种机构来组织运行,因而现代社会背景下的传统节日（的内涵与形式）正被各种现代民俗节庆及洋节（"泛节庆"）所侵蚀,日渐式微,面临巨大的生存危机。他们认为,传统节日的传承与保护,一定不能一味地"坐、等、靠、要",而要主动融入实际生活和生产,从其根本的文化价值出发,通过经济及社会价值的合理发掘——即生产性保护,才能从根本上走出一条可持续发展之路。从生产性保护视角出发,两人构建了传统节日文化的传承与保护系统,并分别从节日传承与保护的识别系统与实体系统出发,根据时间和空间两个维度,具体提出了传统节日文化的保护路径策略。具体而言,传统节日传承与保护的时间路径,包括进行资源普、甄选重点节日、将重点节日纳入假日休闲体系、建立传统节日示范基地、加强宣传与立法、对传统节日文化资源进行创意开发;对传统节日传承与保护的空间路径,是要依托实体的直接空间（第一空间,是客观的物理空间,或称为"物质空间",如"传统节日示范基地"）,延伸到虚拟的间接空间（第二空间,是拟态空间,如媒介空间）,最终以形成并强化传统节日在俗民（大众）脑海中的意象空间（第三空间,是主观空间,或可成为"精神空间"）中的印象,并最后反过来作用于现实空间（第一空间）的节日文化遗产的传承与保护。①

（三）民间文学的生产性保护

高艳芳认为民间传说以及以民间传说为底本进行的文学创作和影视、动漫转化等文化产品的生产和再创造应属精神生产范畴。工业化、城镇化的推进促使大传统和小传统不断借鉴、彼此靠拢,最终走向"大小传统"相互融合的"雅俗共赏"。白蛇传正是通过"大小传统"的融合,由最初叙述简单、主题单调的民间故事经底层文人加工,进入话本讲唱、继而发展为各种戏曲的保留曲目,通过舞台表演进行传播,实践着民间传说"互动"性生产的特质。对民间传

---

① 潘文焰、仲富兰:《我国传统节日文化的生产性保护路径研究》,《文化遗产》2014 年第 1 期。

说进行生产性保护模式,必须坚持以下的原则:1."历史"真实和"情感"真实并举;2.作家文本与民间作品两厢结合;3.传统展演与现代媒介共同演绎;4.专家学者协同参与。①

路芳试图探讨"生产性保护"方式是否适用于像苗族史诗《亚鲁王》这种口传心授类的非物质文化遗产,能否对《亚鲁王》的传承与保护产生积极作用。他认为,生产性保护下的《亚鲁王》仪式化展演,包括四个方面:知识精英的仪式化展演、传统葬礼中东郎的仪式化展演宝目、东偌在日常生活中的仪式化展演和遗产运动下的仪式化展演。这些仪式化展演,不但使本族人从思想、观念、意识上提高了对本民族文化的认识,也让"他者"在观看展演的同时了解了该族群。他们的展演,诠释了遗产保护传承中两个主体如何发挥作用,以民间艺人、匠人等组成的非物质文化遗产传承主体如何做好传与承,而以政府、学界、商界、新闻媒体等组成的非物质文化遗产保护主体如何帮助传承主体做好他们的传承。路芳认为,通过这种仪式化的展演中的传与承,可以看到麻山知识精英们坚守非物质文化遗产真实性、整体性和传承性,有效传承其文化遗产核心价值的种种努力。这是口传心授的非物质文化遗产生产性保护的一种尝试。②

(四)民间舞蹈的生产性保护

刘忠培和龙叶先考察了被称为中国民族原始舞蹈"活化石"的苗族水鼓舞的存续现状,发现这个荣获多项殊誉的省级非遗名录,在已有不少专家学者提出了很多具有可操作性的保护和传承策略与方案背景下,仍然面临着从苗族民众日常生活中快速消失的危险。这表明目前对水鼓所采取的保护与传承的措施是有问题的。他们认为,根据对关于非物质文化遗产生产性保护的理解,"苗族水鼓舞"这种非物质文化遗产是不属于可以通过"生产性"而进行保护

---

① 高艳芳:《民间传说生产性保护传承论析》,《春工业大学学报》(社会科学版)2013年第4期。
② 路芳:《生产性保护下的仪式化展演——以国家级非物质文化遗产〈亚鲁王〉为例》,《贵州社会科学》2013年第11期。

和传承的文化遗产类型。但是，生产性保护的关键词是"生产性"，而"生产"的实质是制造"产品"而不是制造"商品"。只要与生产有关，那么，任何人类生产的"产品"，都可以通过"再生产"而得到持续不断的延续存在。苗族水鼓舞的"生产性保护"，应从以下几个方面采取措施：1. 正确认定活"样品"——传承人；2. 把"苗族水鼓舞"引入活的"生产线"——校园；3. 把"苗族水鼓舞"作为健身的"消费品"——广场；4. 有效利用"苗族水鼓舞"生产性传承与保护的"助推器"——专家学者。①

　　非遗生产性领域的不断拓展，不是对文化部有关指导意见的否定，也不是纠错，而是证明了这一保护模式具有鲜明的活力和可待挖掘的空间。它应当与指导意见所规定的三大领域相举并行，互相借鉴，不断探索非遗保护的新方法、新举措、新点子，促进我国非遗保护和传承的不断推进，实现对传统的真正继承和社会的文明进步。

---

① 刘忠培、龙叶先：《苗族水鼓舞的生产性保护初探》，《贵阳学院学报》2015 年第 2 期。

12

从"高僧降蛇"到"为爱而战":
白蛇传佛教景观的爱情生产研究

余红艳　陈保君*

摘　要　清乾隆年间,"水漫金山"被纳入白蛇传叙事框架,传说化用金山寺固有的高僧降蛇故事,演绎了一场惊心动魄的僧蛇斗法,表达了金山寺高僧文化传统。"五四"时期对自由、爱情热切追求的话语变迁逐渐将"水漫金山"演化成一场白蛇为爱而战的爱情宣言,从而使得白蛇传主题经历了由"高僧降蛇"向"忠贞爱情"的转化,并充分体现在了当代白蛇传景观生产之中,形成白蛇传佛教景观的爱情生产、神圣空间世俗化生产和世俗空间神圣化生产的交融与冲突等基本特征。

关键词　高僧降蛇　为爱而战　水漫金山　白蛇传　景观生产

白蛇传是一则依附江南知名景观形成、发展、演化的景观传说。明末天启年间,冯梦龙改编的《白娘子永镇雷峰塔》首次将江南古城——镇江纳入白蛇传叙事空间,借用金山寺固有的"高僧降蛇"传说,将白蛇传降蛇力量由龙虎山道士转变并定型为金山寺高僧——法海,从而赋予镇江有别于杭州世俗繁华的神圣性叙事特征,金山寺也由此成为白蛇传必不可少的核心佛教景观之一。

---

* 余红艳,女,1979 年生,江苏大学文学院副教授,民俗学博士,主要从事白蛇传研究、民间传说研究、非遗保护研究;陈保君,男,1996 年生,江苏大学文学院汉语言文学本科生,毕业论文关于民间传说的非遗保护研究。本文为江苏大学高级人才启动基金项目"白蛇传说的跨地域景观叙事研究"(15JDG112)、江苏大学 15 批科研立项"彭祖传说的非遗生产性保护研究"(15C169)的阶段性成果。

2009 年,镇江市政府在金山湖新建了一座白蛇传主题公园——白娘子爱情文化园。该园与金山寺隔湖相望,盈盈湖水环绕慈寿塔,默默讲述着那段千年等一回的人蛇之恋。从"水漫金山"到"白娘子爱情文化园",镇江围绕白蛇传开展的传说景观生产呈现出鲜明的弱化佛教降蛇、强化忠贞爱情的发展趋势。本文尝试在梳理白蛇传发生于镇江的核心情节——水漫金山——所蕴含的"高僧降蛇"这一文化符号的基础上,剖析白娘子爱情文化园以"爱情"为主题的生产思路,从而探讨白蛇传当代传说景观生产中较为鲜明的世俗化、爱情化特征。

一、 高僧降蛇："水漫金山"
核心情节的文化内涵

"水漫金山"情节首次出现于清乾隆年间(约 1740 年左右)的"梨园旧抄本"第二十七出"水斗",但明确使用"水漫金山"一词,最早始于乾隆三十六年(1771 年)方成培戏曲本《雷峰塔》传奇(以下简称"方本")。"方本"第二十五出"水斗"细致描绘了白蛇与法海金山斗法的场景:

（旦）秃驴,你执意如此,罢,说不得了。水族每!（内应,蟹、虾、龟、蚌上）湖主有何吩咐?（旦）与我把水势大作,漫过金山,救俺官人便了。（众）得令。

（丑上）呵呀,禅师不好了!江中水势大作,一直漫上山来了。（外）不妨。此乃妖魔法术,把我这袈裟,罩住山头,水势自然退去矣。①

在此,白娘子以"湖主"的身份②命令虾兵蟹将发起大水,淹没金山。然而,金山寺高僧——法海——以袈裟罩住山头,退去水势,并拟以金钵收服白

---

① （清）方成培撰,李玫注:《雷峰塔》,华夏出版社,2000 年,第 131 页。
② 白娘子的"西湖湖主"身份首次出现于乾隆三年(1738 年)黄图珌戏曲本《雷峰塔传奇》(以下简称"黄本")。"黄本"虽未涉及具体的金山水斗情节,但已然为之后白蛇传的改写留有铺垫。

蛇,显示出了强大的佛法力量。"水漫金山"传递的正是一场高僧降蛇的宗教主题。

在"方本"第二十八出"重谒"中,法海准备以金钵收服白蛇之前,许仙首次使用了"水漫金山"一词:"禅师啊,此妖一时无状,水漫金山,致遭天谴,理所应该。"①从此,"水漫金山"成为白蛇传的标志性情节。嘉庆十一年(1806年),玉山主人创作章回体小说《雷峰塔奇传》,在第十回"淹金山二蛇斗法 叠木桥两怪叙情"中,白娘子"念动真咒,驱动四海龙王",发起水漫金山:

> 龙王领命,即刻率领鱼兵虾将兴云布雨。倏忽,满地滔滔银涛雪浪,淹上金山。法海看见水道,念动真言,将袈裟抖开,众僧将灵符望水丢下,只见水势倒退,滔滔滚下山去。众龙王霎时收束不住,水势滔天,淹下山去。可怜镇江城内不分富贵贫贱,家家受难,户户遭殃,溺死无数生灵。②

在玉山主人的笔下,白娘子不仅是一位可以指挥虾兵蟹将的湖主,更拥有支使四海龙王发起"水漫金山"的本领。而且,白娘子"水漫金山"所带来的伤害也发生了前所未有的扩大。对比"方本"和"玉山主人本",我们发现,前者"水漫"的仅仅是"金山",在法海的法力保护下,几乎未造成人员的伤亡。而后者"水漫"的对象则扩展为全镇江城家家户户。"水漫金山"为镇江城带来的重大灾难从此得到了后来改编者的沿用。民国时期的梦花馆主将陈遇乾《义妖传》"译"成小说《白蛇传前后集》,在第三十四回《水漫》中,白娘子借助义兄黑风洞主黑鱼精之力,掀起水漫金山:

> (黑风)喝令众水族兴波作浪,从长江中卷起狂风,顷刻间,涛声汹涌和排山倒海相似,水势漫上金山,足有数十丈高。法海在上山瞭望,也带着三分着急。只可怜百姓遭殃,沿江一带地方,尽成泽国……

---

① (清)方成培撰,李玫注:《雷峰塔》,华夏出版社,2000年,第148页。
② (清)玉山主人:《雷峰塔奇传》,华夏出版社,1995年,第46页。

　　"水漫金山"灾难的扩展与金山寺地理位置发生迁移有直接的关系。金山本为扬子江中的一座岛屿，是宁镇山脉断裂于江心的孤峰，南眺润州，北临瓜州，有"江心一朵翠芙蓉"之美称，又称"浮玉山"。金山寺镇寺之宝——明代文徵明所绘《金山图》中，金山在茫茫江水中矗立，犹如江中浮于，山色青碧，殿宇飞阁。因此，在清中叶之前的白蛇传中，许仙、白娘子和小青均是乘舟上金山。可是，第一次鸦片战争（公元1840年）前后，金山南岸涨出不少新滩。光绪五年（公元1879年），金山开始与陆地相连，直到光绪末年（公元1908年左右），金山才完全和陆地连成一片，并逐渐形成了"骑驴上金山"、"打马上金山"的新民俗风情。此外，金山上岸还有人为原因。"太平天国时期，金山附近驻有太平军，太平军在金山与长江南岸之夹江间设置木栅栏，与南岸连成一气。栅栏辟门，日夜启闭，日间舟楫查验放行，入夜则加锁，及至太平天国失败，木桩未拔，从此无人过问，这应该是金山加速上岸的直接原因。"[1]可见，由于地壳运动，金山自清代后期便开始了漫长的"登陆"行动。因此，玉山主人《雷峰塔奇传》虽创作于嘉庆年间，但随着金山与镇江城的逐渐靠拢，其构思的水漫金山已与清中叶的"方本"不同，出现了"龙王霎时收束不住，水势滔天，淹下山去"，造成江水上岸，危害百姓的局面。在《雷峰塔奇传》"序言"中，署名芝山吴炳文的序言作者写道：

　　余友玉山主人，博学嗜古之士，新过镇江访故迹，咨询野老传述，网罗。放失旧闻，考其行事始终之纪，稽其成败废兴之故，著为雷峰野史一编。盖有祥而不冗，曲而能达者也。[2]

　　由此可知，玉山主人曾亲游镇江，寻访白蛇传相关故迹，并搜集、整理当地民众的民间口传资料。因此，对金山寺特殊的地形条件，以及水漫金山甚至水漫镇江城的可能性均有一个较为切实的考证。而梦花馆主小说《白蛇传前后

---

① 尤建菲：《探寻镇江金山"登陆"之谜》，《档案与建设》2004年第7期。
② （清）玉山主人：《雷峰塔奇传》·序，华夏出版社，1995年。

集》则完全是创作于金山寺登陆之后的民国时期,在他的小说中,水漫金山直接造成了"沿江一带地方,尽成泽国"的严重后果,也让白蛇传尤其是"水漫金山"与镇江城建立了更为紧密的血缘关系。在这之后的白蛇传各类艺术形式的改编如小说、戏曲、话剧、影视等,均将"水漫金山"作为白蛇传的一大高潮与标志性情节,并成为白蛇传发生在镇江的代表性情节,金山寺"高僧降蛇"便是其鲜明的文化主题指向。

二、 为爱而战："水漫金山" 文化内涵的爱情演化

1924 年 9 月 25 日,雷峰塔轰然倒塌。11 月 17 日,鲁迅先生撰文《论雷峰塔的倒掉》,借祖母的故事表达了痛恨法海镇压白娘娘的情感倾向：

试到吴、越的山间海滨,探听民意去。凡有田夫野老,蚕妇村氓,除了几个脑髓里有点贵恙的之外,可有谁不为白娘娘抱不平,不怪法海太多事的? 和尚本应该只管自己念经。白蛇自迷许仙,许仙自娶妖怪,和别人有什么相干呢? 他偏要放下经卷,横来招是搬非,大约是怀着嫉妒罢,——那简直是一定的。[1]

在这段文字中,鲁迅先生毫不掩饰地转述了江浙民间对白娘娘的喜爱和对法海的憎恶,并以其精英文人的广泛社会影响力,开启了"五四"时期白蛇传改写的主题转向。

1929 年 4 月,狂飙社发起人高长虹游览镇江时,创作了独幕五场剧《白蛇》,发表于《长虹周刊》第十九期。该剧在金山水斗之后,有一段许仙的爱情表白："为了我,你曾犯罪,你的伟大更大于你的厉害。"[2]由此而将白蛇掀起的水漫金山视为一场捍卫爱情的伟大壮举。1930 年 4 月,向培良独幕诗剧《白蛇

---

① 鲁迅：《鲁迅全集》第 1 卷,人民文学出版社,1973 年,第 158 页。
② 高长虹：《白蛇》,《高长虹文集》(下卷),中国社会科学出版社,1989 年,第 418 页。

与许仙》（《传说的独幕剧》）发表于《北新》半月刊（四卷第七期）。该诗剧连载于《中央日报》时，编辑黄其起如是说："……这里告诉我们的，是爱情的力量，一切坚贞、苦痛都是在那个神圣的字下孕育出来的。"①作为狂飙社的成员，向培良同样深受表现主义影响，在他的诗剧中，"水漫金山"更是直接被演绎为一场白蛇爱的宣言："因为爱你，我要把你从那个老和尚的手里夺出来，才涨起大水来漫掉金山寺……水漫金山寺的一夜，滔天的大水是由我涨起来的，许多生灵因此伤害了，但我是以如何崇高的目的而涨起大水来的呵！"②在此，爱情成为白娘子"水漫金山"最崇高的目的，这就使得白娘子的行为具有了为爱而战的忠贞和勇敢。与之相反，曾经的正义使者——守护寺庙、降伏蛇妖的法海和尚却沦落为破坏他人爱情婚姻的恶魔。在《白蛇与许仙》中，茶店老板的女儿作为"五四"青年，高度肯定了白蛇"水漫金山"的壮举，并将所有的过错放置于法海："都是法海和尚引起的，在相爱而不能够相爱的时候，谁又顾得到别的事情？"③

"五四"时期的白蛇传改写和评论对 20 世纪四五十年代的田汉京剧《白蛇传》有着十分重要的影响。在田汉京剧《白蛇传》中，白娘子的形象得到了进一步美化，并通过"保和堂免费为穷苦民众施药"的善举完成了一次由追求个人私己情感上升到关爱普通民众的"大爱"范畴，使得白娘子的"水漫金山"又具有了超越个人情感的社会抗争意义。"五四"以来直至新中国成立前后的白蛇传改写直接促成了 20 世纪下半叶民间口传主题的单一化和定型化，彻底淡化了"水漫金山"情节中法海降蛇的正义性，强化的正是白蛇为爱而战的美好品质。

作为"水漫金山"的发生地，镇江一直以此作为具有社会效应的城市名片。在沪宁高速镇江入口处的收费站广告牌上，镇江打出了"水漫金山的故乡"这一城市宣传语。在具体的传说景观生产中，也多次以不同的形式尝试再现"水

---

① 黄其起：《其起附志》，《中央日报》，1930 年 5 月 9 日。
② 向培良：《白蛇与许仙》，《北新》半月刊 4 卷 7 期（1930 年 4 月），第 944、945 页。
③ 同上，第 944 页。

漫金山"。20世纪80年代，在金山寺法海洞前，曾经出现过"水漫金山"电子模型。但是，一方面迫于金山寺僧众的抗议，另一方面也源于电子模型无法表达水漫金山的气势，这一传说核心情节物化、商业化的形式很快就撤出了金山公园景区。1992年，电视剧《新白娘子传奇》拍摄时，剧组曾希望在金山寺进行实景拍摄，但遭到了金山寺的严厉拒绝。究其原因，正是由于"水漫金山"主题的爱情转向恶化了金山寺以及法海和尚的正义形象，伤害了金山寺僧众的宗教情感，无法得到佛教的认可。因此，在白蛇传的非遗保护与开发利用中，如何处理好传说文化和宗教情感之间的矛盾冲突？在何处合理重现"水漫金山"而又不伤害金山寺佛教信仰？这些矛盾始终是困扰镇江白蛇传景观生产者的现实问题。

三、 走向世俗： 白蛇传佛教景观的爱情生产

2009年，镇江市于金山湖景区正式对外开放白蛇传主题公园——白娘子爱情文化园。白娘子爱情文化园占地总面积为1.08平方公里，水面积为0.68平方公里，是目前国内唯一一座围绕白蛇传而兴建的主题公园，它是镇江市政府在充分考量金山湖与金山寺地理位置的基础上，选择的较为理想的传说景观生产地。它位于金山西北部，与金山寺、慈寿塔、法海洞和白龙洞等白蛇传景观隔湖相望，流淌于其间的金山湖水，一湾碧澄，形成"水绕金山"之势。

然而，很明显，单从"白娘子爱情文化园"的名称便可得知，白蛇传主题公园的"主题"并非与镇江传说景观——金山寺——息息相关的"高僧降蛇"的宗教文化主题，而是"五四"以来积极倡导的"人蛇之爱"，"爱情"成为镇江白蛇传当代景观生产最突出的文化元素。

白娘子爱情文化园包括湖西、湖中、湖东和湖北四个景域，共建有白蛇传景观26项。它们以白蛇传的核心情节为基础，汇聚成为一个谱写白娘子、许仙爱情婚姻生活的情境型景观信息链。其中以白娘子岛、千步廊桥、折柳堤、保和撷遗、文曲岛、情缘桥、许堤和阅舞台等8项景观与白蛇传关系最为密切，它们分别展示了白蛇传核心人物白娘子、许仙和许士林，以及重点表达了许白

爱情、婚姻、家庭生活的和谐美满，将镇江视为白蛇传一个大的生活景观。这些景观主要以雕塑为表现形式，具体分为地雕和立雕两大类型，它们以一系列的雕塑形成一个白蛇传景观图谱。白蛇传地雕以"水漫金山"命名，在地雕旁竖立的景观简介如是写道：

地雕以《水漫金山》、《盗仙草》、《塔镇沧桑》为主题，描绘白娘子为救许仙感召自然界芸芸众生的情节画面。《水漫金山》讲述的是许仙误入金山寺，不得归去，白娘子为唤回官人，感召自然界芸芸众生来到金山寺救夫，白娘子对爱的执着与忠贞惊天地泣鬼神，写就了千古流传的水漫金山。①

从地雕所选择的传说情节来看，白娘子爱情文化园仍然是以重现"水漫金山"为景观生产的主要内容，但是，地雕简介突出的主题选择的是白娘子为爱而战、为爱而甘愿付出生命、永镇塔底的执着与坚定，烘托着爱情文化园的爱情主题。此外，沿着金山湖水，在湖岸边还竖了两处生活雕塑，一幅是许、白二人一起捣药的情节，另一幅是许、白二人在湖边洗衣的情节，重点传递的仍是世俗婚姻生活的幸福美满。

由此可见，镇江作为白蛇传发源地以及重要的宗教叙事地之一，其围绕白蛇传展开的当代传说景观生产弘扬的文化主题更多凸显的是白娘子为爱而战的爱情文化。传说景观生产者通过系列传说景观进行了爱情编码，将"保和堂施药"演绎为夫妻恩爱、携手共建家园的温馨甜蜜生活，将"水漫金山"的僧蛇斗法演绎为白蛇为坚守爱情而勇敢作战的忠贞美好。从"水漫金山"的僧蛇斗法宗教主题逐渐演化为"白娘子爱情文化园"所着重弘扬的为爱而战爱情主题，一方面体现了传说逐渐走向世俗化的普遍性特征，另一方面也与传说重要发源地和保护地依托传说进行城市形象定位有着直接的关联。

2010 年 9 月 28 日—11 月 30 日，镇江市水利局、旅游局、水投公司、文广集团和自贡彩灯艺术协会于白娘子爱情文化园共同主办了"2010 中国镇江金山

---

① 摘抄于"水漫金山"地雕文字介绍。

湖爱情文化彩灯节"，期许通过系列爱情文化节事型景观生产活动，不断开发镇江"爱情文化"的旅游胜地，将镇江打造成名副其实的"大爱"之城。① 2013年，镇江市再次举办"中国镇江第二届金山湖爱情文化彩灯节"，分别以蛇仙恋、童话爱情、新春颂歌和人间银河等四大主题为灯盏内容。其中，蛇仙恋是以"白蛇传"为主线的 60 米长的系列故事连体灯，包括游湖借伞、开店济世、端午惊变、险盗灵芝、断桥相会、白娘子永镇雷峰塔等传说核心情节，以及金山寺、雷峰塔、峨眉山和昆仑山等传说中重要的自然、人文景观。白蛇以卡通和拟人化的风格出现，长度达 500 米，并以蛇身连接峨眉山、金山和昆仑山，在形式上与传说情节相连，以形式讲述故事。2014 年，镇江市旅游局在回复《关于市民小城故事建议事项答复意见书》中，明确表示：将镇江城市定位为"东方浪漫爱情之都"的建议，已经列入镇江旅游产业发展总体规划并组织实施，近期将推出"倾城浪漫游"的爱情游线……并引导各相关点推进爱情、文化旅游产品的开发。② 由此可见，"东方浪漫爱情之都"是镇江当前城市形象宣传口号与文化定位。顺应这一城市定位，围绕镇江知名文化品牌白蛇传而展开的景观生产便必然有着努力展现其爱情文化品质的生产特点。金山湖"白娘子爱情文化园"的系列景观生产行为正是基于城市形象定位的产物。

镇江市先后举办的两次白蛇传主题灯盏，以及自 2014 年开始的《白蛇传》水景秀实景演出吸引了很多市内外游客的观光。民间传说的景观转化使得传说成为一项充满地域风情与传统韵味的旅游资源，精湛独特的艺术形式在带给游客视觉冲击的同时，也勾起了潜藏的传说记忆。"记忆的另一种形式是被记忆，即作为记忆的客体或载体，比如人、事或物象，如图片、档案、物件、博物馆、仪式等。事和物象本身是不会记忆的，但它们作为特殊的表意符号，却可以营造诱人回忆的氛围，充当激活或激发主体进行记忆的催化剂。"③景观作为

---

① 王艳玲、王春龙：《江苏镇江打造爱情文化　真情纯爱成城市坐标》，2010 年 10 月 22 日。中国新闻网 www.Chinanews.com。

② 镇江市旅游局：《关于市民"小城故事"建议事项答复意见书》（旅信复字[2014]2 号），2014 年 10 月 29 日，www.xici.net。

③ 赵静蓉：《文化记忆与符号叙事：从符号学的视角看记忆的真实性》，《暨南学报》（哲学社会科学版）2013 年第 5 期。

记忆的载体,是一种指向民间传说的表意符号,它具有催发传说记忆的功效,并营造了一个诱发传说讲述的文化空间,这就是传说景观所具有的叙事性功能。它与语言叙事、行为叙事等产生互文性的叙事关系。

四、 空间重构: 信仰与世俗之间的文化传承

从景观生产主体的视角分析,白娘子爱情文化园作为镇江地方政府围绕金山环寺而建的传说主题公园,带着鲜明的镇江城市形象定位的文化倾向。白蛇传爱情文化内涵以及家庭伦理道德在主题公园中得到了彰显,在金山寺内无法实现的对许、白婚姻的赞誉之情在此成了景观核心呈现的文化主题,充分体现出镇江市政府以爱情文化定位城市形象的景观生产目的。然而,从传说与地方文化相结合的文化基因来看,镇江是白蛇传神圣叙事空间,其核心情节主要为宗教降蛇,即使与爱情相关的主题,也更多传递的是一种"勇敢的爱",即白娘子为爱盗仙草、为爱上金山的战斗形象。而白娘子爱情文化园着重重现的温柔、贤惠的白娘子形象并非为白蛇传在镇江的核心情节,勇敢的白娘子、善良的白娘子,以及对婚姻执着守护的白娘子,才是镇江白蛇传爱情景观的文化内涵,也是镇江的白蛇传景观生产得以与其他地域的景观生产相区分的独特性。

信仰空间是一种神圣空间,其神圣性集中表现在信仰地点的选择和信仰所包含的文化意义上。而爱情则滋生于现实世俗生活之中,婚姻、家庭是其最主要的表现形式。神圣空间的世俗化生产是宗教旅游的必然产物。"从广义角度讲,宗教旅游本质上以游客为中心的相关行为主体在神圣与世俗交织而成的宗教旅游场域中进行的一种神圣与世俗的双重再生产活动。这种双重再生产包括神圣的世俗化生产与世俗的神圣化生产。"[1]宗教旅游的双重生产理论也可以拓展、运用于民间传说信仰景观的生产过程。信仰景观属于神圣空

---

① 孙浩然:《神圣与世俗双重再生产视角下的宗教旅游研究》,《江西科技师范学院学报》2012年第4期。

间,对其进行世俗化的生产,如挖掘黏附于信仰景观的世俗文化因子,这既是遵循景观多维度文化符号的景观叙事特征,同时也是以世俗化的旅游、观光需求为生产思路,开展的神圣空间世俗化的景观生产。

另一方面,世俗空间一旦被赋予某种较为固定的文化符号,便具有了提升为神圣空间的可能,从而进行一种世俗空间的神圣化生产。杭州与镇江作为城市,其整体是一种世俗化的生活空间,但是,城市景观生产者出于旅游开发与文化弘扬的多方面需求,从地域文化内涵中,提升出"爱情"文化符号,并以相应的信仰景观作为文化符号的景观载体,便使得世俗空间的城市具有了神圣空间的特质。因此,本质上而言,白蛇传当代景观生产具有神圣与世俗互为生产的双重生产特性,传说信仰景观的世俗化生产,某种意义上,正是对世俗空间——城市——的神圣化生产。

13

上海街道、乡镇对非遗保护
项目的传承、开发与利用

王海冬*

摘　要　街道、乡镇是我国最基层的行政组织,是非物质文化遗产传承最重要的领地。为此,上海街道、乡镇有必要重新认识、理解非遗的内涵以及保护方式的革新、未来创新的方向和其知识产权在世界传播等诸多问题,以便科学有效地对非遗保护项目进行传承、开发与利用。近十年来,上海采取了一系列行之有效的措施,取得了一定的成绩。在政府部门相关制度的保障和扶持下,一些勇于创新的文化产业单位抓住机遇,拓展改革思路,使非遗保护项目得到了有效的传承、开发与利用。但还有很多非遗保护项目普遍缺乏全球视野,其相关的知识产权更是没有得到相应的保护。日本将保护文化遗产与发展文化产业紧密结合并取得了一定成就,其"官民连携"模式、"整体推广"模式、"酷日本"模式等值得上海学习。上海首先也要树立正确的文化遗产保护观,其次要着重采取一些具体措施:(一)使非遗保护重点放在传承人的制度性保障上;(二)各级政府、社区、学校都要明确非遗激励考核制度;(三)引导社会力量积极参与非遗保护项目应注意,一要重视非遗的群体传承项目,二要重视非遗传承的生态问题。

关键词　街道　乡镇　非物质文化遗产　文化产业

---

　*　王海冬:1980 年出生,男,上海人,博士,上海社会科学院文学研究所副研究员,主要研究地域文化、文化产业等。

　　街道、乡镇是我国最基层的行政组织,是非物质文化遗产传承最重要的领地。与物质文化相比,非物质文化遗产更多地体现在一个国家和民族所特有的精神品格、群体思维和文化意识上,因此非遗传承实际上是民族文化精神的传承,街道、乡镇的民众肩负着这一重要责任。2016 年 G20 杭州峰会标志着中国正逐渐成为世界自由贸易的旗手,原本的世界自由贸易旗手美国已经深陷过度干预外部事务和过度透支国力的泥潭,需要适度收缩战线,会本能地倾向贸易保护主义。为了使中国能更好地担当起这个世界性的历史使命,上海街道、乡镇要进一步对非遗保护项目实施有效传承,并要形成以开发与利用为主的文化产业链,使其文化产品能够承载更多的中国文化精神向全世界传播,并逐步提升中国在国际上的文化软实力。

　　为此,上海街道、乡镇有必要重新认识、理解非遗的内涵以及保护方式的革新、未来创新的方向和其知识产权在世界传播等诸多问题,以便科学有效地对非遗保护项目进行传承、开发与利用。

一、 上海非遗保护项目传承、开发与利用的现状

(一)上海非遗保护项目传承、开发与利用的成果

　　近十年来,上海对非遗保护项目传承、开发与利用采取了一系列行之有效的措施,取得了一定的成绩。

　　1. 为落实国家《非遗法》而制定了地方法规。自 2011 年 6 月 1 日《中华人民共和国非物质文化遗产法》(简称《非遗法》)正式施行后,向全市 120 多名非遗工作者进行法律解读和指导,并启动非遗地方立法工作,召开了全市 30余场立法座谈会和征求意见会。2015 年 12 月 30 日,经市第十四届人大常委会第二十六次会议表决通过了《上海市非物质文化遗产保护条例》,于 2016 年5 月 1 日起正式施行。明确了非遗保护的"政府主导,社会参与;科学指导,分类保护;合理利用,融入生活"的指导思想。

　　2. 建立了非遗保护的有效体制机制。在全面普查的基础上,陆续建立

了国家级、市级、区县级项目和代表性传承人名录。目前,本市现有联合国人类非物质文化遗产代表作项目 5 项①,国家级项目 55 项,市级项目 220 项、区县级项目 400 余项。国家级代表性传承人 94 名,市级项目代表性传承人 647 名,区县级项目代表性传承人 800 余名,覆盖了非遗的 10 个门类。从 2005 年起,由上海市文广局牵头,成立了由市发改委、市经信委、市教委、市科委、市民宗委、市财政局、市建交委、市农委、市卫计委、市新闻出版局、市体育局、市旅游局、市文物局、市文联共 15 个政府部门组成的市级保护工作局际联席会议制度。2012 年,正式组建了"上海市非遗保护工作专家委员会",共聘请专家 87 名。② 成立了上海市非遗保护中心,指导各区县建立保护分中心。2015 年 9 月又成立了上海市非遗保护协会,与政府文化行政管理部门、保护工作专职机构共同形成三位一体非遗保护工作的有效体制机制。③

3. 推动了非遗项目记录工程。联合上海广播电视台艺术人文频道、上海市文化艺术档案馆、出版和数字化采录机构,以及各区县和项目保护单位,启动非遗记录工程,推进上海市国家级项目丛书编辑出版、系列专题片摄制和国家级传承人数字化采录工作。完成上海市非遗数据库二期建设,存有普查中收集、整理、转存的剧本、唱本、图片、照片、磁带、录像带等数字化资料,共录入各类数据 62 000 余条。

4. 开掘了非遗资源的综合价值。利用重大活动平台开展代表性项目和传承人宣传推广,如 2012 年韩国丽水世博会、2015 年米兰世博会期间,海派剪纸、海派面塑、海派旗袍等项目和传承人参与各类现场展示活动;连续 11 年开展中国"文化遗产日"非遗系列宣传活动;在《新民晚报》开办首个媒体专栏——《非遗在身边》,每周一期。2013 年起,根据《上海市文教结合三年行动计划》,积极推动非遗保护的文教结合,重点推进"进校园、进课堂、进教材"等

① 分别为昆曲、剪纸,京剧、古琴、针灸和珠算。
② 上海市文化广播影视管理局:《上海市贯彻落实〈非物质文化遗产法〉自查报告》,上海文新网,2016 年 11 月 29 日。
③ 萧晓:《上海成立非遗保护协会》,《东方早报》,2015 年 9 月 24 日。

宣传普及和调研工作,已累计向本市 13 所高校推送非遗精品宣传活动,打造了"上海非遗学子展馆行"品牌活动,5 年来吸引青少年观众 35 万人次。2012 年、2016 年,先后举办上海市非遗精品拍卖会,推动了一批项目精品走进文化市场,切实提高了传承人及其作品的市场地位。①

5. 设立了非遗保护专项资金。自 2012 年 6 月起,上海市文广局、上海市财政局共同制订出台了《上海市市级非物质文化遗产保护专项资金管理办法》,下设了"项目补助费"和"传承人补助费"。专项资金设立 5 年来,已累计投入 3 807.6 万元,245 个非遗代表性项目(次)、188 名市级传承人的保护传承工作因此受益,各项工作得到了很大的推动。与此同时,本市国家级、市级、区县级三级专项资金配套体系也正在逐步形成。②

在政府部门相关制度的保障和扶持下,一些勇于创新的文化产业单位抓住机遇,拓展改革思路,使非遗保护项目得到了有效的传承、开发与利用。我们看一看以下几例:

例一:上海马戏城常年上演的剧目"ERA——时空之旅",在传承海派杂技——上海非遗保护项目的同时,以"中国元素、国际制作;中国故事、国际表述"的创新理念,创作出超级多媒体梦幻剧,成为上海国际文化旅游热点。

例二:曾经是上海"文化产业"先驱之一的朵云轩,经过 5 年的市场推广,2011 年国家级非遗保护项目"木版水印画"终于扭亏为盈,2012 年达到了利润翻番。2014 年 5 月,木版水印技艺传承保护单位上海朵云轩艺术发展有限公司被文化部认定为第二批国家级非物质文化遗产生产性保护示范基地,实现了传承与创新的良性互动。

例三:在上海市静安区陕西北路 207—209 号,有一家龙凤旗袍专卖店。"龙凤旗袍"是现在全国唯一一家采用纯手工制作的旗袍名牌,20 世纪 90 年

---

① 上海市文化广播影视管理局:《上海市贯彻落实〈非物质文化遗产法〉自查报告》,上海文新网,2016 年 11 月 29 日。

② 同上。

代就被评为中华老字号,其手工工艺充分体现了民族传统艺术特色,蕴含着中国人的审美风尚,当下深受中外消费者的青睐。改革开放之后,海外华人华侨回国探亲访友、外籍人士来中国参访,龙凤旗袍也成为其慕名的首选服饰。2011 年 6 月"龙凤旗袍手工制作技艺"传习所揭牌,他们与逸夫职校签订校企联营协议,从学生开始定向培养龙凤旗袍的"接班人",由龙凤旗袍的师傅授课,学生在毕业前到龙凤旗袍工作室实习,龙凤旗袍通过设计与创新拓展了世界年轻人的市场。

我们从以上几例可以看出,他们都是在传承非遗精华的基础上,以开放包容的全球视野开拓国际市场的。全球视野就是拥有各国各民族普遍认同的真善美的品格,而非遗的最大价值就是它不仅是一个民族文化智慧的结晶,也是一个民族文化理念、生活理想的结晶。从根本上说,它是人类共同认知真善美的历史表现。以上文化企业因为善于发现非遗资源中所内含的真善美的基因,加以科学合理的开发与利用,不仅很好地保护了这些非遗资源,形成了自己的文化产业链,让这些非遗资源在今天也能重燃生机展现本身的文化魅力。

（二）上海非遗保护项目传承、开发与利用的问题

1. 非遗保护的主要问题——缺乏全球视野

我们从上海某些非遗保护项目成功产业化的案例可以看出:非遗的综合利用需要全球视野;缺乏全球视野的后果是使一些资源白白流失,很多优秀的非遗资源仅仅成了某些博物馆的展品——这是上海目前存在的主要问题。如土山湾手工工艺、土布棉纺织工艺、海派木偶戏、何克明灯彩、吹塑纸版画、敛痔散制作技艺、余天成堂中药制作技艺、鲁庵印泥制作技艺、钱万隆酱油酿造工艺、六神丸制作技艺等本来都拥有地域文化的特征性,但至今还没有形成有特色的文化产业。下面举几例为证:

例一:笔者曾多次对闵行区七宝镇进行实地考察。七宝皮影一方面有着重要的历史价值与艺术价值,其兴于唐,南宋时自北方传到江南,清光绪年间扎根于上海,当时俗称"皮团头戏"。其传人众多,体系清晰,遗存丰富。首创

者是毛耕渔①。七宝皮影不光剧目内容丰富,长篇演义有《封神》《隋唐》《水浒》等22部,短篇有十多部,而且"皮团头"道具制作精美、生动。随着时代的变迁,皮影戏逐渐式微。2006年,七宝皮影被列入上海市第一批国家级非遗名录,为此七宝镇成立了皮影文化艺术馆。② 该馆位于七宝镇热闹的北西街,周围茶馆、古玩店和特色小吃店林立,游客众多。但皮影馆却冷冷清清。③ 七宝镇党政部门为了保护这个国家级非遗项目花费了不少财力来维持,但不能改变其后继无人等困境。

　　例二:笔者曾考察过奉贤区庄行镇。那里的土布工艺是我国第一批非遗保护项目——乌泥泾黄道婆手工棉纺织技艺的发展。自元朝至元年间起,黄道婆棉纺织工艺开始在今上海地区流传,庄行涌现出众多的纺织土布的能工巧手,成为江南土布的发祥地之一。江南土布曾经是海上丝绸之路最主要的商品之一。元代意大利人马可·波罗在《马可·波罗游记》一书中提到:华商运往印度的商品以棉、丝绸为大宗。元代典籍《岛夷志略》记载当时海上丝绸之路的中国棉纺品有土布、大棉布等34种。明代小说《金瓶梅》中有到松江贩卖棉布的情节。18、19世纪的欧洲,穿着中国紫花棉布是一种时髦。清光绪年间崇明土布的生产数量急剧增加,单经过海上丝绸之路到国外的土布数量就可以绕地球三圈半。2009年庄行土布工艺列入上海市"非遗"保护项目。2007年庄行群艺馆设立了土布馆,接待中外游客8万余人;成立了土布时装表

① 毛耕渔(1850—1907年),七宝毛家塘(今七宝镇联明村)人。26岁那年赴杭州湾拜访当年同考者,看到浙东某皮影戏班的演出,拜戏班班主殷茂功为师,随戏班学艺。两年后,拜别恩师,带恩师赠其《赋札》《图本》《脚本》三册书和一些皮人、道具回家后,张罗组班。光绪六年(1880年)春,毛氏戏班在七宝镇明代解无吕克孝的故居解元门作首场演出。当时的七宝镇,地跨上(海)、青(浦)、娄三县,因此这场成功的演出,一下子惊动了三县乡人,各地即纷纷前来邀请。毛氏戏班从此辗转献艺于上海、青浦、娄、华亭各县乡镇,名传八方,并推动了上海地区皮影戏班的兴盛。光绪三十三年(1907年)6月29日晚,毛氏戏班在九里亭庄家桥(今松江区九亭镇)演出时,恰逢瘟疫流行,毛耕渔染疫暴亡在戏台上。他弥留之际嘱赵少亭继承师业,广招传人,使皮影戏日益兴盛。
② 该馆展示有关七宝皮影历史资料的展示厅,还有一个表演厅,只需5块钱就可以看一场皮影戏。
③ 这种困境和七宝皮影历史上曾经有过的辉煌真不堪一比。20世纪初,有54个七宝皮影表演班遍布上海各个郊区。在20世纪二三十年代,曾登上过大世界的舞台,亚洲之声电台也曾连续播出过皮影戏。七宝皮影早就是海派民俗的一部分。

演队,到各地举行"乡村恋"土布时装巡回展示。在庄行和日本鹿尔岛的姐妹乡文化交流中,土布旗袍是主要展示的内容。庄行的土布礼品还曾到台湾展览。但是,我们在调查中也看到,菜花节上一些土布产品因为量小成本高价格偏贵,大部分游客只是好奇地看一看而已,并不购买;设计出来的土布礼品,大部分只是供人参观或用于评奖。

例三,笔者曾考察过静安区的静安寺街道。荣膺过市级文明社区、全国双拥模范街道称号的静安寺街道其社区建设与管理、实事工程、社区教育与文明建设等工作受到过市、区两级政府的肯定,赢得了社会各界的好评。该街道留存着上海为数不多的较大规模的成片弄堂与优秀历史建筑,他们选取了10条具有较深厚文化底蕴和故事的弄堂,准备打造成老上海风情弄堂。街道向社区居民广泛征集弄堂老故事,并写出一批弄堂文化为主题的词作,邀请市里的音乐家和作曲家协会成员对其中的优秀歌词进行再创作并谱曲,形成原创的"弄堂之歌"、"弄堂之戏",把弄堂特色唱出来、演出来。静安寺街道在保护弄堂建筑与民俗方面已经注意到调动老居民的积极性,但重点仍然是怀旧而非创新,所以没能形成像田子坊那样的文化产业集聚区。

以上案例都存在着各自不同的问题,但相同点是在其保护、传承的过程中都缺乏具有全球视野的设计与创新,既没有充分认识这些非遗资源曾经在历史上有过的文化影响力,又缺乏科学合理的开发与利用,所以固步自封,难以迈出新步伐,让这些非遗资源没有得到很好的保护。

2. 非遗保护的普遍难题——知识产权保护

目前,法律上对非遗知识产权的保护还有较多有争议的看法,因非遗大部分是农耕文明的产物,早就过了知识产权的保护年限;非遗有成谱系的传承人,其知识产权的归属很难确定,何况有的非遗是一个群体传承。在现实生活中,非遗作品的创作者想要维权太不容易,非遗产品权利人的认定问题也很难明确,传统技艺是否构成商业秘密等许多问题也是学术界和司法界一直讨论不休的问题。所以容易出现这样的典型例子:20世纪90年代末,雕漆国家级代表性传承人北京的文乾刚创作了一款直径30厘米的雕漆盘,很快就被两家工厂无偿拿去仿制。那款作品作为这两家工厂的畅销产品卖了20多年,收入估计有几千万元,但文乾刚始终没有收到过任何创作设计费用。很多传承人之所以热衷于把他们所掌握的非遗绝技手把手地教给下一代人,是靠他们对此非遗项目的热爱,而非经济利益的驱动。① 非遗工艺缺乏起码的知识产权保护,这种现象在上海也很普遍。

《舌尖上的中国》是由陈晓卿执导,中国中央电视台出品的一部美食类纪录片。《舌尖上的中国》主题围绕中国人对美食和生活的美好追求,用具体人物故事串联起讲述了中国各地的美食生态,其中很多的美食制作技艺融入了当地的民俗与风情,其独特的制作技艺也成为非遗的重要组成部分。该片于2012 年 5 月 14 日在 CCTV1《魅力记录》栏目首播。2012 年 8 月,央视国际将土豆网的经营公司——上海全土豆文化传播有限公司告上法庭,被告不服,提起上诉;二审法院判决驳回上诉,维持原判。原来土豆网作为影响力较大的专业网络服务提供者,在《舌尖上的中国》热播期内就擅自传播涉案作品,且侵权行为持续的时间较长,给权利人造成了较大的经济损失。一、二审法院充分考虑涉案作品的类型、社会知名度、侵权行为的性质以及侵权网站的经营规模、经营模式、影响力等因素,判决被告上海全土豆文化传播有限公司赔偿 24.8万元。法院判决顺应了依法加强互联网知识产权保护的趋势,对日益多发的互联网视频侵权案件有警示作用。所以,上海要加强知识产权保护意识,使非遗保护项目的传承、开发与利用能可持续地发展。

二、 日本可以借鉴的非遗保护经验

"非遗"本应是活态的生活文化,更多地要依靠全社会所有人有意识地保护与传承,更需要企业的参与,才能赢得较为充足的保护资金与人脉。"非遗"传承模式与当今社会的日益脱节也只有发动企业参与,才可能解决。日本能

---

① 王文章主编:《文心雕漆:雕漆大师文乾刚口述史》,中央编译出版社,2012 年 7 月,第 56—57 页。

将保护文化遗产与发展文化产业紧密结合,一些具体模式值得上海学习。①

(一)非遗保护与投资的"官民连携"模式

早在 2005 年,《日本品牌战略的推进·向世界宣传魅力日本》的报告书中提出:日本文化名牌构筑的四个基本理念是:自由的竞争,发挥日本人的能力和个性,传统与创造②,从消费者角度出发。日本政府在经过长期的调查并充分听取民间建议的基础上,将政府的主要扶植方向定为——日本文化整体的海外推广。同时,在以数码影像、网络视讯等为载体的内容产业,重点明确,针对高投入、高风险(回报不确定)、关联度高(与其他产业)等特点,官民连携设立风险基金,为相关企业的发展和海外推广保驾护航。截止到 2013 年底,政府(经济产业省)承诺出资计 500 亿日元,民间出资共计 100 亿日元,政府控股50%。"出资民企"几乎涵盖了文化产业,无论是上游的"广告"、"出版",还是下游的"玩具"、"零售"、"旅游"等产业,使日本第二产业"工业"有了向文化产业靠拢的机会,由此产生了新的附加价值。③

(二)非遗保护与文化产业的"整体推广"模式

在重金打造海外推广项目的同时,对产业整体性的宣传以及对单一推广活动效率性的追求,使得日本政府将本土文化产业关联企业捆绑在一起。"整体推广",日本政府尝试了一种"综合文化节"的会展形式。从 2007 年开始,这类"综合文化节"就开始集合文化产业相关的各类企业,通过会展形式,强化日本文化产业整体形象。其中,较为知名的有"东京国际音乐市场"、"东京国际电影节"、"东京国际动漫节秋季展"等等。这类"综合文化节"上,与"内容产业"(漫画、动画、人偶、影像、音乐等)更具关联度的时尚、设计等产业,聚集合

---

① 笔者在日本的亲历体会到解决这个问题的重要性。
② 日本的动画在世界文化市场占 60% 以上,其中洋溢着其非遗中的民族文化精神,实现了传统与创新。
③ 袁畅、程曦:《不止动漫,日本文化产业的"COOL JAPAN(酷日本)战略"》,《环球市场信息导报》2014 年第 19 期。

拢、相辅相成;并设计单一主题,在主题下分设"市场"单元,既以"日本文化产业"为整体形象对外,又于现场设置商务空间方便厂商交流与交易。除了资金投入与整体展示之外,日本政府还将日本驻外使领馆作为宣传阵地,外务省还在预算中特别设置使领馆在驻在国宣传日本文化的资金投入项目。①

(三)非遗保护与旅游业的"酷日本"模式

2013 年 6 月 20 日,日本旅游行政主管部门观光厅与经济产业省、日本贸易振兴机构(JETRO)、日本政府观光局(JNTO)四部门联合制定了《增加访日外国游客的共同计划》,提出建设"酷日本"形象吸引外国游客,结合"投资日本"活动推进观光立国,把日本建设成为人、技术和信息汇集的国际中转站。根据这个计划,通过各种渠道向外国游客大力宣传能够提升软实力的各种日本元素(如日本动漫、日本制造的知名商品、日本美食、自然风景以及日本时尚等)来吸引外国游客。日本经济产业省 2013 年度专门拨款 500 亿日元帮助日本企业在世界各地实施日本品牌营销工作。日本贸易振兴机构则充分利用 37个驻外分支机构,在世界各地展示日本质地精良的各种工业产品,努力宣传日本饮食文化、流行音乐等现代日本人的生活方式,免费发放由观光厅和日本政府观光局制作的旅游宣传手册,增强了日本文化吸引力和文化辐射力。② 这里可以看到,日本在文化遗产保护和高科技文化产业的紧密相连。

三、对 策 建 议

日本的经验告诉我们:将保护文化遗产与发展文化产业紧密结合,是对非遗保护项目最好的传承、开发与利用。上海要全方位推进街道、乡镇对非遗保护项目的传承、开发与利用,要树立正确的文化遗产保护观,建议着重采取

---

① 袁畅、程曦:《不止动漫,日本文化产业的"COOL JAPAN(酷日本)战略"》,《环球市场信息导报》2014 年第 19 期。

② 金春梅、凌强:《文化软实力视角下的日本观光立国战略》,《世界地理研究》2014 年第 3 期。

以下若干具体措施:

(一)非遗保护重点应放在传承人的制度性保障上

首先要清楚非遗传承的方式与特点。大部分非遗主要靠口传心授的方式得以传承和延续,因此关键是对传承人的保护。每一个名录项目,都有相应的项目代表性传承人为支撑。项目代表性传承人是传承人中的杰出者,他们完整地掌握着该项目的特殊技能,具有公认的代表性、权威性与影响力;他们积极开展传承活动,培养后继人才。项目代表性传承人的认定,既是国家和人民给予的荣誉,又肩负着历史使命——传承文化的义务,荣誉与责任、权利与义务并辔而行。代表性传承人的认定已积累了较为成熟的经验,但传承人的权益与责任都是在所属的区域才能得以落实,所以我们要探索街道、乡镇等区域中有关社会团体和相关企业对传承人保护的措施与途径,包括提供良好的工作环境,给予生活关怀、津贴补助等,对他们的合理要求要予以制度性保障。

(二)各级政府、社区、学校都要设立有关非遗的考核制度

虽然法律已经为社会力量参与非遗保护工作提供了支撑,但与国外相比,社会力量参与非遗保护在中国尚处于起步阶段。近几年来,全国各地的地方政府鼓励有关社会团体积极拓展社会力量参与非遗保护的渠道,鼓励和引导社会大众广泛参与非遗保护,"社会化传承"的保护模式开始建立。为"非遗服务进社区"、"非遗传承进校园",文化部门联合教委等单位制定了相关政策,找到了非遗保护的两个重要突破口。

有关专家指出:非遗服务进社区从具体实施上看,重点为辖区居民提供传统文化特色服务,如演出、讲座、体验、养生、健身等,并形成菜单推荐给社区居民。这个工作思路使街道参与传统文化保护的积极性得以提高。这方面北京做得较好,如西长安街街道社区教育学校将十余个非遗项目形成社区教育课程,面向社区招生,取得了可喜的成果;广内街道的抖空竹、椿树街道的踢花毽更是形成了"一街一品"街道文化特色,打出了传统文化的品牌。西城在全

区十五个街道开展了非遗服务进社会的活动,其中传统中医药、传统体育类和传统手工技艺等类的非遗项目走进社区受到了热烈的欢迎,非遗服务进社区活动的开展极大地丰富了社区群众的文化生活。[①] 目前,全区 30 余所中小学已经设立了非遗校本课程,年授课 800 余堂,非遗专场演出 30 余场,体验活动 60 余场。[②] 北京由于工作机制的建立,非遗的社会化传承取得了很好的效果,非遗项目资源供不应求,既丰富了社区群众文化生活,拓展了校园文化特色,同时又提升了传承人的传承意识和水平,所争取的"双进"财政专项资金也为传承人提供了一定的经济来源,活动也提升了非遗项目和传承人的社会影响力和认知度,可谓多赢。

(三)引导社会力量积极参与非遗保护项目应注意的问题

上海需努力拓展社会各界支持非遗保护的渠道、平台和方式,聚各方力量,共保非遗,让中国的传统文化传承有序。同时,在依托街道、乡镇引导社会力量积极参与非遗保护的过程中,政府也应予一定的扶持。如此,应注意以下几个问题:

1. 要重视非遗的群体传承项目

在非遗保护项目中,有一部分是没有明确传承人的,如庙会、歌会、节庆、仪式、游艺等所谓"文化空间"。这些民俗为群体所习得,变成了集体潜意识行为,代代相传,始创者则被群体遗忘了,变成完全的群体传承了。因此建立长期效果的非遗社会化保护机制,应该既包括要保护有明确传承人的民间工艺,也包括要保护传承人已不明确的文化空间这两大类。从日本、韩国的经验来看,相当一部分非遗传承是靠群体的,而且往往比个人传承更具影响力和可持续性,因此应将某一区域(街道、乡镇)的群体作为传承人制度中的一个重要组成部分来加以确认并推广。这样的认识才符合非遗的历史,不会作茧自缚,束缚手脚,有利于完善非遗的社会化保护机制。

---

① 《鼓励社会力量积极参与共促非遗社会化传承》,中国民族宗教网,2014 年 11 月 2 日。
② 同上。

2. 要重视非遗传承的生态

当前,中国城市化以人类前所未有的速度发展,人们的生活方式有了质的变化,许多珍贵的非遗生态发生了根本的变化,一些非遗附身的传统民风民俗不被年轻人所理解、接受和欣赏,传统文明——很多是要靠它的非遗形式来传承其文化符号、信息资源——逐渐被陌生而发生变异,使其加快消失。由于不少传承人年事已高或去世,技艺后继乏人,众多非遗保护项目面临灭绝的危险。据相关研究资料显示,60年间我国戏曲的传统剧种减少了三分之一;舞蹈类遗产二十多年来消失的数量超过当时统计总量的三成;两千多个剧种现存活于舞台的仅有几十个;80多种少数民族和地方语言中约有十多种正处于濒危衰退状态……正如民俗学家冯骥才所说,"民间文化的传承人每一分钟都在逝去,民间文化每一分钟都在消亡",抢救和保护非遗迫在眉睫。因此笔者建议:在急速发展我国城市化的过程中,要给非遗——这个最大的乡愁——留下可以生存与传承的生态,包括自然与人文的生态。

结　语

10年来,上海的非遗保护工作已经走过了一条光荣而又艰辛的道路,展望未来,依然任重而道远。根据《上海市城市总体规划（2015—2040）纲要》概要:"在2020年基本建成'四个中心'的基础上,到2040年将上海建设成为综合性的全球城市——国际经济、金融、贸易、航运、科技创新中心和国际文化大都市。"[1]要达到这个目标,挖掘街道、乡镇对非遗保护项目的传承、开发与利用的潜力应是重要的具体工作之一。因此我们要加深对非遗内涵的理解,立足街道、乡镇,放眼世界,把握好未来发展的方向。

---

① 叶锋:《迈向"全球城市"——解析上海发展新定位、新愿景》,新华网,2016年6月11日。

14

上海手工技艺类非遗项目参与市场
竞争中的成功、不足及其对策

徐华龙*

摘　要　一部分手工技艺类非遗项目遭遇到传承人老化与后继乏人的困境，
濒临灭绝。而另一部分手工技艺类非遗项目本身就是很有竞争力的
好品牌。它们贴近市场，接近生活，具有敏锐的嗅觉。成功的经验要
好好总结，失败的教训也值得总结，并寻求解决之道。

关键词　非物质文化遗产　市场竞争　成功　不足

目前，一部分上海手工技艺类非物质文化遗产项目在市场竞争中生存得
很好，另一部分项目则由于自身条件等方面的关系，艰难维持，不仅品牌被遗
忘，项目也几乎濒临灭绝。因此有必要研究一下当代上海手工技艺类非物质
文化遗产项目的生存状况。

一、成　　功

在市场竞争中能够获得成功的手工技艺类非物质文化遗产项目，其经验
在于以下几个方面：

（一）发扬优势，争得市场

上海有不少手工技艺类的非遗项目。这些技艺依靠家族传承延续至今。

＊　徐华龙，上海文艺出版社编审，民俗学家。

特别是在上海这样一个竞争比较激烈的舞台,传承下来的非遗项目无一不是市场竞争的优胜者。

上海点心非常有名,得到广大民众的喜欢,如王家沙点心。其店因地得名,迄今已有 60 余年的历史,从一个个体经营的点心店经过整合、发展之后成为一家现代企业,一直坚持以上海人喜欢的点心为追求目标,结合江南点心风味变化而不断出新,在激烈的点心竞争中,生存、立足、发展起来。王家沙有自己的品牌,有主打的产品,如香鲜卤多的蟹粉小笼、香甜可口的八宝饭、鲜嫩味美的蟹粉汤团,等等,使王家沙成为闻名上海,家喻户晓的点心店。

中式王家沙点心制作技艺进入上海非遗名录,西式凯司令蛋糕制作技艺也成为上海非遗项目,这是延续了上海开埠之后所形成的兼容并蓄的海派传统。

凯司令是上海第一家中国人开的西餐店,据说是在 1928 年为了纪念北伐战争胜利而起的店名。凯司令在上海人心目中是品味和浪漫的代名词,是一种身份的象征。至今退休的老年人还会聚会凯司令喝一杯咖啡,吃一顿大餐。凯司令的栗子蛋糕闻名遐迩。其成功申报成为上海非遗,名至实归。然而,面包、蛋糕是一个高利润的行业,在上海这样一个有着浓厚海派文化色彩的地方,西式面包、点心是人们喜欢的食品,无论是早餐还是午餐都可以用来作为主食,正因为如此,近十多年以来,各种各样面包店的连锁店、加盟店开得如火如荼,上海老字号的面包店(房),都受到了很大的冲击。在这样的情况下,凯司令蛋糕制作技艺依然屹立,并开发了各种新产品来满足消费者的需要,还因此有了一批追随的"粉丝"。他们中间有附近被拆迁的老年人,也有慕名而来的年轻人。人们到凯司令来购买的不仅仅是普通的面包、蛋糕之类食品,而是一种旧时海派文化的回忆,也是一种时尚文化的追求。类似这样有生命力的非遗,在上海还有很多。

上海鼎丰酿造食品有限公司成立于清朝同治三年(1864 年),它不断改进工艺,发展生产,成为上海名品,被评为上海地方特产,获得"国家银质奖"。鼎丰腐乳远销全国各地,出口到欧洲等其他国家。腐乳生产是一个竞争非常激烈的产业,品牌林立,大多数都是历史悠久的地方特产,在民众中具有良好的口碑。北京"王致和"品牌始创于清康熙八年(公元 1669 年),至今已有 340 余年的历史,企业几经传承和演变,产品质量不断提高,成为百姓佐餐佳品。广东开平广合腐乳创建于 1893 年,同样也是一家老字号企业,成为全球食品行业巨头亨氏集团的全资子公司新加坡福达食品集团有限公司的重要产品,上海的市场占有率非常高。这种市场优势是长期建立起来的,其产品的价值得到了社会的认可,才会引起人们强烈的购买欲望。

(二)一技之长,立足市场

产品的生产需要各种技艺,没有独到的生产技艺就无法占领市场先机,还可能由于雷同而被市场淘汰;只有不断进行技艺革新,才能够在市场上立足,才能够发展。这种一技之长,是企业的生命,也是个人的名片。石氏伤科是享誉上海的一大中医骨伤科流派。通过几代人的不懈努力,石氏伤科得到长足发展,在上海几乎人人皆知,而且誉满海内外,成为我国传统医学的一枝奇葩。石氏伤科之所以成为江南伤科的一大流派,与其在技艺上的独树一帜,是分不开的。

在手法上,石氏注重内外兼顾,整体调治。善于以损伤为主结合体质,辨证施以内服药,也擅长用巧劲正骨,强调"稳而有劲、柔而灵活、细而正确"的准则;在方药运用上重视方随证变、药随病异的医疗原则,而不是墨守成规。通过长期的实践积累与医疗实践,石氏总结出了多种膏方、汤药,如骨密灵、逐痰通络汤、三色敷药、消散膏、麒麟散、新伤续断汤、牛蒡子汤、调中保元汤、石氏伤膏等,受到了患者的欢迎。

以骨密灵为例。骨密灵是石氏伤科有关人员研制而成的深褐色口服液体,每支 10 毫升,主要由黄芪、党参、河车粉、巴戟肉、附子、丹参、鹿角粉、苁蓉、菟丝子、骨碎补、杜仲等构成。此方治疗阳虚型的骨质疏松症,体现了石氏壮阳毋忘求阴的论治原则,始终把握住益肺胃之气,充盈宗气,生化气血这一要点,从而使肝肾得以滋养,后天得以补给,骨骼代谢得以改善,以达到骨吸收和骨形成平衡之目的。

所有这一切都是不断总结、创造的结果,或者在某种程度上来说,这是石氏伤科的一技之长,没有这种技艺上的超过其他伤科的本领与方药,是不可能被人们认可,更不可能产生近于神话一般的神奇石氏伤科的各种民间传说。

乌泥泾手工棉纺织技艺是上海市徐汇区的地方传统手工技艺。从其缘起而言,就是有元时代的一种崭新的生产技艺。这是前所未有的创造,为上海棉花生产和纺织业的飞速发展打下了坚实的基础。根据研究,乌泥泾手工棉纺织技艺传承源于黄道婆自崖州带回的纺织技艺。在此之前,上海地区虽然有丰富的棉花资源,脱棉籽的技能却十分低下。黄道婆对传统的脱棉籽的技术进行改造。随着轧花业成为专业,纺织品加工以及纺织工具制造业同农业分离出来,形成各个独立的手工业部门,为松江府的纺织业的发展奠定了基础。同时,黄道婆还传播植棉和纺织技术,改进了捍、弹、纺、织等手艺,创制了"配色"、"挈花"成"折枝、团凤"的织造工艺,这些技艺都是当时先进的生产力的表现,能够在市场上站稳脚跟,超越其他地区,为松江地区的纺织业带来新的腾飞。由此可见,新的技艺是一种传统的突破。它所带来的社会影响力和经济上的效果,无比巨大,可以改变一个地区经济的发展进程,激发出地震式的人们生产的潜能,增加人们的财富,甚至可以改变一个地区的经济,改变人们的观念。

(三)敢于竞争,占领市场

竞争是一种手段,其目的就是要将自己的产品销售出去,并且占领市场,获得应有的利润。

老凤祥金银细金制作是上海技艺类非物质文化遗产项目。老凤祥最独特的工艺就是金银摆件工艺。而金银摆件也是其他首饰珠宝公司的主要产品,市场竞争十分激烈,大陆的香港的台湾的乃至国外的金银珠宝商店鳞次栉比,毫不夸张地说,在这个行业里的竞争达到了白热化的程度。老凤祥除了生产以金银为主要材料制成的供室内陈设欣赏或兼具实用功能的汉族传统手工艺品,还注重研究不同消费群体的时尚需求,加快产品创新,推出了动感镶嵌、婚嫁、节庆、硬金、玫瑰金等不同流派的系列产品金饰品的款式设计,满足多层次的个性化需求。

在业内众多企业出现"关店潮",实体店持续萎缩的情势下,老凤祥逆势而上,不降反升,全年新增加盟店125家,累计达到1 229家。加上已设立的172家自营银楼(专柜)和1 556家经销网点,截至2015年末,老凤祥全国营销网络总量已达到2 957家,同比净增221家。2016年,老凤祥2016年营业收入目标为367亿元,利润总额为18.52亿元。① 这些都说明了老凤祥的竞争力在加强,这种市场的竞争力也造就了市场的占有率,同时也不断地丰富老凤祥的品牌意识,获得更多人认同。

二、不　足

上海非遗项目有先天的优势,因为它们在长期的市场经济的大潮里站稳了脚跟,并且取得过辉煌。但是在当今的市场经济的条件下,有的却遭到市场的排斥,业绩下滑。有的虽然目前尚有较好的市场表现,但也存在着一定的风险。我们应该提前预判,看到目前或者未来可能蕴含的危机与存在的种种不足。

(一)季节性太强

在上海非遗项目中,有的项目参与市场竞争的最大劣势就在于产品的季节性太强,销售的时间段仅就在一两个月里。这对产品带来巨大的销售压力。

杏花楼广式月饼制作技艺,是申报成功的上海市第一批非物质文化遗产项目。月饼是一种节日食品,在中秋节必须要吃。《清嘉录》卷八中就有一节写月饼的文字:"人家馈贻月饼,为中秋节物"。其实,清代之前就有月饼的存在,早已经成为千家万户的中秋节时令食品。在上海,中秋节主要有三种月饼:一是潮式月饼,二是苏式月饼,三是广式月饼。杏花楼的月饼就属于广式月饼。由于月饼的利润很高,中秋节前后各种各样的月饼都会打入上海市场,加剧了月饼市场的竞争。杏花楼月饼面临着严峻的挑战。目前而言,杏花楼

---

① 《中国黄金网》,2016年6月30日。

月饼不存在供求失衡问题，还处于供不应求的末期阶段，要改变这种状况，就必须要有预判意识，尽早地突破月饼季节性销售的重围，改变这种狭路相逢的境遇。

现在还遇到了这样的问题，就是月饼的重糖重油，与现代人的养生观念产生冲突，遭到诟病，越来越多的人买月饼是为了送礼，而不是作为节日的食品。

（二）技艺过期

擦笔水彩年画技法，是上海非遗，是随着月份牌的大量社会需求而产生的一种绘画技艺。月份牌即月历。中国传统的日历称为"历书"。旧时历书一般以黄纸木版印刷，被叫作"黄历"；同时，历书统一由朝廷钦天监颁发，故又被叫作"皇历"。根据传统，每年农历的十月开始，皇帝向宠臣颁送历书；地方上则由知县监督，通过里正向百姓赠历书，称之"送历书"。近代以后，随着上海印刷术的发展，传统的木刻历书被制作更精美、图案更清晰的石印、铜版印刷历书替代。

上海开辟租界后，外国资本家在沪广设洋行。他们把寓意吉祥的中国传统画——当年作历本，用来推销商品，影响持久，效果最好。1894 年（清光绪二十年），英商利华公司采用最新的铜版印刷技术印了《八仙上榜》月历，月历以大部分版面印着八仙图案，两侧边框印上公司名及经销商品名，下面以每月一份印上每月日期、星期等，该历以每月为一份而被叫作"月份牌"。最初，月份牌仅作为印制者赠送给客户的礼品，1906 年出版的《沪江商业市景词·月份牌》中记载："中西合历制成牌，绘得精工异样佳；分送频年交往户，藉招生意贺同侪。"之后，月份牌成为人见人爱的记日印刷品而广为发行，许多著名画家参与月份牌设计。

月份牌的出现，是对传统年画的一种发展。擦笔水彩年画技法就是这样的背景下产生，这种技法能够细腻刻画出人物形象，其艺术效果远远超过传统的年画，这是一种大的绘画技艺的创新，因此受到大众的欢迎。如今月份牌早已消失在人们的视野，在这种情况下，擦笔水彩年画技法就很难有生存的基础，虽然在上海大学数码艺术学院成立了擦笔水彩月份牌年画技法研究中心，但是没有使用技艺之处,很可能只剩下一种历史的记忆而已。

(三)资源稀缺

紫檀雕刻是上海非遗项目,属于手工技艺类别。紫檀雕刻所使用的原料决定了它产品的珍贵。紫檀,又称之为小叶紫檀,多产于印度、缅甸等热带、亚热带原始森林。紫檀生长速度缓慢,要800年以上才能成材。正因为如此,紫檀雕刻面临的是材料的稀缺。

徐行草编是上海独有的汉族传统手工艺品,已有近千年历史,但由于黄草难于长期收藏保管,以及草编产品大多为日常实用品,传承作品量较少。随着嘉定城市化建设步伐的加快,种植黄草的土地,大片黄草正在消失,徐行草编的原材料更加匮乏,虽然大声疾呼要进行保护,但事实却不容乐观。

在资源缺乏的严峻现实面前,要传承手工技艺谈何容易。

(四)喜好的转变

人们的喜欢与追求,是产品流行的主要因素。中国的旗袍的发展史就是一个非常典型的例子。

旗袍的由来,现在流行的说法是根据满族女子的服装而来,其实旗袍就是在传统服装的基础上加上西式服装制作手法,用现代妇女形体理论而创作出来的一种新的女性服装。由于是传统文化与西方文化的对接的产物,深受时尚女性的欢迎。旗袍表达的是一种积极向上的气势,象征着文明进步,正与当时的社会发展紧密联系在一起,因此得到了广泛的接受。

旗袍的演变是与当时政治、社会和时尚分不开的。1927年,国民政府在南京成立,女子的旗袍跟了政治上变化而发生大变。妇女地位有了提高,旗袍的下摆的高度也有了一定的提升,但是囿于传统封建观念的束缚,还不敢较大幅度地升高,于是就在下摆处用蝴蝶褶的衣边和袖边来进行掩饰,以防止过于暴露。因为这时的妇女(特别的年轻女子)已经走出了闺阁,到了社会里,他们需要和男人一样的生活节奏,需要参与各种社会活动和工作,因此她们就有必要改变自己的服饰。旗袍下摆提高是为了行走的方便,是为了加快生活的节奏。

随着社会的进步，旗袍下摆不断升高。这种旗袍开始受到女学生的欢迎，随后慢慢地成为社会妇女服装的一种时尚而逐渐流行开来。到了50年代，由于政治制度、经济基础发生变化，人们的审美趣味有了根本性的变革，劳动成为生活的主旋律，这样旗袍的生存空间已经大为缩小。原来有旗袍的人也都纷纷将旗袍藏于箱底，不敢轻易取出，更不敢随意穿着，只是在一些非正式的重要场合才偶尔穿之。更有甚者将旗袍改为他用。上海一些专做旗袍的商店和裁缝也都歇业，改做中山装、列宁装等。旗袍慢慢地开始走入下坡路，一蹶不振。但是这时的旗袍余音未了，还是有一些爱美的勇敢的上海年轻妇女穿着旗袍，成为上海沉重女性服装市场的一种点缀。

这时的旗袍讲究的是一种健康、自然的情趣，而不再讲究女性的妩媚、纤巧、美态，更强调的是一种美观大方的服装文化，因为这就更能够符合当时的无产阶级的审美标准。由于当时的旗袍仅仅作为一种服装，而没有将旗袍视作是女性文化的延伸，是一种美的表现，因此旗袍的隐退是一个无法改变的事实。

60年代上半叶，穿着旗袍就成了少数人的专有权。当时国家领导人出国访问时，陪同前往的夫人可以穿着旗袍，以表示中国女性的服装。但是在上海的实际生活里却很少看到有穿着旗袍的妇女，因为人们知道旗袍已经成为"国服"，一般人是难以企及的。在现代社会中，本不应该有穿着服装的限制，但是事实上却真的如此，这不能不令人难过、心寒。好在这样的日子，随着时间的推移，早已成为历史。

从改革开放开始，旗袍慢慢地开始流行起来，逐渐成为女性争相穿着的对象，不过，这时的旗袍已经不再是淑女、闺秀的象征，而是成为礼仪小姐的工作服装，人们称之为"制服旗袍"。凡商家推销商品、娱乐场合、酒店门口，都有穿着旗袍的礼仪小姐。这些旗袍都是用化纤或仿真丝的产品做的，叉开得很高，色彩非常鲜亮，一般以大红、紫红的为主。做工也不讲究，比较粗略。这时的旗袍完全改变了人们的看法，原来作为女性象征的旗袍如今已经演化成为非常普通的工作服装，特别是穿着在那些从事公关、礼仪等活动的女服务员身上,这无疑是对中国旗袍的一种异化。①

由此可见,旗袍也是随着社会、政治、审美等因素的变化而发生变化。虽然海派旗袍制作技艺代表了旗袍制作工艺的最高水平,也掩饰不了旗袍逐渐被当代年轻女性所漠视的现状。

三、对　策

如上所述,上海手工技艺类非遗项目遭遇前所未有的困境,一方面是人才老化,另一方面是后继乏人。前者表现在原有的传承人年岁已大,有的无法胜任技艺的传承;后者表现在一般人不愿意来学习这种技艺,特别是上海原住民的年轻人也不屑从事此类技艺工作。针对这种现象,必须要认真分析,寻求解决之道。

(一)建立专门学校

学校是传播知识的地方,也是传播技艺的场所。

在我国,学校教学手工技艺的传承早在 20 世纪 20 年代就有。包天笑记载了这一历史事实:"城东女校的地址,在南市竹行弄,一条极小的弄堂,弯弯曲曲地走进去,里面却有古老式的,不像租界那种房子的一座房屋。杨白民便利用这座祖遗的房子,开办这个女校了。他那个女校是家庭式的,因为他的家眷也住在里面,除了一间厅堂可以作课堂,其余的屋子,除了自己居住外,便作了女学生的宿舍,为远道来的女学生住宿(这时外县如松江、苏州、无锡、常州、嘉兴等地,到上海来就读的女学生极多)。至于本地通学而走读的也不少。……杨师母虽在中年,尚有睡在摇篮中的小女孩儿,她主持中馈,更是一位家庭主妇。于是住在他们家里的女学生,课余之暇,便给她抱小孩,有时还帮助杨师母烧小菜。她们的课程中,有几项属于家务的,如缝纫、烹饪之类。缝纫不必言了,那时毛线工作,正在长足进步,而烹饪一课,亦别有风味。"

---

① 徐华龙:《中国民国服装文化史》,花木兰文化出版社,2015 年。

土山湾手工技艺，还有一种是通过学校教学传承的现象。土山湾孤儿工艺院其本身就可以视为是学校传承，在这里，其手工技艺是通过传教士的教育和实践来继承和传承的。①

这种学校教学传承的方法，在国外就曾经有过。美国建国初期，各地刺绣职业学校课程中一般都设有绒绣，由美国东北部新英格兰地区康特女士开设的学校学生制作的绒绣作品，现被视为珍品保存的就有 50 多件。

如今，绒绣技艺传承，也通过学校来将绒绣的知识与编织手段传授给学生，让他们了解这种文化，然后给予他们指导，会有越来越多的学生来学习，喜欢绒绣，再慢慢地加入绒绣兴趣班，成为绒绣的后备人员。

2013 年 9 月 17 日，《新民晚报》报道：绒绣青黄不接，绣工屈指可数的情况后引来各方关注。一个月后由洋泾街道出资，对学生免费授课的“洋泾绒绣传承人培训班”在上海市第二轻工业学校正式开课。61 名女学生共同飞针走线，学习时间预计两年。首期培训班指导老师全部由市、区级国家非物质文化遗产传承人担任，费用则由洋泾街道全额承担，对学生免费培训、免费提供教材及绒绣材料。②

学校的非遗培训，是一种正规的学习，也是传承非遗文化的最好方法。

（二）汲取西方文化精髓

上海是一个开放的城市，有很强的包容性，特别善于吸收西方文化，再将中国文化原有的传统进行嫁接，从而形成具有新的上海海派特征的文化，无论是中山装的形成还是旗袍的出现都是中西方文化融合的结果，真正做到了具有时代特征及中国特点的文化。

上海本来就有这样的本领，将传统工艺与西方技艺完美结合，其中在土山湾出现的黄杨木雕刻技艺，就秉承中国木匠技术与西方雕刻技艺的精神，将黄杨木雕刻艺术达到非凡的程度。黄杨木雕艺术起源于土山湾。最早的授艺人

---

① 见徐华龙：《非物质文化遗产与民俗》，杭州出版社，2012 年，第 75—76 页。
② 《新闻晚报》，2013 年 10 月 18 日。

是西班牙籍修士范佐廷（J. Ferrer），由他把技艺传给上海最早的中国辅理修士陆伯都。陆在范去世后，即把范设立的画室搬到了土山湾，成立了绘画、雕刻工场，工场主要制作圣像、雕塑等宗教工艺品，几乎上海所有的天主堂都有他们制作的画像和雕塑。张充仁的父亲张少圃为木雕艺人，受其父亲影响，他在从事西洋铅笔画、水彩画、油画的同时，还学习雕刻。另外一位对土山湾雕刻做出贡献的人是葛修士，为法国人，耶稣会修士，曾是土山湾育婴堂木工、雕工二部主任。徐宝庆先生3岁时就进入土山湾工艺场学习雕刻艺术，后师从两位西班牙、日本雕刻家那勃斯嘎斯和田中德，以及浙江的一位木雕师傅，将西方的雕刻艺术和中国传统雕刻技巧相结合，形成了自己的雕刻理念和艺术风格，开创海派黄杨木雕艺术，是海派黄杨木雕创始人。[①]黄杨木雕刻是中西方文化的典型代表，东西方雕刻技艺互相渗透，达到天衣无缝的地步。

在中西文化交流史上，土山湾创造了最早的东西交融的手工技艺：最早出品彩绘玻璃，最早采用石印和珂罗版（俗称玻璃版）印刷技术，最早的绒绣编结技术等，另外还有雕刻、泥塑、钩针、刺绣、雕刻、镀金、镀镍等手工技艺，也都是从这里流传开来，成为上海乃至中国老百姓手工技艺的一个组成部分，从这个意义上来说，土山湾是中国近代新工艺的发源地。

正由于上海有这样的传统，可以相信在未来的市场经济的竞争中，还会有这样中西合璧的成功范例。

（三）扩大新媒体宣传

广告是一种宣传，可以让更多的人知道说宣传的内容，过去的非遗名录项目的产品主要靠的是报纸、杂志一类的传统媒体的广告宣传。而在此之前，人们依靠口耳相传，以期达到广告的效应。这种用口碑建立起来的产品知名度，在媒体不甚发达的时候，效果良好，同样可以起到家喻户晓的效果。譬如高桥松饼，它起源于1900年光绪年间，有100多年历史了。松饼的陷是甜味的。

---

① 见徐华龙：《非物质文化遗产与民俗》，杭州出版社，2012年，第69页。

赤豆沙就一定得选崇明的赤豆,若是枣泥陷,这大枣非得是山东产的。起酥用到的猪油,和面用到的井水,无一不是精挑细选。这种精细的制作工艺,再加上高桥松饼的门店往往开在热闹的地段,如上海福州路会乐里口、老西门、淮海中路陕西南路交叉口。这些地方人流如梭,门庭若市,自然依靠的就是口耳相传。

然而,现在各种媒体多如牛毛,线上线下,纸质的,互联网的,层出不穷,人们被资讯轰炸得晕头转向,无所适从,在此情况下,某一种产品要脱颖而出,谈何容易,没有大量的广告投入,是不可能达到预期的效果。再说市场也今非昔比,各种品牌的糕点层出不穷,令人目不暇接。在这种情形下,必须要扩大宣传,否则就很有可能会坐以待毙。但上海非遗项目却不注重广告宣传,带来的后果是美女(产品)藏于深闺,难以与婆家(顾客)见面。很多厂家与产品却以老大自居,最后的结局就是人老珠黄,慢慢地退出市场。

(四)扩大海外市场

上海产品一直有很高的海外声誉,再加上上海的企业管理严格,服务优质,诚信诚心,赢得了国外的市场。特别是原来所谓的上海名特优产品,更有很强的市场占有率。如今的非遗名录技艺类项目,有的就是原来的名特优产品,更加有了海外扩张的资本。

南翔小笼制作技艺是我国首个小吃类的国家级非遗。南翔小笼创始于清代同治年间(公元 1871 年)。由于竞争,南翔镇上的糕团店老板黄明贤将叫卖的大肉馒头,另辟蹊径,由大改小,做起了小笼馒头生意。用精白面粉紧酵为皮,一两面团拆成 10 小块面胚,用麻油拌和,每只收口有 20 多道折裥。肉馅选精猪腿肉,不用味精,用鸡汤煮肉皮成冻,拌入馅肉,馅内撒入少量研细的芝麻,加入蟹粉或虾仁或春笋。出笼时呈半透明状,形如荸荠,小巧玲珑。南翔小笼在美国、日本、新加坡、马来西亚等国家都有分店,美誉度很高。由于具有独特的上海地方风味,2002 年 6 月南翔小笼在马来西亚吉隆坡第四届中国烹饪世界大赛上荣获金奖。

走出去,到海外,是上海非遗名录中技艺项目必须要面对的问题。特别是在国家"一带一路"的战略背景下,跨出面向海外市场的一步,是十分重要的大事,也是一种考验。其结果有两个,一是失败,一是成功。这是一个选择题,如果不去选择,就没有海外的成功。这种成功不仅需要努力,更需要有内在的具有中国文化传统的技艺,否则难以谈成功二字。走出去就是要打进国际市场,一方面可以传播中国传统文化,另一方面也可以开拓新的市场,如果能够达到经济效益、文化影响的双赢目的,那么非遗名录项目的传承与传播,就进入一种全新的广阔天地。

15

城市化进程中的非物质文化遗产保护

——以上海手工棉纺织技艺类项目为例

黄江平[*]

摘　要　在快速发展的城市化进程中,非物质文化遗产保护受到极大威胁,传
承和利用也出现很大危机。本文拟通过上海手工棉纺织技艺类非物
质文化遗产保护实践来观察此类非物质文化遗产项目在城市化语境
中的生存状态和面临的困境,提出激活上海手工纺织技艺类非物质
文化遗产的对策建议。

关键词　上海　手工棉纺织技艺　非物质文化遗产

---

[*] 黄江平,上海社会科学院文学研究所民俗学与非物质文化遗产保护研究室主任,副研究员,主
要研究领域为民俗学、地域文化,近期出版著作《明清上海市镇文化景观研究》,获上海市第十
三届哲学社会科学优秀成果奖著作类二等奖。

2006 年以来,我国有数以万计的非物质文化遗产项目被列入各级政府的保护名录,"非遗"作为一个学术术语也广为人知。但是,在我国非物质文化遗产保护取得有目共睹的成就的同时,非物质文化遗产岌岌可危的状态似乎并未从根本上得到改变。其中,既有自然环境和社会人文环境的变化所造成的危机,也有各种人为因素所形成的困扰。那么,城市化进程中非物质文化遗产保护的出路何在? 本文拟通过上海手工棉纺织技艺类非物质文化遗产保护实践来观察此类非物质文化遗产在城市化语境中的生存状态、面临的困境以及传承保护路径。

一、 乌泥泾棉纺织技艺的历史贡献

传统手工纺织技艺是我国传统文化的重要组成部分,在中国非物质文化遗产体系中占有举足轻重的地位。传统手工纺织技艺包括纺织、织绣、印染等,它们除了具有满足人们日常生活需要的实用价值以外,还具有重要的审美价值。传统手工纺织技艺是与人们日常生活密切相关的非物质性的文化类型,由人民群众所创造、所共享。我国传统手工棉纺织技艺在元明时期达到鼎盛,但到了晚清以后,由于机器生产的快速发展,土纱土布逐渐被洋纱洋布所取代,蕴含其中的手工棉纺织技艺也日渐式微。至 20 世纪末,我国手工棉纺织技艺更是大部分处于濒危状态,面临失传与消亡的境地。直至 21 世纪初,随着非物质文化遗产保护工作的推进与深入,才使许多地区的手工棉纺织技艺重现生机。

乌泥泾手工棉纺织技艺是第一批国家级手工技艺类非物质文化遗产项目,也是上海市第一批手工技艺类非物质文化遗产项目。"乌泥泾"本是一条旧河道名,河道旁的乌泥泾镇是元明时期松江府上海县的一个古老市镇,位于上海县城西南 13 公里,是我国古代杰出的棉纺织技术革新家黄道婆的故乡。旧址约在今上海市徐汇区华泾镇北,长桥街道南东湾村一带。

南宋末年,棉花种植传入江南,乌泥泾镇成为最早引种棉花的地区。上海位于长江三角洲前缘,土壤中含盐、含沙量较高,水稻产量低,人民生活贫困。

于是，当地人从海南引进棉种，种植棉花，另求发展。元陶宗仪《南村辍耕录》记载："闽广多种木绵，纺织为布，名曰吉贝。松江府东去五十里许，曰乌泥泾。其地土田硗瘠，民食不给，因谋树艺，以资生业。遂觅种于彼。"由此开创了上海地区农业种植的新局面。但直到黄道婆在元贞年间（1295—1297 年）回到家乡乌泥泾前，松江地区的棉纺织技术还是很落后。黄道婆将海南的棉纺织技术与江南原有的先进麻纺和丝织技术相结合，经过革新与创造，形成了一套与棉花纺织相适应的手工纺织工艺与工具，促进了以松江为中心的江南棉纺织业的蓬勃发展。至明代时，松江府已经成为全国最大的棉纺织业中心，并获得了"衣被天下"的美誉。

乌泥泾棉纺织技艺主要包括捍（轧棉去籽）、弹（开松棉花）、纺（纺棉纱）、织（织棉布）等多道工序。在这几道工序上，黄道婆都有所革新。她首先是革新了搅车，改变了用手剥籽的原始状态，提高了棉花的去籽效率。她又将仅为一尺多长的弹棉小弓改成三尺多长的大弓（竹制），提高了棉花的蓬松度和工作效率。乌泥泾棉纺织技艺中最值得重视的工艺是三锭脚踏纺车的发明。黄道婆发明的三锭脚踏纺车，凭借纺纱者的熟练技能和技巧，能够同时纺出 3 根同样支数且捻度均匀、条干又好的棉纱，使纺纱效率一下子提高了两三倍，这是世界棉纺织史上的一次重大革新。同时，黄道婆又在崖州"挈花"（提花）技艺的基础上，通过改造松江本地的织麻布机以及经架、纬车等工具的方式，开拓了棉织品种，织出了精美的"松江布"和"乌泥泾被"。

明清以后，乌泥泾棉纺织技艺传播分布区域逐渐扩大，先是以松江府乌泥泾为中心，在松江本地流传，然后又向大江南北扩展，直至长江北岸的南通（通州）、海门、启东、崇明地区，上海西北边的常州、昆山、太仓、嘉定地区，西南边的平湖、乍浦、嘉善、桐乡地区，以及杭州湾南岸的慈溪、余姚一带。明末清初，松江、上海的棉布销售南至浙江、江西、安徽、湖南、湖北、福建、四川、广东、广西等；北至山东、河北、陕西、山西和西北的甘肃、宁夏以及边远的省份，棉布市场遍及全国。以黄道婆为代表的乌泥泾手工棉纺织技术还曾传播到朝鲜、日本和南洋各国。棉布远销到英、美、法、荷、瑞、丹、西、意等国，为世界棉纺织业的发展作出了卓越贡献。

但是,上海开埠后,西方先进的科学技术率先进入上海,对中国传统产业,特别是对明清以来上海的支柱型产业——棉纺织业造成极大冲击。19 世纪30 年代,英美等国的机器纺织逐步发展,中国土布外销受到抑制。鸦片战争以后,洋纱、洋布大量侵入,先是逐步占领我国原有的纱、布商品市场,然后再深入到农家的自给领域,使我国广大农村的棉纺织家庭手工业受到抑制和破坏。上海地区为中国棉纺织业中心,在洋纱、洋布的廉价倾销下,传统的棉纺织业逐步萎缩,家庭手工棉纺织业走向衰落,但家庭手工棉纺织并没有绝迹。尤其在广大农村地区,纺纱织布依然是百姓生活的一部分,只不过已经失去了其商品性,仅作为生活必需品而存在。这种情况一直延续到 20 世纪 60、70 年代,80 年代后,随着社会的进步发展,现代工业革命的冲击,从而使手工棉纺织业退出历史舞台。

二、 上海手工棉纺织技艺类非物质文化遗产保护的现实状况

根据非物质文化遗产所在城乡环境,学界把非物质文化遗产分为"城市非物质文化遗产"和"农村非物质文化遗产",简称"城市非遗"与"农村非遗"。但是,有很多非物质文化遗产项目恰恰处在"城市非遗"与"农村非遗"交叉地带,这些处于交叉地带的非物质文化遗产项目,如今一般将其归入"城市非遗",因为在城市化飞速发展的今天,这些交叉地带在快速变为城市,相应地,这些原本产生于该地的"农村非遗"也相应地变成了"城市非遗"。这些特点在国际化大都市尤其明显,比如,深圳已经成为全国第一个没有农村的城市,那么原先存在于深圳农村的"非遗"也就顺理成章地变成了"城市非遗"。而上海自改革开放以来,已经全面城市化,所有县建制,皆升格为区建制,自新世纪以来,所有新生儿都拥有了非农业户口。随着城市的扩容,农村和农田快速消失。"农村非遗"似乎一夜之间就发生了身份转移和身份变化,这种变化深刻地影响到了非物质文化遗产的走向,也影响到人们的身份认同和文化认同。

就"农村非遗"而言,随着农村生活环境、耕作方式、生活方式的变化,农村非物质文化遗产也在不知不觉中发生深刻的变化。从前,每到农忙季节,全村老少奋战于田间地头、打谷场,挥汗如雨,热火朝天;农闲季节,往往也是农村节庆活动和民俗活动频繁的时节。在长三角地区,舞龙灯、赛快船、清音班、锣鼓书等各种传统活动红红火火。然而,如今这样的生活生产方式已不多见。在城市现代化的推动下,农村的生产生活方式已经发生了巨大变化。在上海周边农村,"非遗"所处环境变化更为明显,出现了所谓"田山歌缺少田,灶头画没有灶,农民画没有农民,手工棉纺没有棉田"的现象。在上海大多数"农村非遗"变成"城市非遗"的情境下,这类"非遗"处境尤为尴尬和艰难,"离土化"、"碎片化"现象严重。所谓"离土化"是指非物质文化遗产已经失去其生存的土壤和环境;所谓"碎片化"是指非物质文化遗产已经失去了原生态的完整性遗存,只剩下某些元素或片段。

（一）一批上海市区两级手工棉纺织技艺类项目列入名录，使国家级乌泥泾棉纺织技艺项目得到有力的支撑

乌泥泾镇原属上海县,1992年上海县与老闵行区合并,成立新闵行区。随着上海中心城市的发展,乌泥泾镇土地不断被商业开发,终于在1998年前后成为上海中心城区徐汇区的一部分,乌泥泾棉纺织技艺赖以生存的自然环境不复存在,因此,乌泥泾棉纺织技艺是一个典型的"离土化"的"非遗"项目。明清时期,上海全境以及嘉定、太仓等地遍种棉花,机声不断,由此产生的诗歌、小说、散文、戏剧、绘画、雕刻等文艺作品汗牛充栋,而由此带来的上海地区的经济腾飞和文化发展更是有目共睹。正是从这个意义上说,乌泥泾棉纺织技艺具有极其重要的历史价值和人文价值,是我国传统手工棉纺织技艺的典型代表。

为了使国家级乌泥泾棉纺织技艺项目得到强有力的支撑,上海市陆续命名了一批手工棉纺织技艺类项目,共同构建了上海乌泥泾棉纺织技艺保护的文化景观。上海市除了乌泥泾手工棉纺织技艺外,还设立了嘉定区药斑布印染技艺、奉贤区土布染织技艺、青浦区土布染织技艺、原南汇区手工织带技艺、

金山区土布纺织技艺、崇明区土布纺织技艺等 6 个市级手工棉纺织技艺类项目。浦东新区命名了浦东土布纺织技艺、三林标布纺织技艺 2 个区级手工棉纺织技艺类项目,闵行命名了土布纺织技艺 1 个区级手工棉纺织技艺类项目。形成了上海传统手工棉纺织技艺类项目的蔚然大观。

(二)一批博物馆、陈列馆、展示馆(厅)的建成开放,使上海手工棉纺织技艺类项目获得某种程度的保护

非物质文化遗产具有无形的和活态的特点,其本身需要借助于物质载体来展现。因此,同物质文化遗产一样,非物质文化遗产也需要固定场所来保存、展示、传播、教育和研究。建立非物质文化遗产场馆,对非物质文化遗产的保护和传承意义重大。我国 2011 年 2 月颁布的《中华人民共和国非物质文化遗产保护法》第四章第三十条明确指出,县级以上人民政府文化主管部门要根据需要,采取措施,支持非物质文化遗产代表性项目的代表性传承人开展传承、传播活动,提供必要的传承场所。第三十六条指出,国家鼓励和支持公民、法人和其他组织依法设立非物质文化遗产展示场所和传承场所,展示和传承非物质文化遗产代表性项目。因此,建立相应的非物质文化遗产场馆,既是非物质文化遗产项目保护单位在申请非物质文化遗产项目时的承诺,也是非物质文化遗产法的要求。目前,我国非物质文化遗产场馆有博物馆、陈列馆、展示馆(厅)等,主要有三大类型,一是综合性的展馆,如重庆市非物质文化遗产陈列馆;二是专题性的展馆,如江苏苏州的昆曲博物馆;三是依托非物质文化遗产保护中心、文化馆或原有的综合博物馆设立的非物质文化遗产展厅。

目前,上海尚无综合性的市级非物质文化遗产博物馆。上海的非物质文化遗产展馆主要是两种类型,一是专题性非物质文化遗产博物馆,如周虎臣曹素功笔墨博物馆、金山农民画博物馆、嘉定竹刻博物馆等,这方面的展馆比较多;二是依托文化中心建立的综合性或专题性非物质文化遗产展示厅,如杨浦区文化馆非物质文化遗产展厅、长宁区民俗文化中心非物质文化遗产展厅等,这方面的展馆也不少。

上海手工棉纺织技艺最早的展馆是在非物质文化遗产保护工作启动之

前,于 2003 年开馆的位于徐汇区华泾镇东湾村的黄道婆纪念馆,纪念馆设三个展馆,主展厅展示黄道婆的生平事迹以及她对我国纺织事业作出的历史功绩,其他两个展厅分别展示不同时期的纺织工具和棉纺织品。自 2006 年乌泥泾棉纺织技艺列入国家级非物质文化遗产名录以来,这里便成为乌泥泾棉纺织技艺的传承基地。除此之外,上海市及各区县政府非常重视当地手工棉纺织技艺的传承与保护工作,先后开设了 14 处手工棉纺织技艺类非物质文化遗产展馆:上海纺织博物馆(棉织业陈列厅)、东华大学上海纺织服饰博物馆、奉贤区土布染织陈列馆、嘉定区安亭镇安亭药斑布陈列馆、闵行区七宝镇棉织坊、浦东新区新场镇浦东土布馆、浦东新区新场镇社区文化活动中心浦东土布陈列馆、浦东新区三林镇民俗文化馆土布展厅、闵行区浦江镇东乡文化阁土布纺织展厅、闵行区吴泾镇历史人文陈列馆土布纺织展示厅、嘉定区南翔镇历史文化陈列馆土布纺织厅、金山区廊下镇廊下生态园土布馆、崇明县江南三民文化村崇明土布博物馆、上海市中国蓝印花布馆,等等。对广大市民了解上海地区手工棉纺织业的历史和技艺起到了很好的展示作用。

(三)一批非物质文化遗产保护传承基地和培训班的设立,使上海手工棉纺织技艺类项目有了一些固定的传承场所

命名和建立非物质文化遗产传承基地也是非物质文化遗产保护的重要方式。非物质文化遗产保护传承基地的建设,有助于对非物质文化遗产展开教育、传承和研究。在各地非物质文化遗产保护传承基地建设的基础上,我国在2011 年 10 月 31 日公布了首批国家级非物质文化遗产生产性保护示范基地,涉及 41 个项目企业或单位,39 项国家级名录项目。2013 年 1 月 16 日公布了首批国家级非物质文化遗产保护研究基地名单,2013 年 12 月 18 日公布了第二批国家级非物质文化遗产保护研究基地名单。首批 4 个,第二批 9 个基地获得命名。2014 年 5 月 16 日公布了第二批国家级非物质文化遗产生产性保护示范基地名单,涉及 59 家企业或单位。有力地推动了全国各地非物质文化遗产传承基地的建设。

目前我国在非物质文化遗产传承基地建设方面,做出了很多探索,形式多

样。有的以非物质文化遗产保护研究为主,有的以社会化传承为主,有的以生产性保护为主,有的以教育为主。上海在非物质文化遗产基地建设方面,也在不断地进行探索,相继建成了各具特色的非物质文化遗产传承基地。如:浦东新区成立了国家级浦东说书传承基地,成立了上海市级下沙烧卖制作技艺传承基地等。也有些是综合性的。如:松江区非物质文化遗产传承基地,浦东新区非物质文化遗产传承基地等。

除了传承基地的建设外,各地还根据自己的实际情况,因地制宜地开始各种形式的培训班、讲习班等,对非物质文化遗产社会化传承起到了一定的作用。

上海手工棉纺织技艺类项目传承基地的建设近年来也有较大进展。最早在徐汇区及其所属的徐泾镇建起了一批乌泥泾棉纺织技艺传承基地和培训基地,例如,黄道婆纪念馆成为首批乌泥泾棉纺织技艺传承基地,同时在华泾镇紫阳中学、园南中学相继建立了乌泥泾手工棉纺织技艺传承基地,在华泾镇社区学校开办了黄道婆棉纺织传承班。随着奉贤、青浦、金山、崇明等区的一批手工棉纺织非物质文化遗产项目进入市级非物质文化遗产名录,在这些区县乡镇也相继建立了一批手工棉纺织技艺的非物质文化遗产传承基地和培训班,例如,青浦区练塘镇北王浜村成立了练塘纺织传承基地,奉贤区庄行镇庄行中学成立了庄行土布设计班,金山廊下镇成立了土布纺织传承基地,等等。浦东土布和三林标布是浦东新区的区级非物质文化遗产项目,他们为此在新场镇成立了石笋初级中学纺织培训班,开设了浦东土布馆,生产和经营土布产品等。

(四)传承人体系的建构,为上海手工棉纺织技艺类项目保护传承提供了保障

建立非物质文化遗产传承人制度是非物质文化遗产保护工作的重要一环,也是我国开展非物质文化遗产保护以来的一项卓有成效的工作。它的重要意义在于能够在最大程度上保证非物质文化遗产的传承。传承人的命名在各级非物质文化遗产保护工作层面上都比较重视,上海在非物质文化遗产传

承人命名方面的工作也是如此。到目前为止,上海已经公布了五批非物质文化遗产项目名录,相应地也已经命名了五批上海市级非物质文化遗产传承人,建立起了比较完备的非物质文化遗产传承人制度。同时,各区级非物质文化遗产项目传承人也大都得到了命名,这在一定程度上保证了非物质文化遗产的保护和传承。

2006年,乌泥泾手工棉纺织技艺列入首批国家级非物质文化遗产名录。2007年康新琴被命名为乌泥泾手工棉纺技艺国家级传承人。为了使乌泥泾手工棉纺织技艺得到更好的传承,次年上海市和徐汇区分别将乌泥泾手工棉纺织技艺列入市、区级非物质文化遗产名录,命名了康新琴为市级代表性传承人,金桂琴、王梅芳、李晓明和林秀梅为区级代表性传承人。目前,王梅芳和金桂琴已经分别被命名为第三批和第四批上海市级代表性传承人。从一定程度上保证了这一项目的后继有人。

除了乌泥泾棉纺织技艺传承人命名外,土布染织技艺、药斑布印染技艺、手工织带技艺等市级非物质文化遗产项目的传承人也很完备:土布染织技艺的闵行区庄行镇的冯亚芳、药斑布印染技艺的嘉定区的王元昌、手工织带技艺的浦东新区的盛金娟、土布纺织技艺项目的金山区的顾林华、崇明区的黄美丽等五位获得上海市级非物质文化遗产代表性传承人命名。除了市级传承人命名以外,区一级的相关非物质文化遗产项目的代表性传承人也得到命名,如浦东新区浦东土布项目的新场镇的王水仙、浦东新区三林标布项目的三林镇的刘佩玉、青浦区土布纺织技艺项目的练塘镇的周林心、潘金妹等。由此建构起了比较完备的上海市手工棉纺织技艺代表性传承人体系,使上海手工纺织技艺类非物质文化遗产的保护和传承获得了制度上的保证。

三、 上海手工棉纺织技艺类非物质
文化遗产保护的主要问题

从目前我国手工棉纺织技艺保护和传承情况看,乌泥泾棉纺织技艺与其说是一个项目,还不如说是一个文化符号,一个中国棉纺织工业的代表。众所周知,虽然中国棉纺织工艺起源很早,但真正能使其成为一个地区的支柱型产业并对中国棉纺织业产生深远影响的非乌泥泾棉纺织技艺莫属。但是,在中国手工棉纺织早已经衰落的情况下,要保护和传承这一濒临灭绝的技艺,仅靠徐汇区徐泾镇几乎是不可能的,即使是扩大到徐汇区这样一个已经完全城市化了的行政区域来讲也是很难实现的。正因为如此,上海市相继命名了一批手工棉纺技艺项目,从上海西部的青浦区、到西南部的金山区、南部的奉贤区、东部的浦东新区、东南部的南汇区(现为浦东新区)、北部的嘉定区以及孤悬于长江口的崇明岛(区)都有相应的手工棉纺织技艺项目被列入上海市级或区级非物质文化遗产项目名录,以此形成烘托,设法将这一技艺传承下去。但是,从目前实际情况看来,要使得这一项目得到整体性和原生态保护还是困难重重。目前来讲,上海传统手工棉纺织技艺类项目大致存在着这样几个问题。

(一)自然环境和社会环境变化,导致上海手工棉纺织技艺处于濒危状态

在城市现代化的推动下,上海的非物质文化遗产生存环境发生了极大的变化。有一个故事颇能说明这个问题:据说前些年上海非物质文化遗产中心曾经考虑能否将土布与现代人生活结合起来,于是请了华东师范大学设计学院和复旦大学视觉学院,结合西方审美理念设计了30多款土布图样,让某区土布纺织陈列馆从中选出两款各织5米布,结果无法完成。原因是当地棉田没有了,后来到新疆买来了棉花,又不知"植物染料"如何解决。一个市级非物质文化遗产项目,直接交了白卷。

在城市现代化浪潮中,要保持非物质文化遗产的完整性和原真性确实难度非常大。就上海传统手工棉纺织业而言,其早在鸦片战争时期就受到了洋布洋纱的冲击而逐渐式微。退出产业化的手工棉纺织,虽然在农村中依然存在,但也仅仅是为了解决家庭人员的衣着需求而存在,或作为女儿出嫁时必备的嫁妆而存在。之所以在农村中仍然能够存在,是因为那个时候农村土地没有被蚕食,耕种结构没有发生根本改变,广大农村地区依然棉田相望,农民用自己种植的棉花就可以纺纱织布。近30年来,城市现代化快速发展,不仅棉

田快速消失，农田也逐渐消失在城市化中，一息尚存的手工棉纺织终于抵挡不住城市化浪潮的冲击而濒临灭绝，原生态手工棉纺织不复存在。目前，虽然相关非物质文化遗产保护的政策环境、制度环境、法律环境逐渐完善，但是，生态环境、社会环境、文化环境的改善却非一朝一夕。在这方面可以说是任重道远。

（二）缺少长远规划和有力措施，造成上海手工棉纺织技艺传承难以有效开展

非物质文化遗产保护需要制定长远的规划，要有具体的保护措施。目前，我们在非物质文化遗产保护方面，尤其在具体项目保护方面，缺乏长远规划和具体保护措施的现象比较普遍，基本上是根据上级部署进行一些按部就班的工作。比如当提倡社会化保护时，基层保护单位便开始搞一些社会培训工作；当号召"非遗"进校园时，便纷纷到学校办展览、开讲座；当开展生产性保护时，便临时找项目、找人员。但这些大都不能长久。暴露出我国非物质文化遗产保护方面的许多短板。就乌泥泾棉纺织技艺以及相关上海传统手工棉纺织技艺类项目而言，这方面的情况也基本存在。其中最重要的是缺乏长远规划和具体保护措施，有时甚至是疏于保护，个别项目则长期处于"瘫痪"状态。

（三）项目分散各自为政，使得上海手工棉纺织技艺保护不能形成合力

目前，我国非物质文化遗产名录将非物质文化遗产分为十类，在这十类中不再进行具体分类，这实际上是考虑到了非物质文化遗产的丰富性和复杂性特点，从而给每一种类型的增补留下了足够的空间。由于不少非物质文化遗产项目既具有地域性，又具有全国性特点，因此在同一个项目下，往往涉及多个地区，如果从大的区域来讲，各地尽可能制定符合自己特点的非物质文化遗产项目发展规划，但如果具体到一个省份或一个地区的话，如果各自为营、各不相谋反而不能很好地形成合力、发挥作用。尤其像传统手工棉纺织技艺这样一个具有全国影响且积淀深厚的项目，明清时期涉及上海千家万户的传统

技艺更应该有一个相对集中的规划。虽然,如今上海手工棉纺织技艺已经形成了国家级、市级、区级项目的比较完整的体系,但在这个体系内部始终是各行其是,没有形成合力,也缺少相互间的交流与合作。从而影响了这一类项目的有效保护和传承。

(四) "碎片化"和"表演化"趋势,影响了上海手工棉纺织技艺的整体性和原真性

在城市化快速发展的背景下,非物质文化遗产不可避免地出现了所谓的"碎片化"和"表演化"现象。随着工业化进程的加速及城市现代化的发展,众多非物质文化遗产失去了赖以存在的生态环境,"碎片化"程度加重。上海市目前有国家级非物质文化遗产项目55项,市级非物质文化遗产项目220项,近400项列入区级非物质文化遗产项目。目前上海市还有1 900多项不完整的或者碎片化状态的非物质文化遗产。即使是已经列入名录的非物质文化遗产项目也同样存在"碎片化"现象,其中包括手工棉纺织技艺类项目,其整体性保护受到威胁。同样,"城市非遗"在失去土壤之后,"表演化"越来越严重,原生态技艺不断被包装打造,搬上了舞台,其实早已脱离了原生态环境,比如乌泥泾棉纺织技艺中的核心技艺——三锭纺车技艺,曾被搬上舞台,成为表演节目。另外,为了配合某些活动而进行的非物质文化遗产展演也无不带有表演的性质。而且每逢节庆或大型活动,多有组织非物质文化遗产表演,如在近几年举办的庙会中,也不乏织布、织带表演。虽然,非物质文化遗产展演是非物质文化遗产保护与传承的方式之一,但毕竟脱离了生活,改变了原生态形态,使原真性受到严峻挑战。

四、 上海手工棉纺织技艺类非物质
文化遗产保护的对策建议

中国非物质文化遗产保护遵循联合国教科文组织《保护非物质文化遗产公约》的精神,提出"保护为主、抢救第一、合理利用、传承发展"的方针,并根

据分类保护的原则，对不同类别、不同存续状况的非物质文化遗产项目采取了
"抢救性保护、整体性保护、立法保护、生产性保护"方式，在非物质文化遗产保
护实践中发挥了积极的作用。其实，早在 2005 年，《国务院办公厅关于加强我
国非物质文化遗产保护工作的意见》中就明确制定了非物质文化遗产保护的
工作目标：通过全社会的努力，逐步建立起比较完备的、有中国特色的非物质
文化遗产保护制度，使我国珍贵、濒危并具有历史、文化和科学价值的非物质
文化遗产得到有效保护，并得以传承和发扬。其中特别提到了对濒危项目的
有效保护，而乌泥泾棉纺织技艺项目目前正处于濒危状态。根据以上所述现
状和困境，本报告提出如下六点对策建议。

（一）重视价值导向作用

中国人的生活方式在最近一些年里，变化之快是过去几千年都无法比拟
的。在当下人们的观念中，传统的生活方式是老土，是落后，甚至不屑一顾；勤
俭持家，吃苦耐劳的传统美德，被嗤之以鼻。传统价值观遭到了颠覆性破坏。
就长三角而言，自古就有的刺绣技艺、织带技艺、纺织技艺等，近代以来的绒线
编织技艺，缝纫技艺等日常生活技艺，如今还有多少人能熟练掌握？长此以
往，具有传统手工技艺和人文色彩的非物质文化遗产命运可想而知。对于类
似于乌泥泾棉纺织技艺这样一种濒危项目，首要的是注重价值引导，要大力弘
扬以黄道婆为代表的棉纺织技艺中所蕴含的不懈进取的创新精神和造福于民
的高尚品德，使非物质文化遗产保护成为受人尊敬的自觉行为。

建议恢复黄道婆祭祀，修建黄道婆庙宇，创办黄道婆文化节，打造黄道婆
文化品牌，形成从官方到民间普遍尊崇黄道婆的局面。改革开放以后，我国实
现宗教自由政策，目前上海已经恢复的佛教庙宇 140 多座，道教宫观 30 多所。
但是，却没有一处属于黄道婆的庙宇，前些年仅存的一座始建于明代的祀奉黄
道婆的庙宇——乌泥泾庙，如今在其旧址上扩建了法华学问寺，也是浦东新区
佛教协会所在地。虽然，在上海植物园内有黄道婆祠，徐泾镇有黄道婆纪念
馆，但对于这样一位在世界科技史上具有重大影响的人物，这样一位对上海城
市发展具有举足轻重的人物，这样一位历来受到老百姓崇敬和奉祀的人物，为

她修建一所专门的祠庙,或者恢复原有的乌泥泾庙,让人们纪念她,感激她的恩德,弘扬她的精神,应该是有社会基础的。对此前几年就曾有专家提出建议,但至今未有行动。

(二)重视制定长远规划

快速发展的城市化进程,改变了非物质文化遗产生存的土壤,也改变了人们的价值观。对于具体非物质文化遗产项目,重申报,轻保护的现象比比皆是,短视行为居多。各级政府在申报项目,申报传承人时比较积极,而一旦申报成功则往往束之高阁,搁置一边。既没有长远规划,也没有具体措施或传承计划,即使曾经有过规划(项目申报时是必填的一项),也很少能落到实处。据调查,上海个别手工纺织技艺类项目,由于传承人年事已高,很难开展传承活动,原先承诺筹建的陈列馆长期空置,而有的项目,虽然开设了展馆,但却不能正常开馆。因此,要注意制定长远规划,保障上海手工纺织技艺项目的保护和传承。

建议制定五年保护规划。要对列入名录的项目重新制定计划,否则,容易给人造成错觉,以为一旦申报成功就 OK 了。对于上海的手工棉纺织技艺类项目,需要在政府引导下,制定出符合具体实际情况的规划,同时要重视检查和落实。

(三)重视社会力量加入

非物质文化遗产保护主体,除了政府以外,真正的保护主体在民间。非物质文化遗产是人民群众在长期的生产生活实践中创造并代代相传的文化形态。人民群众是非物质文化遗产保护的真正主体。从目前上海手工纺织类非物质文化遗产保护的具体实践看,政府除了引导和规划外,还是民间力量发挥了极大的作用。例如,各级非物质文化遗产代表性传承人,他们都是真正来自民间的纺织能手。对于非物质文化遗产保护和传承,政府是引导力量,民间才是根本力量。只是长期以来,我国实行的是大政府、小社会的管理模式,造成了群众的主动性淡薄,主人公意识不强,文化自信意识和自觉意识长期处于压抑状态。

激活非物质文化遗产,首先要激活的是人民群众的自觉意识和主体意识,然后才谈得上技艺的激活,因为,人才是文化的创造者、传承者和传播者。目前来看,真正做得好的几个项目,都离不开社会力量的加入。例如,崇明三民文化中心申报的土布纺织技艺被列入第五批上海市非物质文化遗产名录,由其申报的代表性传承人黄美丽被列入第五批上海市非物质文化遗产代表性传承人名录。上海三民文化中心是崇明江南三民文化村成立的一个研究机构,多年来,坚持走挖掘和弘扬本土文化之路,大力开展各种文化活动,包括各种民俗文化活动和非物质文化遗产传承活动,产生了一定影响。江南三民文化村位于崇明生态岛中北部,以江南地区传统的民间、民俗、民族文化元素为主题。分布有崇明四大特色展馆的中华龙宫、崇明土布馆、绿岛美术馆、崇明手工艺馆及具有江南代表性的五十六个物品展示馆,是华东地区最大的民间民俗民族展览馆群落,也是4A级国家旅游景区。江南三民文化村是一家私营企业,在江南三民文化村里,我们能够真正体会到民间社会对于传统文化保护和传承的力量。其崇明土布馆占地2 000余平方米,征集了大量的土布纺织工具和崇明地域的色织土布。为了更好地展现崇明土布的风采,赋予崇明土布以时代特点,近年来,上海三民文化艺术中心联合东华大学、江南大学、南通纺织博物馆等单位的土布研究专家,与来自中国、美国、意大利、日本等国的设计师团队合作,以全新的视觉和维度,创意研发土布创意产品,举行崇明土布创意活动。江南三民文化村崇明土布博物馆也是目前上海最大的土布传承基地。

建议上海手工棉纺织类非物质文化遗产保护要积极引进民间社会力量,发挥民间社会力量的作用,让民间社会力量更多地参与上海手工棉纺织技艺的保护和传承工作。

(四)重视建立联合机制

目前,上海市手工棉纺织技艺项目保护地涉及徐汇区、青浦区、奉贤区、嘉定区、金山区、浦东新区、崇明区等7个区,但据我们调研,这7个区的项目基本上处于各自为政、分散管理的状态,资源得不到整合,整体实力不强,不能形成互动。另外,江浙地区是明清时期上海棉纺织业的辐射区,而如今江浙沪两省一市手工棉纺织类非物质文化遗产项目之间也缺少联系。

建议首先在上海本地进行项目联合,成立上海手工棉纺织非物质文化遗产项目联谊会,资源共享,经验分享。其次,打破区域界限,成立长三角联动机制,联合江浙地区手工棉纺织非物质文化遗产项目及其传承人,定期举办交流活动。江浙沪棉纺织业同根同源,如今在非物质文化遗产保护的语境下,如果能够形成新的联动机制,将有力地推动这一地区的手工棉纺织非物质文化遗产的传承和发展。

(五)重视生态环境建设

生态环境建设是非物质文化遗产能够实现原生态保护的关键,但是,在城市化快速发展的今天,生态恢复并非易事。生态当然包括自然生态和文化生态,这里主要指的是自然生态,从棉花种植到纺纱织布的生态环境的恢复不是一朝一夕的事情,需要从整体环境的角度进行安排。在以上上海市联合机制引导下,可以先尝试以生态博物馆的形式,打造一个真正原生态的非物质文化遗产传承基地,从而将手工棉纺织技艺项目保护落到实处。

建议在崇明区成立土布生态博物馆。据说目前崇明45岁以上的妇女大都会织布,可考虑在纺织能手较为集中,自然环境较好,交通较为便利的村庄建立上海市级的手工棉纺织技艺专题生态博物馆,从而使上海传统手工棉纺织技艺类非物质文化遗产保护跃上一个新台阶。

(六)重视创意开发利用

非物质文化遗产的开发利用是非物质文化遗产保护的重要内容。保护、抢救是前提,最终是为了合理利用、传承发展。但是,在保护还未得到很好进行的情况下,何谈利用、传承和发展呢?笔者认为,对于传统手工纺织而言,保护首先应当是原生态保护、原真性保护,恢复原生态的土布生产,只有在这个基础上开展的创意设计活动才能真正称得上是真正的土布创意。当年黄道婆不但改良了捍、弹、纺、织等工艺,而且还创制出了许多纺织新品种,元代学者陶宗仪在《南村辍耕录》说:"错纱配色,综线挈花,各有其法,以故织成被褥带帨。其上折枝团凤,棋局字样,粲然若写。"黄道婆的创新和创意,带来了上海棉纺织业的繁荣和发展。如果只是将数十年前纺织的土布拿来,进行裁剪加工,缝制生活用品和服装鞋帽,充其量只能算是文创产品,背离了传统手工棉纺织技艺的精髓。因为这些东西只是工艺美术而非传统技艺,只是缝纫技艺而非纺织技艺。也就是说,那只是一种布艺。历史存量不能代替增量,否则无法做到可持续发展。因此,当务之急,是要恢复原生态生产,创造出更多的花色新品种。而这一点并非是不能做到的,关键是怎么做。浙江的土布纺织技艺传承人郑芬兰,在杭州创设"小巷三寻"土布品牌,她的土布完全来源于一个山里的村庄,一个她亲手打造的土布生产基地。她用新织土布生产的服饰用品销售到了全国许多地区。

当然,原生态保护和传承也不是一层不变,适时研制出适应社会需要的纺织工具,简化纺织工序,有助于这一传统技艺的延续,也有助于社会化传承。比如,郑芬兰针对土布纺织入门难,学习时间长的难题,研制出小织布机,并申请国家专利。小织布机沿用了传统的框架与榫卯结构,但效率大为提升,也更适合年轻人学习。在今年11月份刚刚举办的第二届上海手造博览会上,郑芬兰的小织布机很受欢迎,成为上海手工棉纺织技艺传承基地和代表性传承人青睐和购买的产品。而这何尝不是对上海手工棉纺织技艺非物质文化遗产的创意、开发和利用的启示呢? 他山之石,可以攻玉。让我们行动起来,共同为上海手工棉纺织技艺的保护和传承尽一己之力。

16

从民俗节日谈宗教信仰类
非物质文化遗产的保护

李宏利*

摘　要　我国非物质文化遗产资源与民众信仰有着普遍联系。民众信仰皆与
　　　　神灵相关,关乎百姓的价值取向与精神状态,是中华传统文化的重要
　　　　组成部分。宗教信仰类非物质文化遗产涉及宗教信仰、宗教管理以
　　　　及与之相关的信仰群体、宗教禁忌、神鬼崇拜、宗教仪式等等,其保护
　　　　措施要充分考虑宗教信仰文化的特殊性,尊重宗教人士和信众的感
　　　　情、宗教仪式和宗教禁忌。民俗节日作为一种鲜活的文化载体,作为
　　　　一种极具综合性的非遗类别,不仅囊括了绝大部分的宗教信仰类非
　　　　遗文化项目,其在民间的鲜活传承更有助于宗教信仰类非物质文化
　　　　遗产项目的保护。

关键词　民俗节日　宗教信仰类非物质文化遗产　保护

近年来,我国非物质文化遗产(简称"非遗")保护工作受到社会的极大关注,同时也取得了一定的成绩。在各地非遗资源的挖掘、梳理、归纳与研究中不难发现,非遗的一个普遍的特征是其多多少少保留着甚至离不开与民众信仰的联系,即使一些以物质为依托的非物质文化项目,只要细心地考察和研究,也总可以发现和寻找到这种联系的蛛丝马迹。民众信仰皆与神灵相关,关乎百姓的价值取向与精神状态,是中华传统文化的重要组成部分。宗教信仰

---

　*　李宏利,上海社会科学院科研处副处长,博士,研究方向:宗教民俗学。

类非物质文化遗产涉及宗教信仰、宗教管理以及与之相关的信仰群体、宗教禁忌、神鬼崇拜、宗教仪式等等，其保护措施要充分考虑宗教信仰文化的特殊性，尊重宗教人士和信众的感情、宗教仪式和宗教禁忌。由于这种特殊性，如何保护和传承这类非物质文化遗产也成为一个难题。本文以为，民俗节日作为一种鲜活的文化载体，作为一种极具综合性的非遗类别，不仅囊括了绝大部分的宗教信仰类非遗文化项目，其在民间的鲜活传承更有助于宗教信仰类非物质文化遗产项目的保护。

一、 作为宗教信仰类非物质文化遗产的组成

"非物质文化遗产"（Intangible Cultural Heritage）作为一个学术概念，是2003年10月17日联合国教科文组织通过《保护非物质文化遗产公约》后被正式确定下来，在该公约中，非物质文化遗产被定义为："被社区、群体、有时是个人，视为其文化遗产的各种实践、展现、表达、知识和技能，以及与之相关的工具、实物、手工制品和文化空间。"这一概念，既抽象又笼统，对不同国家、民族而言，尚难以准确地把握非物质文化遗产的内涵。为此，《保护非物质文化遗产公约》通过列举的方式，进一步界定非物质文化遗产的范围："一、口头传统和表现形式，包括作为非物质文化遗产媒介的语言；二、表演艺术；三、社会实践、礼仪、节庆活动；四、有关自然界和宇宙的知识和实践；五、传统手工艺。"就是试图通过列举非物质文化遗产的类别，来向大众阐明非物质文化遗产的含义及其包含的范围。

依照联合国教科文组织对非遗的定义及其所界定的范围，我国非物质文化遗产可谓资源种类繁多、历史悠久、分布广泛、影响深远，既有丰富多彩的民俗文化，如风俗民情、礼仪传统、宗教及节庆活动等，又有口头流传的各种民间文学，如传说、民间故事、寓言、史诗、民谣、谚语等；既有淳朴生动的表演艺术，如音乐、舞蹈、民间戏剧、曲艺杂技等，又有技艺精湛、美轮美奂的工艺美术，如剪纸、刺绣、编织、面人、糖人、彩绘、蜡染等。2006年5月，国务院批准文化部确定的第一批国家级非物质文化遗产名录共分为十大类，计518项。在名录

的"民俗"类别中,大量的、各民族的充满民间信仰色彩的民俗节日被列入其中。可以说,民俗节日成为宗教信仰类非遗的重要保护载体。当然,其他类别中也有民间信仰的内容掺杂其间。如第一大类的"民间文学",神话,史诗和传说与信仰相关是客观的事实,而宝卷则是地地道道的宗教俗讲,这种文学形式本身就是跟信仰密切结合在一起的。"民间音乐"中,有寺庙音乐、宫观音乐等内容,"民间舞蹈"的土家撒叶儿嗬,就是地地道道的土家丧葬仪式上的祭祀送亡的舞蹈。这些都是部分或整体,将宗教信仰内容列入非遗行列。

民俗节日是极具综合性的非遗文化项目,可以说涵盖了我国非遗名录的绝大部分内容,作为一种文化空间,节日成为展示、传承各种传统文化和宗教民俗的绝佳载体。例如春节是我们中国人共同享有的盛大节日,其涉及多种文化内涵,如祭祀、祈福、禳灾等等多与宗教信仰有关;再如元宵节、土家年、羌年等等,其所涉仪式、音乐、舞蹈等内容也与不同民族的宗教信仰有关。对某项独立的或具体的宗教信仰类非遗项目的保护,可能会由于受众的规模或宗教管理的规定得不到有效的保护,而民俗节日作为一种综合性的民间习俗,作为一种传统文化空间的再现,不仅影响面广、参与的人多,其鲜活的传承方式更有利于宗教信仰类非遗的保护。

二、 从民俗节日看宗教信仰类非物质文化遗产的保护

民俗节日是我国人民在长期的历史社会生活中逐渐形成的划分日常生活时间段的特定人文符记。这种时间段落的划分不仅是由人们主观的时间观念决定的,它还是自然时间过程与人文时间意识的有机结合。我国民俗节日具有岁时的特征,所以,我们一般将民俗节日也称为岁时节日。随着历史社会的变化,岁时节日不断地调整着自己的文化主题,在早期社会它主要表现为人对自然的时间顺应,以及对神灵的祭祀。后来随着人们主体意识的增强,社会力量的强大,人们更强调国家与社会在人们生活中的影响与地位,岁时节日中的自然时间性质日渐淡漠,季节性祭献的时间仪式也逐渐世俗化为家庭或社会

的聚会庆祝活动,岁时节日主要成为社会性与政治性的时间表达①。

我国是拥有 5 000 多年历史的多民族国家,文化资源非常丰富,特别是作为世界上唯一在文化上未曾断裂的国度,沉淀在民俗节日中的宗教信仰文化内容极其丰富。其次,由于民俗节日还"活"在当下,这无疑成为我们认识、保护、传承宗教信仰类非遗文化的绝佳途径。再者,由于民俗节日在我国整个非遗总量中占有较大的比例,所以通过民俗节日这一非遗项目类别可以较好地开展宗教信仰类非遗文化的保护。

（一）非物质文化遗产中民俗节日的总量

就国家级而言,统计前三批命名的非遗项目中,民俗节日类共有 106 项,除去春节、清明、端午、七夕、中秋、重阳、元宵这 7 大节日外,共有各地方、民族、区域性民俗节日(包括节日民俗)99 项;就省级而言,不包括已命名的国家级项目,各省共有民俗节日类非遗项目 143 项;因此仅国家和省这两级名录中,便有民俗节日类非遗 249 项。另外,各地市州以及县市名录命名的节日项目以及尚未纳入命名系统但已作为地方文化资源处理的节日或节俗,全国民俗节日类非遗项目之多,节日资源数量之庞大,确实有待科学系统地整理。

就区域分布而言,民俗节日类非遗项目呈现出非均衡性特点,即南方比北方多,少数民族地区比汉族地区多,沿海比内陆多;节日总量上贵州、云南、广西、四川这西南四省占去近一半;节日民俗而言,浙江、福建、广东这东南三省是主要集中地;而山东、西藏、新疆、内蒙古、海南、黑龙江这类沿海或边疆地区,特色节日较多;中原地区节日类项目较少,这是因为民俗节日非遗的申报常常以独特的民族性和独特的民俗内容为依据,因此中原腹地作为汉文化中心地带,民俗节日数量固定、节日内容传统,不具备申报优势;而少数民族地区族群众多,宗教信仰复杂,环境多变,酝酿了丰富多异的时间制度,而汉文化边缘的沿海或边疆地带常常出现节日内涵变迁、节俗形式多样的特点。

---

① 萧放:《民俗节日:一宗重大的民族文化遗产》,《北京师范大学学报(社会科学版)》2005 年第 5 期。

下面通过民俗节日在非遗总项目中所占比例的列表①，具体说明民俗节日的重要性。

表1　国家级民俗节日项目数量占比列表

批次＼数量	全国（国家级）总项目数	民俗节日项目数	占全国（国家级）总项目比例
第一批	518	49	9.46%
第二批	510	45	8.82%
第三批	191	12	6.28%
总计	1 219	106	8.70%

表2　省市级民俗节日项目数量占比列表

地区及省份＼数量及比例		本省市民俗节日项目数量	占全国省市级项目总量的比例	占本地区省市级项目总量的比例
华东地区	江苏省	4	1.61%	10.53%
	浙江省	11	4.42%	28.95%
	安徽省	1	0.40%	2.63%
	福建省	12	4.82%	31.58%
	江西省	3	1.20%	7.89%
	山东省	4	1.61%	10.53%
	上海市	3	1.20%	7.89%
	地区总计	38	15.26%	
华南地区	广东省	7	2.81%	17.95%
	广西壮族自治区	21	8.43%	53.85%
	海南省	8	3.21%	20.51%
	港澳台	3	1.20%	7.69%
	地区总计	39	15.66%	

① 蔡丰明主持的国家社科重大项目《非遗资源图谱研究》阶段性成果。

续表

地区及省份	数量及比例	本省市民俗节日项目数量	占全国省市级项目总量的比例	占本地区省市级项目总量的比例
华中地区	河南省	1	0.40%	8.33%
	湖北省	3	1.20%	25.00%
	湖南省	8	3.21%	66.67%
	地区总计	12	4.82%	
华北地区	北京市	1	0.40%	8.33%
	天津市	0	0%	0%
	河北省	2	0.80%	16.67%
	山西省	7	2.81%	58.33%
	内蒙古自治区	2	0.80%	16.67%
	地区总计	12	4.82%	
西北地区	宁夏回族自治区	0	0%	0%
	新疆维吾尔自治区	16	6.43%	57.14%
	青海省	4	1.61%	14.29%
	陕西省	0	0%	0%
	甘肃省	8	3.21%	28.57%
	地区总计	28	11.24%	
西南地区	重庆市	1	0.40%	1.01%
	四川省	24	9.64%	24.24%
	云南省	26	10.44%	26.26%
	贵州省	44	17.67%	44.44%
	西藏自治区	4	1.61%	4.04%
	地区总计	99	39.76%	
东北地区	黑龙江省	6	2.41%	54.55%
	吉林省	5	2.01%	45.45%
	辽宁省	0	0%	0%
	地区总计	11	37.93%	
全国总计		249		

从国家级非物质文化项目总量来看,民俗节日类平均占比达 8.7%;从省市级民俗节日项目所占非物质文化项目总量比例来看,华东地区为 15.26%,华南地区为 15.66%,华中地区为 4.82%,华北地区为 4.82%,西北地区为 11.24%,西南地区为 39.76%,东北地区为 37.93%。其中华中、华北因处于内陆腹地,占比平均约为 5%,其他地区均高于 10%,可见民俗节日在非遗项目中的比重及其重要性。

(二)民俗节日的宗教信仰特征

民俗文化从其诞生开始,就与鬼神崇拜和各种宗教文化发生密切联系,并且在其后来的传承发展中继续从神道那里汲取营养,所以民俗文化总是具有神秘主义的色彩。民俗节日里有一部分直接就是民间的各种宗教祭祀活动及其衍生的文化活动;而其他的民俗活动,包括离精神文化较远的经济生活,其中也多少带有一定的宗教性,或者说有宗教文化的渗入。民俗活动千姿百态,贯穿其中的一条基线就是求福避祸。因为天灾人祸、生老病死是人力无法解决的,民众不得不求助于神灵的保佑,以避免灾难的来临,希望获得安宁和幸福。

民俗节日萌芽于先秦时期,至汉代初步形成。每到立春、除夕、元旦、人日、元宵、上巳、寒食、清明、浴佛、端午、七夕、中元、中秋、重阳、春秋社日、腊日、冬至等这些重要的节日来临,从官方到民间,从城镇到乡村,各地民众总是全身心地投入到节日庆典活动之中。通过丰富多彩而又独具特色的诸多活动、附着于节日的民间文学、音乐、舞蹈,以及物质的、行为的、情感的民俗符号,展开有关祭祀、趋吉避凶的节日活动,周期性地共同重温着一个群体、一个民族甚至一个国家的精神历史,复述和传承着中华民族的独特文化。

当代节庆体系充满了复杂的多样性,目前正处于一个以多样性发展为趋向的状态。这首先表现为传统节庆体系和政府主导的官方节庆体系的相互调整以及双方的互相渗透等,其次还表现为传统节庆体系对外来节庆的抵制以及官方和媒体对外来节庆的监控与模棱两可的态度等方面。尽管如此,由于民俗节日蕴涵着多数国人的幸福观、人生观和世界观之类的终极性价值和意义,作为传统文化和中国人传统生活方式的一部分,其价值和意义眼下又正在得到越来越多的国民的重新认识①。正因为如此,民俗节日恰可作为宗教类非遗项目保护的重要抓手。

宗教性是民俗节日的一个普遍的,也是最重要的一大特征。就春节而言,很早就形成了两大祭祀文化传统:一是感念大自然的恩赐而举行的祭祀,如祭祀灶神,是对灶火烧食之功的感念;祭祀土地神,是对大地母亲繁衍万物的回报;祭祀井神、河神是对生命之水的感恩;对牛、马、鸡等各种家畜的善待和祭祀,则是表达了对帮助人类生存发展的动物们的酬谢,等等。这些祭祀,是中国人一年一度与大自然沟通、对话的方式和渠道。二是敬仰古圣先贤和宗族祖先而举行的祭祀。慎终追远的尊祖情怀是中华文明的一条重要根脉,宗族家长们率领儿孙虔诚祭拜列祖列尊,感念祖先的恩德,这充分体现了中华民族永不忘本的传统精神②。就民俗节日整体来看,每个节日基本上都具有祭祀的内容,或者祭祀神灵、或者祭祀先祖、或者祭祀先贤人物,祭祀使民俗节日具有了神圣的意义。

(三)民俗节日的文化内涵及衍变

从民俗节日在非遗项目总量中所占的比例、文化内容及特征来看,节日不仅涉及了文化的方方面面,还是非遗项目中极其重要的代表者。民俗节日所包含的文化信息有饮食、服饰、器物等物质文化,有祭祀、礼仪、表演等行为文化,还有口头文学、年画图案、伦理道德、民间信仰等精神文化。萧放先生将民俗节日的文化内涵归纳为物质生活层面的传统、社会生活层面的传统和精神生活方面的传统③。可以说,民俗节日所蕴含的文化内涵渗透在我们生活中的各个方面。从民俗节日在全国各地的衍变来看,同样的节日因在不同的地域

---

① 刘魁立、萧放、张勃、刘晓峰、周星:《民俗节日与当代社会》,《民间文化论坛》2005 年 6 月 20 日。

② 王文章、李荣启:《中国民俗节日的文化内涵》,《艺术百家》2012 年第 3 期。

③ 萧放:《民俗节日:一宗重大的民族文化遗产》,《北京师范大学学报(社会科学版)》2005 年第 5 期。

也呈现出不同的文化内涵。正如联合国教科文组织《世界文化多样性宣言》（2001年11月2日第二十次全体会议根据Ⅳ委员会的报告通过决议）指出："人类的共同遗产文化在不同的时代和不同的地方具有各种不同的表现形式。这种多样性的具体表现是构成人类各群体和各社会的特性所具有的独特性的多样化。文化多样性是交流、革新和创作的源泉，对人类来讲就像生物多样性对维持生物平衡那样必不可少。从这个意义上讲，文化的多样性是人类的共同遗产，应当从当代人和子孙后代利益予以承认和确定。"民俗节日文化，正是文化多样性的重要体现。下面仅以"年"、"元宵节"和"端午节"为例，具体介绍不同地区、不同民族对同一节日的不同庆祝方式及其所蕴含的不同文化内涵。

1. "过年"的不同表现

同样是"过年"，但不同的民族却有着不同的时间划定与过法。对于大多数国人过的"春节"即农历新年来说，农历十二月三十日半夜子时即为"年"的分界点。临近春节，人们要进行办年货、扫房屋、贴年画、贴春联、祭祀有关神灵等习俗活动。除夕时，全家团聚在一起吃年夜饭，饭后，小辈给长辈拜年，长辈给孩子们发"压岁钱"，而后一家人团坐"守岁"。子时（十二点）交年时刻，鞭炮齐响，辞旧岁、迎新年的活动达到高潮，新的一年便在隆隆的鞭炮声中到来。之后，农历新年的节庆时间将持续到正月十五，期间伴随着对先祖的祭祀，大多数人还会拜访亲戚、朋友、同事等，以增进人伦感情，当然最重要的还是家人的团聚，人们也会参加或观看当地组织的春节民俗活动。

对于贵州省丹寨县、雷山县的苗族而言，他们的"年"——"苗年"则是另一番景象。苗年的时间划定并不相同，从农历九月至正月不等。一般历时三五天或十五天。节前农家除准备甜酒、粑粑、粉面等丰富的副食品外，还要杀鸡宰猪、祭祖、开财门、敬年神。节日早起鸣放鞭炮以来驱邪避祸。节日活动有跳芦笙舞，跳场、跳年、跳月、斗牛、赛马、踩花山等。

四川省茂县、汶川县、理县、北川羌族自治县的羌族过的则是"羌年"。每年农历十月一日举行，一般为三至五天，有的村寨要过到十月初十。按民间习俗，过羌年时要还愿敬神，敬祭天神、山神和地盘业主（寨神）。节日里，家人团聚，各户都要用面粉做成各种形状的鸡、羊、牛等祭品用以祭祖，然后把羊肉分给各家各户。再邀请亲友邻里到家，饮自酿的"砸酒"，边饮边歌。还要跳"锅庄舞"、"兰寿舞"、"皮鼓舞"和举行"推杆"比赛。

还有，云南省西双版纳傣族自治州傣族泼水节则是傣族的新年，相当于公历的四月中旬，一般持续三至七天。第一天傣语叫"麦日"，与农历的除夕相似；第二天傣语叫"恼日"；第三天是新年，叫"叭网玛"，意为岁首，人们把这一天视为最美好，最吉祥的日子。整个节日期间，除有赛龙船、放高升、放孔明灯、泼水、丢包等传统娱乐活动外，还有斗鸡、放气球、游园联欢、物资交流等新的活动。云南民族村的傣族、佤族男女也身穿盛装与游客一起欢度泼水节。泼水节的意义是祝福、爱情、力量、舞蹈、高升。

2. "元宵节"的不同表现

对于大部分的中国人来说，元宵节亦称为上元节、元夕或灯节，时间是每年的农历正月十五。元宵节是农历新年的第一个月圆之夜，是祭月、赏月的日子。正月十五家人一起吃元宵，是中国由来已久的习俗，元宵节还有送花灯、赏花灯、耍龙灯、耍狮子、猜灯谜、踩高跷、划旱船、扭秧歌、走百病、迎紫姑、逐鼠等习俗活动。

山西省柳林县的元宵节以柳林盘子会为主题，柳林县每年正月都要精心搭建"盘子"，所谓"盘子"是一种制作精美的组合型阁楼式仿古建筑模型，被人们称为"放大的神阁子"。围绕"盘子"举行民俗文化活动，从农历正月十三至二十六，各街巷张灯结彩，遍搭彩盘，彩幔遮天，旺火耀目。柳林盘子会期间，乡村集镇红火热闹，处处神会，万民云集。斗龙灯、耍狮子、闹秧歌、踩高跷、抬竹马、跑旱船、堆旺火、家家户户吃元宵、远处爆竹声声，近处轻歌曼舞。唢呐喧闹，小戏连台，街上摩肩接踵，满城欢声笑语。

山东省烟台市的元宵节以渔灯节为主题，渔灯节是烟台市沿海渔民特有的传统民俗节目，距今已有五百多年的历史，主要流传于山后初家、芦洋、八角等十几个渔村。以前每年正月十三或十四午后，当地渔民便要以一家一户为单位，自发地从各自家里抬着祭品，打着彩旗，一路放着鞭炮，先到龙王庙或海神娘娘庙送灯，祭神，祈求鱼虾满舱，平安发财；再到渔船上祭船、祭海；最后，到海边放灯，祈求海神娘娘用灯指引渔船平安返航，这便是所谓的"渔灯节"。

现在的渔灯节日除了这些传统的祭祀活动外,还增添了在庙前搭台唱戏及锣鼓、秧歌、舞龙等种种群众自娱自乐活动。

福建省龙岩市连城县的元宵节以闽西客家元宵节为主题,闽西为客家人的祖籍地,是客家民系形成地之一。客家人在由北向南的长途跋涉和频繁迁徙中,把古老的中原文化习俗带到闽西,并与当地文化相互渗透,形成风情万种、独具特色的客家文化,元宵节庆习俗是其中重要的组成部分。客家元宵节的"游大龙、走古事、赏花灯、烧炮"等习俗沿袭至今,仍保持着古老、自然的文化形态。

3."端午节"的不同表现

端午节为每年农历五月初五,又称端阳节、午日节、五月节等。先秦时代,人们普遍认为五月是个毒月,五日是恶日,相传这天邪佞当道,五毒并出,因此采杂药、插艾草、点雄黄、配香囊、长命锁等是这个节日特有的习俗。又因相传端午节是为纪念战国时代楚国诗人屈原(他在五月初五这天投汨罗江自尽殉国)而设,因此赛龙舟、包粽子也成了这个节日的普遍习俗,且深入人心。

湖北省黄石市的端午节以西塞神舟会为主题,西塞神舟会是黄石市西塞山区道士袚村民庆贺端午节的传统盛会,主要活动有制作神舟、唱大戏、祭祀、巡游、送神舟下水等系列仪式和活动。从每年农历四月初八之日举行龙舟的开工仪式,扎制神舟,到五月初五子时由道士主持仪式为神舟开光,直到五月十五至十八的神舟会正式会期,整个活动历时四十天,是目前国内端午节时间较长的祈福和祭吊活动。

上海市宝山区罗店镇的端午节以罗店划龙船习俗为主题,罗店端午划龙船习俗盛行于上海宝山区罗店镇。明清时期,罗店地区常受风雨之害,乡民出于对现实灾难的恐惧和抵御,于是每逢岁时节令多作避邪消灾活动。罗店端午划龙船保持着江南古老的原始宗教等民俗形态,同时也因人文环境的不尽相同,刻上了罗店鲜明的地方烙,主要体现于祭祀仪式、船体装饰、水上表演三个基本部分。整个划龙船活动以端午正日为始,通常进行五到七天,主要活动有立竿、出龙、点睛、接龙、送标、旺盆等,旧时罗店划龙舟时避忌妇女儿童,充满神秘的气息,意在驱除瘟疫病灾,使一方水土获得洁净。如今,罗店划龙舟已经成为当地民间一种具有文艺娱乐特色的节庆民俗活动。

江苏省苏州市的端午节以苏州端午习俗为主题,与其他地区不同的是,纪念的是春秋时期吴国名将伍子胥。纪念伍子胥的端午节是苏州一年一度最为盛大的民间节日,具有一整套与当地自然气候条件、日常生产生活习惯、经济文化特征相适应的民俗活动,如包粽子、赛龙舟,挂菖蒲、戴香囊、挂钟馗像驱鬼等传统项目。苏州的老传统除了悬艾草菖蒲外,还有给孩子穿戴虎头鞋帽。苏州一些老字号药店,配有特制的中药香料,淡淡的药草香气提神醒脑,形状有老虎头、南瓜娃娃、糖娃娃等,成为传统节令产品中的一枝奇葩。

从以上民俗节日的案例不难看出,同样的节日在不同的地域呈现不同的内容与特征,甚至在一些核心的层面也有不同的表现。如苏州的端午节祭祀的是伍子胥,而非屈原,这对于内陆腹地的普通民众还是会觉得有些新奇。我国作为典型的大陆型国家,一般在内地以汉民族为主体的地区,其民俗节日内容比较相近,而在沿海和少数民族聚居的地方则有不同的表现。如烟台的渔灯节就具有典型的海洋文化特征,又兼具元宵节"灯会"特征的一致性。这种文化的多样性与一致性在民俗节日中具有很好的体现,特别是民俗节日作为一种"活在当下"的文化载体,对于我们保护非物质文化是非常重要的渠道。

三、 城市语境中宗教信仰类非物质文化遗产的保护

我国非遗保护整体上偏重于农村和少数民族地区。随着非遗研究的深入,城市非遗保护越来越引起学界的关注,尤其是城市宗教信仰类非物质文化遗产的保护更加紧迫。因为,大城市不仅是现代化的中心,更是文化传统的核心阵营,有着丰厚的物质文化遗产与非物质文化遗产的堆积,一些重要的风俗往往是由城市发动而推向乡村的。

城市作为文化交流汇集的中心,各种宗教信仰也交汇其间。外来宗教信

仰虽然扮演着重要的角色，但若仔细寻绎，还是会发现，城市所在地的本土信仰，即城市化之前的城镇和乡村的信仰依然是该城市的底色。以上海为例，我们可以发现，传统的民间信仰，即乡村与城镇时代的民间信仰依然在今天的大上海保留着，成为上海城市传统的基础。上海有六千年的考古学意义上的历史，也有两千多年的文献与口承的历史。元代以来的上海以棉花与稻子的生产为主，是农业社会兼有商业社会的形态，不是现代意义上的城市。这种情形一直到1842年上海开埠，上海才逐渐成为远东重要的经济金融中心。据历史学家的文献资料分析研究，在传统的上海民间信仰中，文昌帝君、施相公、东岳大帝、城隍土地、刘猛将、黄道婆、天后和五通五路神是主要的信仰对象。而民俗学家的调查，说明这些信仰还存活在城市生活中，我们在上海城市和郊区的庙宇里的调查过程中，都能够看到这些神灵的影子，以及信徒的信仰活动①。这类信仰活动是上海城市文化传统的一个重要来源，反映了百姓的真实生活也体现了人们的精神诉求，然而这些宝贵的民俗传统目前还未被收录国家或市级非遗保护名录。但如果我们仔细研究上海的民俗节日，如上海宝山罗店端午节、上海龙华庙会、豫园灯会、小青龙舞龙会、浦东圣堂庙会等等，还是可以发现相关信仰内容。如此看来，民俗节日在保护宗教信仰类非遗项目中扮演着极其重要的角色。

从上海的民俗节日来看，尤其是节日类的非物质文化遗产项目，其内涵方面一般都涉及宗教信仰的内容。像龙华庙会、圣堂庙会本身就是以佛、道教为名的民俗节日，烧香祭神是节日活动中的重要内容。龙华寺相传是弥勒佛的道场，寺名也与弥勒成佛前在华林园龙华树下举行集会的佛教典故有关，而龙华庙会最初就是对弥勒的祭祀活动。相传，农历三月初三是弥勒的化身布袋和尚的涅槃日，而作为弥勒道场的龙华寺在这一天就要举行盛大的纪念法会，做众姓水陆道场。在庙会期间，礼佛者烧香祭拜，热闹非凡。浦东崇福道院，俗称"圣堂"，相传为三国时期东吴大将陆逊的家祠。圣堂庙会迄今已延续数

① 田兆元：《城市化过程中的民间信仰遗产保护研究》，《华东师范大学学报（哲学社会科学版）》2012年第4期。

百年。清代主持王作霖曾记载:庙会益盛,时有"三月半,上圣堂"和"烧烧圣堂香,投个好爷娘"之谚。2013年9月,上海市文广局把"圣堂庙会"列入上海第四批非物质文化遗产名录。庙会一般历时6—9天,崇福道院为广大信徒精心组织了各种民俗和宗教活动,宗教活动有道教神话剧的演出、真武大帝祈福法会等等。其他如豫园灯会、小青龙舞会是上海地区的元宵节,即正月十五,也是道教的上元节,是上元天官赐福的日子。端午节则是驱毒禳福、祭祀先贤的日子。节日期间,许多上海本土的神灵、祭祀、信众活动等等信仰类的非物质文化得到展示。

在调研中发现,上海的信仰神灵具有同质化发展的倾向,一些体现江海湖泊文化特色的本土神灵如施相公、杨相公、刘猛将、天后等逐渐被边缘化,在寺庙道观中的主殿一般都供奉佛、道教的主神,原来供奉的地方神灵往往被排放在偏殿中,甚至安置在一个不起眼的地方。这种做法不利于本土信仰,即本土特色文化的保护,同质化的信仰发展如同城镇化中的"千城一面",会对信仰类的非物质文化遗产造成极大的破坏。因此,本文呼吁要通过民俗节日这一鲜活的文化空间,保护、传承当地的民间信仰,特别是具有本地特色的神灵信仰资源,组织专家学者挖掘存留在民俗中的信仰类非物质文化,丰富非物质文化遗产的范围,留住传统文化的根。

17

国际化大都市建设背景下的
上海海洋非物质文化遗产

毕旭玲 *

摘　要　在上海地区漫长的发展历史中,累积了大量精彩而厚重的海洋非物质文化遗产资源。这些遗产不仅是先民留给我们的宝贵财富,更是在海洋世纪,上海进行国际大都市建设的重要资源。但无论是政府文化部门还是学界,对海洋非遗,尤其是上海海洋非遗都缺乏认识和了解,更没有重视。上海海洋非遗的保护研究具有重要意义。首先,上海海洋非遗中蕴含着上海人以及上海城市的精神特征,可以为上海进行国际文化大都市建设提供精神动力;其次,上海海洋非遗的保护和研究,有助于树立上海海港城市的历史文化形象;第三,上海海洋非遗是上海国际大都市可持续发展的重要资本和动力,更是当代上海文化产业发展的重要资源。

关键词　海洋非物质文化遗产　类型　意义

上海是一个来自海的城市。在上海地区漫长的发展历史中,累积了大量精彩而厚重的海洋类非物质文化遗产资源。这些遗产内容丰富,包括海洋文学艺术、海洋民间习俗、海洋节庆文化、海洋传统技艺、海洋信仰文化等。它们不仅是先民留给我们的宝贵财富,在被称为"海洋世纪"的 21 世纪,更是当代上海进行国际大都市建设的重要资源。

＊　毕旭玲,上海社会科学院文学所副研究员,硕士生导师,研究方向:民俗与非遗。

一、海洋非物质文化遗产的概念及上海海洋非物质文化遗产的存在情况

　　海洋非物质文化遗产是相对于内陆非物质文化遗产而言的,是非物质文化遗产的一个组成部分。根据非物质文化遗产(下文简称"非遗")的定义,我们可以为海洋非物质文化遗产(下文简称"海洋非遗")下一个相似的定义。一般来说,海洋非物质文化遗产是指各种以非物质形态存在的,与沿海民众生产生活密切相关的,沿海民众世代相承的传统文化表现形式,包括口头传说、传统表演艺术、民俗活动和节庆礼仪、有关海洋的民间传统知识和实践、传统手工技艺等以及与上述传统文化表现形式相关的文化空间。

　　上海海洋非物质文化遗产(以下简称"上海海洋非遗")资源异常丰富,我们可以从已经公布的市级与国家级两级代表性名录中窥见一斑。从 2007 年至今,上海市公布了五批共 220 项非物质文化遗产项目,其中有 54 项属于海洋非遗项目,占全部上海市市级名录的近四分之一。其中,包括市级第一批项26 项,第二批 9 项,第三批 7 项,第四批 5 项,第五批 7 项;从 2006 年至今,上海市共有 58 项非遗被列入国家级名录。其中,有 10 项属于海洋非遗,占全部上海市国家级名录的约 17%。这 10 项国家级海洋非遗分别是:上海港码头号子、瀛洲古调派琵琶演奏技艺、浦东派琵琶演奏技艺、奉贤滚灯、南汇锣鼓书、浦东说书、宣卷、浦东舞龙竞技、罗店龙船、松江舞草龙。表 1 对上海市级海洋非遗项目进行了初步统计。

表 1 上海市级海洋非物质文化遗产项目列表

序号	项 目 名 称	申报地区或单位	批 次	分类
1	上海田山歌	金山区	扩展	
2	上海港码头号子	浦东新区、杨浦区	第一批	传统音乐
3	瀛洲古调派琵琶演奏技艺	崇明县	第一批	

续表

序号	项 目 名 称	申报地区或单位	批 次	分类
4	浦东派琵琶演奏技艺	南汇区	第一批	传统音乐
5	崇明吹打乐	崇明县	第三批	
6	浦东山歌	浦东新区	第四批	
7	滚灯	奉贤区	第一批	传统舞蹈
8	卖盐茶	南汇区	第一批	
9	打莲湘	金山区、原南汇区、奉贤区	第二批及扩展	
10	吕巷小白龙	金山区	第三批	
11	调狮子	崇明县	第三批	
12	腰鼓	金山区	第四批	
13	鲤鱼跳龙门	闵行区	第四批	
14	皮影戏	奉贤区	第一批	传统戏剧
15	奉贤山歌剧	奉贤区	第一批	
16	扁担戏	崇明县	第一批	
17	锣鼓书	南汇区	第一批	曲艺
18	浦东说书	浦东新区	第一批	
19	宣卷	浦东新区	扩展	
20	白杨村山歌	奉贤区	第一批	民间文学
21	浦东地区哭嫁哭丧歌	南汇区	第一批	
22	崇明山歌	崇明县	第二批	
23	杨瑟严的故事	崇明县	第三批	
24	川沙民间故事	浦东新区	第五批	
25	淀山湖传说	青浦区	第五批	
26	崇明俗语	崇明县	第五批	
27	舞龙竞技	浦东新区	第一批	传统体育、游艺与杂技
28	鸟哨	南汇区、崇明县	第一批及扩展	
29	摇快船	青浦区	第一批	

续表

序号	项目名称	申报地区或单位	批次	分类
30	益智图	崇明县	第三批	传统体育、游艺与杂技
31	船拳	青浦区	第四批	
32	金山农民画艺术	金山区	第一批	传统美术
33	灶花	南汇区、崇明县	第一批	
34	奉贤乡土纸艺	奉贤区	第一批	
35	石雕	南汇区	第一批	
36	三林刺绣技艺	浦东新区	第一批	传统技艺
37	上海黄酒传统酿造技艺	金山区	第一批	
38	崇明老白酒传统酿造技法	崇明县	第二批	
39	三阳泰糕点制作技艺	原南汇区	第二批	
40	酱菜制作技艺(崇明甜包瓜制作技艺、草头盐齑制作技艺)	崇明县	扩展	
41	土布染织技艺	奉贤区、金山区、崇明县	第二批及扩展	
42	手工织带技艺	原南汇区	第二批	
43	神仙酒传统酿造技艺	奉贤区	第三批	
44	上海米糕制作技艺	金山区、崇明县	扩展	
45	古船模型制作技艺	浦东新区	第五批	
46	风筝制作技艺	奉贤区	第五批	
47	罗店龙船	宝山区	第一批	民俗
48	舞草龙	松江区	第一批	
49	天气谚语及其应用	崇明县	第一批	
50	小青龙舞龙会	嘉定区	第二批	
51	羊肉烧酒食俗	奉贤区	第二批	
52	圣堂庙会	浦东新区	第四批	
53	三林老街民俗仪式	浦东新区	第五批	
54	朱泾花灯会	金山区	第五批	

从市级非遗名录来看,传统技艺类非遗在数量上占绝对优势,如下图所示:

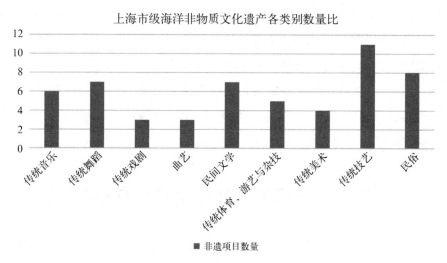

图1　上海市级海洋非遗各类别数量比

传统技艺类海洋非遗居多的原因大概有如下两点:

第一,传统技艺类海洋非遗是与濒海民众生产生活关系最密切的非遗类型。传统技艺类海洋非遗涵盖了吃、穿、用等物质生活的基本方面,有些技艺本身就是濒海地区民众的谋生手段。这些技艺在生产生活中积累并得到传承。即使因技术的进步,在从事海洋生产的人群急剧减少的当代,这些技术也因为与日常生活密切相关而得到了传承。它们经历了较长时间的稳定而不易变化,依然在当代生产生活中发挥作用或产生影响,因此留存下来较多。

第二,传统技艺类海洋非遗的发达,与上海地区近代工商业的发达也有密切关系。上海居于海江汇合之处,是远洋和内河航运的要冲,也是沿海航线的中点。开埠以后,随着长江和沿海轮船航运业的兴起,上海的贸易额迅速增长。"1867 年海关正式编制全国贸易统计时,进出口总值已扩大到 11 462 万关两,较战前增加 1.9 倍。到 1894 年进出口总值进一步增加到 29 021 万关两,较战前增加 6 倍以上。其中上海对外贸易要占到全国进出口总值的一半以上,特别是在进口方面,占全国进口总值的 60% 以上。"①上海由此迅速成长为全国贸易中心。租界的开辟为上海近代工业的发展提供了独特的契机。这种国中之国的设置,使西方先进的近代工业技术、大机器生产迅速在上海租界开花结果。到 1933 年,上海工业总产值达到了 11 亿元以上,超过了全国工业总产值的一半②。近代工商业的发展,培养了上海地区民众的商业意识和商业头脑。因此,可以进入商业领域的传统技艺类海洋非遗也得到了较大发展。金山的黄酒,南汇的糕点,崇明的酱菜、米糕、老白酒等这些采用传统工艺制作的非遗产品早在近现代就已经成为上海地区的名产,进入了商业领域。

二、 上海海洋非物质文化遗产的类型

非遗的十大类划分已经是学界比较熟悉的分类方法,因此,本文也按照这十种类型(其实是 9 种)对上海海洋非遗进行分析。

(一)传统音乐类海洋非物质文化遗产

传统音乐类海洋非遗是指上海先民利用民族音乐的创作和演奏方法,采用民族音乐独有乐器创作的,具有民族特征的音乐。这些音乐或直接来源于海洋生产生活,或反映海洋意识、海洋思维、海洋观念等,充满海洋文化特色。金山区的上海田山歌,上海港码头号子,瀛洲古调派琵琶演奏技艺,浦东派琵琶演奏技艺,崇明吹打乐,浦东山歌等项目是传统音乐类非遗的代表。这些项目中的一部分直接来源于海洋生活和海洋生产,比如崇明吹打乐与上海港码头号子。前者是海岛民众日常婚丧嫁娶,俗年节庆中必不可少的乐曲,后者是码头工人劳作时用以协调劳作步伐的劳动歌谣。也有一些项目并非直接来源于海洋生产生活,却因长期在沿海区域或海岛流传而具有鲜明的海洋文化特

---

① 上海社会科学院经济研究所、上海市国际贸易学会学术委员会编:《上海对外贸易(1840—1949)(上册)》,上海社会科学院出版社,1989 年,第 28 页。

② 黄汉民:《1933 和 1947 年上海工业产值的估计》,《上海经济研究所》1989 年第 1 期。

征。比如形成于崇明岛的琵琶演奏技艺——瀛洲古调派琵琶演奏技艺。崇明岛古称瀛洲。瀛洲古调派琵琶演奏技艺主要指的是"瀛洲古调"的演奏技艺，其源头可以追溯至明末清初的北派琵琶。当北派琵琶传入崇明之后，受到崇明岛海洋风土人情的熏陶，自出新意，逐渐形成了"瀛洲古调"。瀛洲古调派琵琶演奏技艺在北派琵琶刚劲雄伟、气势磅礴的基础上，融入了南派琵琶的优美柔和、华丽袅娜，又受到崇明岛海洋文化的熏染，形成了隽永淳朴，清新绮丽的特色，使其成为中国著名的琵琶流派之一。

（二）传统舞蹈类海洋非物质文化遗产

舞蹈是通过有节奏的，经过提炼和组织的人体的动作以及造型，表达一定情感内容的艺术形式。舞蹈是人类最古老的艺术形式之一。传统舞蹈类海洋非物质文化遗产是指起源与积累自沿海先民的海洋生产生活中，具有鲜明的海洋特色的舞蹈形式。奉贤区的滚灯，原南汇区的卖茶盐，金山、奉贤、原南汇等地的打莲湘，金山区的吕巷小白龙，崇明岛的调狮子，金山区的腰鼓，以及闵行区的鲤鱼跳龙门等是上海海洋非遗的代表性项目。这些项目中的一些直接演化自海洋生产，如卖茶盐舞蹈就来自盐民贩卖私盐的活动。卖盐茶起源于元代，又称挑盐箪、卖盐婆，后又演变成挑花篮、花篮舞、花灯舞。元代的南汇下沙一带是盐场。盐民受生活所迫，不得不贩卖私盐。为了逃避盐捕，他们在挑盐的盐箪上面用茶叶遮盖，打扮成卖茶叶的小贩走街串巷兜售私盐。这种贩卖私盐的活动后来被改编为庙会行街表演，在民国时期已经有相关表演。还有一些传统舞蹈类海洋非遗与民间信仰、民间节庆甚至民间海防有关。崇明岛的调狮子就是一种非常独特的祭祀狮舞。其狮子形态与南北狮舞中的狮子都差异较大。它的嘴既扁阔又长突，类鸭嘴，面颊朝里缩，大嘴巴特别明显。崇明调狮子在表演时，没有常见的狮舞中搔痒、舐毛、打滚、抖鬃等，也不进行腾扑、翻滚、跳跃、搏斗等，而是像鸭子一般，摇摆着在锣鼓的伴奏下，完成将幼童渐渐吞食的过程。根据传说，调狮子起源于对一种海中凶兽的祭祀。相传，宋代崇明岛周围海域中有猛兽貊貔，喜食小儿。当地有一勇敢年轻人，击毙了貊貔。后来，当地民众为了防止貊貔再次为害，就祭祀它，并奉上面团做的小儿为祭品,期盼貔貅不再上岸为害。这种祭祀活动后来就演变为调狮子。而奉贤滚灯,相传源自抗倭时期当地民团的一种军事训练活动。

(三)传统戏剧类海洋非物质文化遗产

传统戏剧是一种历史悠久的综合舞台艺术样式。它起源于原始歌舞,经过汉、唐直到宋、金时期才逐渐定形,包括文学、音乐、舞蹈、美术、武术以及杂技等表演艺术形式。上海传统戏剧类海洋非遗是指诞生、成长于民众的海洋生产生活及其环境中的传统戏剧,不仅形式上受濒海地理环境的影响,思想内容也大多来自濒海生产生活。比如崇明扁担戏是流传于崇明岛的一种特殊木偶戏。一位民间艺人挑着扁担,一头挑着小舞台,一端挑着高脚凳,就能走街串巷,随处表演。表演时,一个人既当演员,又伴奏;既用手指演绎角色,又用嘴巴演唱台词,模拟口技。崇明扁担戏源自清代苏州地区木偶戏。这种木偶戏传入崇明以后,与当地风物人情相结合,演化出了以扁担为工具的形式,遂被称为扁担戏。这种一人挑担的形式非常灵活,不需特殊的舞台布置,随时随地可以开始表演,曾相当受崇明岛民众的欢迎,并流传至崇明以外的上海及其周边地区;又如,奉贤山歌剧是除沪剧、滑稽戏之外第三大上海本土剧种,有"上海的独养女"之称,主要流行于濒海的奉贤、金山与原南汇地区。虽然奉贤山歌剧源自农业生产劳动,有踏车山歌之称。但因为生长于濒海地区,因此也具有浓郁的海洋文化特色,不少曲目反映了濒海生产生活的内容。

(四)曲艺类海洋非物质文化遗产

曲艺是说唱艺术的统称,是由民间口头文学和歌唱艺术在长期发展过程中演变而成的一种艺术形式。曲艺类海洋非遗是指那些在濒海地区成长起来,能反映海洋思维、海洋意识、海洋观念等内容的曲艺形式。上海地区的曲艺类海洋非遗资源以原南汇地区的锣鼓书,浦东说书以及浦东宣卷为代表。这些曲艺形式大都源于民间宗教行为。探究它们产生的原因,大概与濒海生产生活的风险与艰辛有关。一方面,台风、海啸随时威胁海边民众的生命和财产安全。另一方面,海洋劳动,无论是渔业还是盐业,都比一般的谋生方式更艰辛。所以,濒海地区的民众不得不借助各种宗教信仰行为,祈求神灵的保佑和庇护。比如,锣鼓书曾被称为"太保书",起源于原南汇和浦东农村中驱瘟逐疫求太平的民间宗教仪式。后来,从该仪式中演化出单独的民间曲艺,以说唱为主要形式,包括道白、吟唱、独唱、对唱等,演出时演员自击锣鼓演唱故事,因此又被称为"堂锣书"、"神鼓书",新中国成立后称"锣鼓书"。锣鼓书的内容多取材于民间传说、演义小说和家庭伦理与历史故事,具有浓厚的濒海乡土风味与地方特点;又如,浦东宣卷起源于唐代的"俗讲"和宋代的"谈经",是佛教徒及其信徒宣讲"宝卷"的一种方法,后演变成曲艺形式。宣卷这种曲艺形式先出现于社戏庙会,后来进入茶肆旅馆及乡村。上海地区的宣卷由苏州传入,首先进入沿海的原南汇地区,后由沿海地区传至内陆。

(五)民间文学类海洋非物质文化遗产

民间文学类海洋非遗是指那些以海洋为活动平台,或以海洋为叙述对象,具有鲜明海洋特色和海洋意识的民间文学作品。上海民间文学类海洋非遗资源主要以白杨村山歌、浦东地区哭嫁哭丧歌、崇明山歌、杨瑟严的故事、川沙民间故事、淀山湖传说、崇明俗语等为代表。这些非遗资源中,有不少民间歌谣,也有民间故事以及俗语谚语。但无论是哪种形式都比较真实地反映了濒海居民的海洋生产生活状况或者他们对大海或感激喜爱,或畏惧愤怒等感情。比如,浦东地区哭嫁哭丧歌流行于原南汇沿海的东海、书院、万祥、老港、大团等一片狭长地带。按照当地风俗,新娘出嫁时若不会唱哭嫁歌,会遭到旁人的讥讽与轻视。如果死了长辈,女儿、媳妇不唱哭丧歌,被视为不孝。办丧事时,哭的人多说明死者生前有人缘。南汇的哭嫁歌和哭丧歌是汉族地区保存最完整、内容最丰富的哭歌。著名民俗学家姜彬先生在调研以后认为:这一狭长地带"是个相当荒僻和闭塞的地界,现代文化侵入较少,旧的风俗保留较多"①。

---

① 姜彬:《姜彬文集 第五卷 集外》,上海社会科学院出版社,2007 年,第 188 页。

（六）传统体育、游艺与杂技类海洋非物质文化遗产

传统体育、游艺与杂技指的是各种民间传统的武术、体育、竞技，包括少林功夫、武当武术、各种太极拳，朝鲜族的跳板和荡秋千等。这些项目或者带有一定的竞技性，或者有健身的功能，或者用于表演，或者自娱自乐，有些甚至可以用来谋生。传统体育、游艺与杂技类海洋非遗是指那些濒海民众在与海洋及相关水体，以及周边陆地为地域，展开的民间传统武术、体育、竞技活动。上海地区的传统体育、游艺与杂技类海洋非遗资源以浦东的舞龙竞技，原南汇与崇明地区的鸟哨，青浦的摇快船，崇明岛的益智图，以及青浦区的船拳等项目为代表。随着时代的发展，这些传统武术、体育与竞技活动中的不少在当代都演变成了艺术表演形式。以崇明鸟哨为例。崇明鸟哨是产生自海边捕鸟活动中的技艺。鸟哨，即用哨子模仿鸟的叫声，以吸引鸟从而捕捉鸟。在崇明岛的沿海滩涂，生长着数量众多的小动物，往往吸引着鸟类前来捕食。当地开垦滩涂的先民首先发现这一现象，并捕捉鸟类补贴生活。他们捕鸟的主要方法就是通过鸟哨模仿鸟的叫声。当崇明东滩等湿地已经成为鸟类保护区，曾经的鸟哨也从谋生的技能成为舞台表演的艺术形式。

（七）传统美术类海洋非物质文化遗产

传统美术是民众创造的，以美化环境，满足民俗活动需求，丰富文化生活为目的的各种视觉造型艺术，如版画、年画、雕塑、壁画、剪纸等。传统美术类海洋非遗，或其产生环境，或其反映的内容及情感，或其创作主体，多少与海洋生产生活及其环境相关。金山农民画，原南汇与崇明地区的灶花，奉贤乡土纸艺、原南汇地区石雕等是传统美术类海洋非遗的代表项目。以灶花为例。灶花是出发的装饰画，一般画于"灶山"之上。灶花内容丰富，山水、花鸟、人物、抽象图案等不拘一格。南汇地区灶花的产生与海盐生产密不可分。南汇地区早在宋元时期就是著名盐场，处处建灶煮盐。盐民为了祈求丰收，便在盐灶和家灶上绘各种吉祥图案。后来，灶花这种美术形式还扩展到盐场以外的沿海地区以及内陆地区。根据文献记录，光绪年间，南汇与浦东地区已经形成了颇

具规模的灶花匠人群体,出现了不少著名的灶花艺人。原南汇等沿海地区的灶花反映了沿海民众追求的家庭和睦,环境美化,家居装饰的传统理念。

(八)传统技艺类海洋非物质文化遗产

传统技艺是指采用天然材料制作具有鲜明的民族风格和地方特色的产品的技艺。传统技艺类海洋非物质文化遗产是指那些与海洋生产生活相关,或者表现海洋,或者取材于海洋,或者反映海洋意识等的工艺品种和技艺。上海地区的传统工艺类海洋非遗资源的代表性项目包括:浦东地区的三林刺绣技艺,金山区的上海黄酒传统酿造技艺,崇明老白酒传统酿造技法,原南汇地区的三阳泰糕点制作技艺,崇明的甜包瓜制作技艺和草头盐薤制作技艺,奉贤、金山和崇明地区的土布染织技艺,原南汇区的手工织带技艺,奉贤区的神仙酒传统酿造技艺,金山、崇明地区的米糕制作技艺,浦东新区的古船模型制作技艺,以及奉贤区的风筝制作技艺等。这些项目的内容涵盖了吃、穿、用等诸多方面。以崇明老白酒酿造技艺和甜包瓜制作技艺为例。崇明老白酒也叫水酒,是一种酒精含量比较低的米酒,深受崇明岛民的欢迎。在岛上,崇明人无论婚丧嫁娶,寿诞节庆,乃至祭祀,都喜欢用本地老白酒。清代康熙年间,崇明老白酒的名声已经传播至岛外。老白酒采用本地糯米酿造,用米曲霉制曲,一般自然发酵半个月左右;崇明甜包瓜是崇明岛传统腌渍制品,也称"包瓜"、"酱包瓜",相传创制于清代道光年间。崇明甜包瓜采用崇明当地特产的青皮菜瓜制成,经过用精盐与石灰粉初腌、复腌之后,再放入缸中日晒夜露,令其自然发酵,经两个月后腌渍成熟。甜包瓜厚实脆嫩,咸甜适口,开胃解腻,是岛民普遍喜爱的食品,后来还成为上海地区著名的特色腌渍菜,驰名长江中下游。

(九)民俗类海洋非物质文化遗产①

民俗类非物质文化遗产具有群体性、综合性等特征,它的开展依赖特殊的

---

① 民俗类海洋非遗的归类实际上是有问题的。问题的关键在于非遗十大类的分类并不合理。"民俗"实际上涵盖了前述很多种类。关于这一点,学术界已有认识,本文存而不论。

时空，并且往往自身就是标志性文化事象。民俗类海洋非遗一般与海洋生产生活节气、节庆、知识、海神信仰等内容密切相关。上海民俗类非物质文化遗产资源以罗店龙船、舞草龙、崇明天气谚语及其应用、小青龙舞会、羊肉烧酒食俗、圣堂庙会、三林老街民俗仪式、朱泾花灯会等为代表性项目。以松江的舞草龙为例。根据传说，松江地区的舞草龙其源头其实是一种民间祭祀性的龙舞仪式，具有浓厚的宗教色彩和海洋色彩，具独特性代表性。根据传说，松江叶榭一带在唐代曾遭遇过一场大旱灾。八仙中的韩湘子召来东海青龙降雨，缓解了旱情。此后，叶榭当地百姓就用稻草扎起草龙，祈求风调雨顺。从此，制扎草龙成为叶榭民间的一种习俗，而舞草龙也成为民间节庆活动中的必备娱乐节目。

三、 上海海洋非物质文化遗产保护研究的意义

本文第二部分所举的例子仅仅是庞大的上海海洋非遗资源中被列入保护名录的一小部分。实际上，上海海洋非遗资源要丰富得多。比如民间文学类海洋非遗包括海洋传说故事、海洋歌谣、海洋谚语、海洋诗文等多种小类型。其中的每一种存量都是相当丰富的。以海洋传说故事为例，早在成书于南宋年间的《云间志》中就载录了《古冈身》《静安寺》等上海早期地方传说；成书于元代的《嘉禾志》中也记载了《白龙潭》《海眼》等地方传说。如果说历史文献所记载的上海海洋故事数量还是有限的话，民间流传海洋故事就不可胜数了。比如仅《中国民间故事集成》（上海卷）中就收录了100多则采自口头的海洋传说故事。

但是，我们也可以看到：随着城市化进程的加快，以及海洋文化生态环境的改变，上海地区大量的海洋非遗资源日趋弱化，有的甚至濒临灭绝。比如曾经十分盛行的渔船号子、渔船山歌随着本地渔民群体的减少而陷入无人传唱的境地；又如曾经热闹非凡的陆家嘴、闸港、青龙江等处的观潮习俗也随着河道的改变而消失。上海海洋非遗的现状令人担忧。更令人担忧的是：无论是上海当地文化部门还是学术界，都没有意识到上海海洋非遗的重要意义，从而

对其进行应有的保护和研究。在学术界,海洋非物质文化遗产研究是一个新兴研究领域。根据中国知网的统计结果,以"海洋非物质文化遗产"为题目关键词的论文仅有 17 篇,其他涉及海洋非遗研究的论文也仅有十数篇。而以"上海海洋非物质文化遗产"为题或者为研究内容的论文竟然一篇都没有。

上海海洋非遗是上海先民遗留下来的宝贵遗产与资源,对它的保护和研究其实具有非常重要的意义:

第一,海洋是上海之根,海洋非遗中蕴含了上海人以及上海城市的精神特征,是上海进行国际文化大都市建设的重要精神支柱。上海最早的先民临海而居,创造了煮盐晒盐、捕鱼捞虾、围海造田等生产行为,并建造了渔港村落、港口码头、海防要塞等建筑和设施。在临海而居的生产环境中,他们创造了众多的海洋神灵,积累了丰厚的海洋民俗。先民在搏击海洋,与海洋自然灾害做斗争的过程中,在探索海洋的生物资源、矿产资源的过程中,不仅创造了丰富而精彩的海洋非遗,也在这些非遗中注入了"海纳百川,有容乃大","不畏艰苦,坚忍不拔"等海洋精神,并将它们刻在了上海先民的集体无意识中,形成了上海人精神的主要内核。2003 年,在上海市精神文明工作会议上确定的上海城市精神是:海纳百川、追求卓越。2007 年,在上海市第九次党代会上,时任上海市委书记的习近平为上海城市精神增加了"开明睿智、大气谦和"的表述。我们比较之后发现:上海海洋非遗中体现的海洋精神与上海人精神,乃至上海城市精神都是一脉相承的。对于上海国际化大都市建设的目标而言,城市精神建设是其中的重要内容,是保证国际大都市建设不偏离精神轨道的重要保证。而保护和研究上海海洋非遗,弘扬其中的海洋精神正有助于发扬上海城市精神。

第二,上海海洋非遗的保护和研究,有助于树立上海海港城市的历史文化形象。上海来自海洋。上海地区的大部分陆地由长江潮流与海浪共同冲击形成的。随着泥沙的不断堆积,上海海岸线不断东移,上海地区的面积也不断扩大。4 000 多年前,上海地区的海岸线还在今天的奉贤、闵行、青浦、松江、嘉定等区。到了距今 800 多年前,海岸线已移至现浦东新区的惠南镇。直到明代中叶以后,当代上海海岸线才逐步形成。包括大陆海岸线与岛屿海岸线在内,上海地区海岸线约长 480 公里,并分布着崇明、长兴、横沙、大小金山、浮山等岛屿。在上海地区的发展史上,海洋也起到了非常重要的作用。比如上海先民就曾在濒海地区进行过长期的海洋捕捞作业。范成大的《吴郡志·开元寺》载梁简文帝的《浮海石像铭》曰:"晋建兴元年癸酉之岁,吴郡娄县界松江之下,号曰沪渎,此处有居人,以渔者为业。"海洋捕捞业促进了渔港的发展,渔港后来又发展为贸易港口。到唐宋时期,在今天青浦区白鹤镇形成了江南地区最著名的贸易港口——青龙港。此后黄姚港、江湾港、上海浦港又陆续崛起,直至后来的黄浦江港。随着这些海港的发展,上海地区不断走向辉煌。所以,从根本上说,上海是一个海港城市。但是因为中国古代文明的主要内容是大陆特色的农业文明,所以海港城市的文化形象一直以来并未受到重视。本来按照古代上海港口的发展规律,上海在明清时期有希望发展成为雅典、威尼斯、亚历山大那样临海的国际政治与商务中心。但因为禁海政策的实施,上海国际化的道路也被封闭了。直到当代,建设国际化大都市的口号才再次被提出来。在建设国际化大都市的过程中,上海不能忽视海港城市这样的定位以及其背后的文化资源。这些资源的充分发掘和利用,势必能推动上海国际大都市建设走得更远,更成功。

第三,上海海洋非遗是上海国际大都市可持续发展的重要资本和动力,更是当代上海文化产业发展的重要资源。上海海洋非遗与上海内陆非遗具有十分明显的区别。海洋非遗大多是来自民间的传统文化,对其传承和保护最有效的手段就是让它们继续在民间生长发展,也就是要活态传承和活态保护。不少海洋非遗资源和项目都可以通过融入现代文化理念与审美的文化形式等方式进行开发,实现传统海洋文化与现代海洋文化对接与转换。尤其是传统技艺类的海洋非遗,更可以作为海洋非遗产业开发的重点。传统技艺类海洋非遗具有存量多,市场接受度高,并有过初步产业化发展历史等特征。这些特征为此类非遗及其产品的产业开发奠定了较为良好的基础。目前上海海洋非遗产业开发还没有完全起步,仅有金山农民画、崇明相关特产等一些进行了初步开发。这些海洋非遗产业和产品的市场潜力巨大,应该成为未来上海发展文化产业的重点。

非物质文化遗产个案研究

18
基于非遗资源信息图谱的
上海三官神话的变迁研究

雷伟平 *

摘　要　本文借助信息图谱列示明朝至今三官神话的分布,其分布同市镇经济以及各路商家的发展相统一。明朝后期,盐场的逐渐衰落与棉布商人的到来,三官的来历成为关注的重点:徽商认为嘉定三官即唐宏葛雍周武;罗店沈潘认为罗店的三官是唐宏葛雍周武,同时又有不同的观点,罗店本地人钱珏认为是尧舜禹三官。清朝时期,随着上海市镇棉业、布业的繁荣,三官神话也进一步具体化、细节化,逐渐出现了以救难为主的神话,如罗店镇的三元救沈潘父子,体现了徽商与当地人的矛盾与冲突;外冈镇的徽商姚氏的神话则表现了外地人对本地文化的认同;闵行镇的洞庭席某的仆人,闵行镇的新安布商则是各

*　雷伟平,上海外国语大学贤达经济人文学院讲师,专注于非物质文化遗产的保护与开发,地方文化资源的保护与开发,2016 年出版《上海三官神话与信仰研究》。

路商家在生意场上的暗斗的表达。民国时期以治病神话为主,如松江、陈家庙建庙神话等。当代三官神话在经历"破四旧"以及"文化大革命"以来,随着社会经济的发展,三官神话逐渐复兴,不过三官神话主要以来历神话为核心。三官神话的发展变迁离不开经济要素,也离不开各路商家的推动。三官神话变迁的研究有利于我们进一步认识上海文化,理解上海文化的包容性与多样性。

关键词　信息图谱　上海　三官神话　变迁

　　图谱主要是运用图形语言来进行时间与空间的综合表达与分析,用于反映事物和现象空间结构特征与时空序列变化规律的一种信息处理与显示方法。① 它主要是图(地图)与谱(系统)的合一。信息图谱则是图谱在信息时代影响下的产物,是计算化(数字化、信息化)的图谱,是对传统图谱的继承和进一步发展:它继承了图谱的图形思维方式,又进一步发展具有定量化和模拟分析之功能。信息图谱应用于地学的分析和研究,就形成了地理信息图谱。② 而地理信息图谱以地理信息系统(即 GIS)等信息技术③为主要支撑,使得地理信息图谱的生成过程智能化,而且使得其不仅持续深入地应用于地学,而且已经扩展到其他学科领域。比如民俗学,利用地理信息图谱,对非遗资源的时空状况进行可视化分析,形成非遗资源信息图谱。因此,本文根据非遗资源信息图谱理论以及概率论中的相关性理论,以明清至今的

---

① 陈述彭:《地学的探索》,科学出版社,1990 年,第 203、220 页。
② "地学信息图谱"的定义:"则是空间时代与信息时代的产物。沿用'图谱'之名称,以示本质上一脉相承,表述区域自然过程与社会经济可持续发展的时态演进与空间分异。既再现它的历史,又虚拟它的未来,成为人们研究区域自然环境与社会发展的一种现代化的科学方法和高新技术手段,服务于国土整治、城乡规划、资源开发、环境保护……诸多方面的规划、决策与管理。"陈述彭:《地学的探索》,第 200 页。
③ 还包括卫星遥感(即 RS)、全球定位系统(即 GPS)和信息网络(即 Information Network)这三种信息技术。

上海三官神话为中心,绘制明清至今的三官神话的分布图,以及神话传播地各区镇的经济状况、人口状况的分布图,分析三官神话的诞生和发展与区镇经济、人口的相关性,以期探索三官神话的变迁。这里所指的神话不仅包括有情节的内容,还包括碑刻资料以及调查中获得的一些简短的叙事。这是受到田兆元的关于神话内容的启发,他认为:"有完整故事的神话叙述是神话,同样,不完整的神话,一个片段,一个不明端的叙述,甚至只有一个神的名称也是神话,对于神话研究者来说,不完整的神话或许更值得关注。"①

三官神话是道教历史上重要的神话之一,以天地水为中心,逐渐衍生出尧舜禹、唐宏葛雍周武、陈子椿与龙女的三个儿子三官等多种神话形象。元朝时传入上海后,明时进一步发展,至清朝时期达到顶峰,在上海的乡村几乎村村都有三官庙,共有三官宫观庙宇 87 座。以天地水、尧舜禹、唐宏葛雍周武为核心内容的三官神话,约有 14 个(如图 1)。笔者就以明、清、民国、当代为序分析上海三官神话的变迁。

一、 来历神话: 明朝三官神话的变迁

明朝三官神话共有 4 则,分别分布在漕泾镇、嘉定镇、朱家角镇、颛桥镇,如图 2 所示:

在以上分布中,漕泾镇、嘉定镇、朱家角镇均以碑刻为主,颛桥则是有具体情节的三官神话传说。在三则碑刻中,第一则是明成化二十一年(1485 年)张悦的《重修道院记略》,该碑记主要为漕泾镇凤仙道院所作,记录了建三官庙的原因和过程等事项:

"漕溪在郡东南七十里许,南即大海。濒海居民以盐渔为业。每当夏秋,飓风阴雨,海水簸荡,甚至决堤浸田,漂毁室庐。元至正时,有徐六万户者,悯其民为海所苦,谓海阴以幽而幽,则有鬼神,宜威灵以镇之,于是舍基田六亩,西距溪二百八十步,创祠宇,其上奉香火祈祷焉。永乐初毁于倭,鞠为茂草者

---

① 田兆元:《论神话研究的民俗学路径》,《政治大学中文学报》(台湾)2011 年 6 月。

图1 三官神话分部总图

　　注：五星表示明朝的三官神话,四角表示清朝的三官神话,三角表示民国的三官神话,心形表示现代的神话。

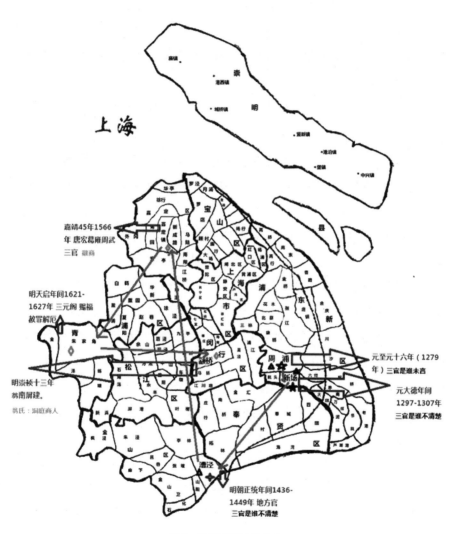

图2　明朝三官神话分布

五星表示元朝,四角表示明朝;三角表示盐业,四边表示棉业。箭头表示时间顺序。

四十载,其地之赋,则里民王文亨与其子若孙累岁输官,因以其地三分之一为茔墓。正统间,总赋长杨拯欲为重建,白郡守赵公豫可之。乃归命牧者杨道诚董其事,即其基创三官殿,复其名如故。成化丙戌请度牒壬辰来住持。居无何,道诚物故,用初独立募缘,竭诚殚虑,乙亥作玉皇殿,做东西两庑,壬寅作钟鼓楼,作外三门、疱湢桥并宾客讲演之所,亦皆以次完美。不特前人创始之意为有光,而居民藉为保障,不益久永也。"①

根据笔者在《上海三官神话与信仰研究》中的探讨,认为该道院在现金山区的漕泾镇。再据碑刻,可知当时百姓以渔盐为业;夏秋两季时有洪灾,为解民之苦以威灵镇鬼神,当地的地方官建庙,后因庙毁而在正统年间重建只提到三官殿,但并未指出三官是谁,为什么在记中没有讲到三官是谁呢? 这需要与元朝的三官联系起来看。

元朝时三官信仰传入上海,有两座庙堂为证,一是周浦镇的三官堂,二是新场镇的三官堂。宋朝时下沙盐场即是周浦所在地,到元朝时,"以盐业为最,是我国当时东南沿海 34 个大盐场之一。元人陈椿所著《熬波图》,详细记述下砂(今下沙)盐场的煮盐方法和技术,从中可窥当时盐业的盛况。随着海岸东移,盐场亦随之东迁,由下沙向新场。"②也就是说盐场后来从周浦转移到新场,"新场镇成镇之时,正值下沙盐场的鼎盛期,盐产量之丰,灶户数之众,在当时曾冠于浙西诸场。当时镇区歌楼酒肆,商贾辐辏,其繁荣程度曾一度超过上海县城,有'赛苏州'之誉,是当时浦东平原上的第一大镇。后来因盐场变迁,以及战乱和形势变化等原因,曾几经兴衰。"③可见,周浦镇与新场镇因盐业而繁荣。周浦镇的三官堂建于元至元十六年(1279 年),新场镇的三官堂建于元大德年间(1297—1307 年),这与周浦和新场的盐业相继发展的顺序是相符的。再看明朝时漕泾镇的情况,"漕泾古镇紧依海塘,元明间(盐)滩地辽阔,分隶于浦东、袁浦两大盐场管辖,盐商汇集,镇市兴旺。后因屡遭倭患,市镇破

---

① 光绪《重修华亭县志》卷二十二,亦见于《嘉庆松江府志》卷七十五。
② 《南汇县志》,上海地方志办公室官网。
③ 《南汇县志》,上海地方志办公室官网。

败。"①漕泾镇也是盐场,也是盐商汇集之地。可见三官神话起于盐场,是随着盐场的发展而发展,而且由这里不言三官是谁可以做出推测:当时人都可能知道三官是谁,而且拜三官的多是盐民。因此说盐业的发展与三官神话的发展紧密结合。

第二则神话是嘉靖四十五年(1566年)张意撰写的《集仙宫三官祠记》,集仙宫在嘉定区嘉定镇,记录三官的身份以及捐资者的姓名等事项:

"嘉靖四十五年张意撰,唐爱书,徐学谟篆额。在本祠故址,文曰三官祠者世所谓三官神帝也。《搜神记》:三官为周厉王时人,唐宏万雍周氏,厉王失政,三官累谏,弗听。弃官游吴。吴王悦之,会楚人来侵,三官战败楚兵。吴王酬以爵,不受。后归周,宣王赐赉甚厚,卒加封侯号。至宋祥符九年,真宗东封岱岳至天门,三官从空而下,扈驾显灵,帝封三元三品三官大帝,同判岱岳冥司。此其出处大校也。碑阴题嘉靖四十五年徽歙吴国宁室程氏夏氏男宗仁等七人孙大成等十四人曾孙自奇同建,又续题道光十六年秦溯萱室金氏男兆兰兆甲重修。"②

由此可知,嘉定镇的三官是唐宏葛雍周武,他们的来历有较为详细的阐述,同时记录了建庙者的姓名。徽商作为外地人已经开始注意到三官的身份,张意在写碑记的时候,根据《搜神记》认为三官是唐宏葛雍周武。一般来说只有外地人才会去问三官是谁,同时根据考证给出自己的解释。再看当时的嘉定镇,所属的嘉定县"至明代中叶,秋熟植棉面积占耕地的十分之九。于是,本县与常熟同为吴地首要的棉作区和棉纺织区,共享'苏布名重四方'之誉"。嘉定镇所处地区已是当时重要的棉花、棉布的集散地。随着经济的发展,徽商以自己的认识来解释三官神话,说明三官神话的发展离不开经济要素的嵌入。

第三则神话是青浦区朱家角的《重建朱家角三元阁记碑》,由张其翰撰写,该阁重建于天启年间(1621—1627年)。碑记内容如下:

"三元赐福、赦罪、解厄,为大千世界慈悲主,故法幢宝殿遍满中区。今珠

---

① 《金山县志》,上海地方志办公室官网。
② 《光绪嘉定县志》,卷二十九,金石志,光绪刻本。

街阁镇为由拳一都会,旧有三元阁岿然市左,操瓣香而祈禳者,肩摩而踵啮也。自遭兵燹,风雨剥蚀,庙貌掩于蟏蛸,殿铃罗于鸟鼠。……"①

这里对三元的解释是赐福赦罪解厄,也未言三官的身份。由此,当地人对三官应该比较熟悉,故不书三官的身份。再看朱家角当时的情况,"镇于明万历年间形成,"②到天启年间镇已经有所发展,形成了以棉花、布业为中心市镇经济。

还有一则即第四则神话是上海在明朝时唯一的一个有情节的神话,而且该神话属于灵验类型,发生地是在闵行的颛桥(原属北桥,北桥已并入颛桥)。"相传明崇祯十二年翁南屏运粮何家浜至庙北盘龙桥口,忽见儒巾道服者三人麾令速过,以免覆压,舟过未及半丈,桥果倾,三人亦杳见,南有野庙将坍,即就基翻建扩于其旧,雕三大木像供其中,曰三官大帝,自是人称野三官堂。"③明朝时期洞庭商人翁氏的活动遍及江南大部,那么这位翁南屏很可能是洞庭商人翁氏家族中的一员。因为是外来者所建,与当地的三官信仰不同而被称为野三官堂。

从以上的分析可知,明朝的三官神话主要是来历神话,漕泾镇的未名三官、嘉定镇的唐葛周三官、朱家角的赐福赦罪解厄三元、颛桥的三官大帝,多是在简单介绍三官庙堂的来历,具体的情节描述只有翁南屏建三官堂。随着漕泾镇盐业的衰败,经济中心向内陆的移动,三官神话也随之转移;嘉定镇的三官与徽商有关,朱家角的三元与棉业和布业经济相关,颛桥的三官与洞庭商人有关,这几个神话在时间上有递进关系,漕泾镇三官殿创于正统年间(1436—1449 年),嘉定镇的三官祠建于嘉靖四十五年(1566 年),朱家角的三元阁重建于天启年间(1621—1627 年),颛桥的三官堂建于崇祯十三年(1640 年)。如此看来,四地三官神话有个递进的关系,随着市镇经济的变化三官神话的分布也发生变化,而且受到各路商人的影响,如徽商与洞庭商人。可见,三官神话的兴衰与市镇经济以及外来者有很重要的相关关系。

---

① 潘明权、柴志光编:《上海道教碑刻资料集》,复旦大学出版社,2014 年,第 135 页。
② 《青浦县志》,上海地方志办公室官网。
③ (民国)《上海县续志》,卷二十九,寺庙。

二、 灵验与救难：清朝三官神话的变迁

清朝时期,在文献中发现的三官神话约有 8 个,分别分布在宝山的罗店 3 个,嘉定的外冈 1 个,青浦的金泽 1 个,闵行的颛桥 1 个、闵行镇 1 个、塘湾 1 个、七宝 1 个。分布如图 3:

图3 清朝三官神话分布图

四角表示三官神话,三角表示棉、布产地或集散地。

根据以上的分布图，以时间为序分别进行分析。第一则神话发生在宝山罗店，包括两个部分，一是关于三官身份的神话："三官堂在镇西市梢，黄二十图。明崇祯八年，里人沈濬建。按《群神考》云：三官者，周厉王时三谏官唐宏葛雍周武也，宏字文明，雍字文度，武字文刚，以谏厉王不听而去。宣王立，复还。宋真宗封宏为上元道化真君，雍为中元护正真君，武为下元定志真君。今珏以尧舜禹为三官，未知孰是。"[①]光绪时期修志的地方官已经不知道三官是谁，根据《群神考》是唐葛周三官，材料中的"珏"是钱珏，他于道光二十四年撰写《重建三元庙碑记》，提到这里的三官是尧舜禹三官大帝，当时沈濬的后代孙文渊篆额。可见这里的三官就是尧舜禹三官，只是修光绪罗店镇志的地方官不清楚罢了，根据文献考证认为是唐葛周。

二是关于虔诚供奉三元获神救助的神话，"罗店有徽商蒋姓者富而横。一日风鉴者来售术，蒋令相之，言前事若神，问后竟默然，固问之，则曰：'恐死无棺木耳'。蒋怒其侮，叱仆痛殴之，术者踉跄逃。沈濬闻而异焉，邀之相，初不许，濬婉言固请，术者熟视而大言曰：'余宁殴死不解谀人君相犹蒋耳。'濬笑曰：'子诚戆直，奈世不容何！'赠以金，使人护之出境，术者感其意，临行谓濬曰：'君面有煞纹，修心补相善可回天，幸勉之。'又云：'仆观世人，多杀相，殆劫数至耶。'濬闻之竦，然为善益，力奉三元神尤虔。乙酉六年十八日李成栋屠罗店，濬与长子元鲲守家，兵入，濬登楼，兵尾而上，若无所睹者，忽倚窗大呼曰有人跳下可杀之，下应约诺，已曰：'道人袍一领耳，何言人也。'楼上兵亦径去，濬知为神佑，事益虔。蒋全家被戮。"[②]该故事以相面者为主线，讲述了徽商与当地人沈濬完全不同的待人处事方式，而且与历史事件李成栋屠城相结合，具有较强的可信度。在沈家的家谱中也记录了这则神话故事。

从经济角度看，"罗店镇，从至元罗升创市起，该镇即为棉布集散地，于是吸引了'徽商辏集'此镇。万历年间，罗店'比闾殷富，今徽商凑集贸易之盛，

---

① ［清］光绪《罗店镇志》，卷二。
② ［清］潘履祥、朱延射纂，吴康寿、梁满贵修《光绪宝山县志》卷十四，志余·神祠、寺观、轶事。《中国地方志集成·上海府县志辑》，第九册，上海书店、巴蜀书社、江苏古籍出版社。

几埒南翔矣'"。① 可见罗店经济的发展离不开徽的推动。从人口的流动来看,外来人口在不断丰富着三官神话的情节和形态。

第二则是嘉定外冈镇的三官神话,在清朝初年的外冈曾流传这样一则故事,"徽商姚南青,启质库于镇之北街。耳中忽有祟,热时呼令暴赤日中,遇寒则使之履冰握雪,不堪其扰。或劝,求援于张真人,乃与夥朱任远偕往江西,询诸土人,云:'府有例,奉金五十状始纳。'如其言以敬之。翌日令法官为设醮焚疏,伏坛逾时,起谓曰:'祟由浙中桃花坞作,另立门户,不属吾教,君昆季相仇,为此恶剧,欲除必从其原,治之较便。'随书一符纳绛囊,使服诸膺,尔时祟屏息寂然。归途渐有声,旋访于桃花坞,无所跟寻而已。佩符后,耳中间唧唧有声,不复肆,遂置之"。② 在外冈的三官堂曾"里人募愿建立,后徽商姚氏重新装金"③。该神话属于三官治病类型,是徽商融入或者接受当地文化的重要证据,表现的是文化认同。再看外冈镇是原嘉定县的棉布重镇,据明崇祯时的《外冈志》,"四方之巨贾商,贸易花布者,皆集于此。"而且外冈布因其质量深受人们喜欢,据清雍正时《续外冈志》:"布有浆纱、刷纱二种,我镇独织浆纱。据商人云:'外冈之布,名曰冈尖,以染浅色,鲜艳可爱,他处不及'。"随着棉布业的发展,徽商对当地三官文化的认同,进一步促进了三官神话的发展。

第三则是关于闵行区颛桥镇的野三官堂(原属北桥镇,北桥镇并入颛桥镇)的神话,这在明朝时有一则洞庭商人翁南屏的建庙神话,到了清朝时,"乾隆二十七年南汇人毛鸣冈母病医祷罔效,梦三官神告以大树庵中银杏树根间,穴内有水可取以饮,母如言,果愈,遂修葺是庙。鸣冈事有扁记。"④该神话属于三官治病类型,北桥镇自嘉庆以后是重要的棉粮产区,经济的发展带动人口的流动。

第四则神话是关于闵行镇宁海禅院,该院在康熙时改为三官堂,康熙十八年张锡怿等改为宁海禅院,里面供奉三官,有作记录该庙的缘起的:"洞庭席

① 吴仁安:《论明清徽商在上海地区的经营活动与历史作用》,《大连大学学报》2000 年第 5 期。
② [清]雍正:《续外冈志》,所记载为雍正七年之前的事情,作者至雍正七年去世。卷四,杂记。
③ [清]钱肇然:《续外冈志》,上海乡镇旧志丛书,上海:上海社会科学院出版社,2004 年。
④ (民国)《上海县续志》,卷二十九,寺庙。

某，张巨肆于闵行，镇一佣性谨，虔事三元，一日欲弃家焚修，因具舟送归，渡泖，舟子利其所有，缚手足系以铁锚沉于水。日暮忽大雷电，席庭中堕一布，囊上挂铁锚，启视则佣工也。甦道其故。越日，舟子来索值，佣出劳之，叩头请死，金尚宛然。众欲闻之官，佣力止乃已。褚华泽国记，闻云以原金建云台禅院于邑之东门外。"①该神话最早见于《嘉庆松江府志》。褚华泽国记中有类似于此的关于新安布商的神话《神救布商》②：在明朝万历癸未年间，新安布商持银六百两，住在田庄。后乘船前往周浦，船家三人欲谋财害命，"缚客于铁锚沉之黄浦，而瓜分所有焉"。到了晚上，庄主在院子里乘凉，"闻屋上铿然有声，甚厉。以火烛之，锚上反接一人"。庄主感到奇怪，就问缘由，"商具言，遇盗状且述，危殆之际得水府三官神出游，恍睹鬼神百余辈，摄起向空因坠此"。庄主将他藏起来，等到那三个人回来，"叩诘锚安在？皆骇愕，伏罪出金，归诸商"。最后，布商为感谢三官神，在邑东门外建云台禅院。

两段神话都是以三官神救水难为主线展开，第一段神话的内容涉及洞庭席某及其家仆，是三官神护佑家仆免遭谋害，为感谢三官神而建庙。第二段神话则涉及新安布商亦即徽商，三官神护佑布商，布商感激三官神，建庙供奉。其中商人家族席氏，因经营棉布，寄籍朱家角镇；而徽商也做棉布生意，也是棉布生意的重要经营者。比较发现，这是洞庭商人与徽商暗斗的现实反映，借助神话分别表达自己获得三官神佑，显示各自的重要性。再有当时闵行镇也是粮棉以及布的集散中心之一。在经济发达的地区，在来自不同地方的商人聚集的地区，三官神话故事的形态更加的丰富。

第五则是关于七宝有人遇难获救的神话，"七宝徐天爵，好奉三元，极其虔诚。一日至苏籴麦回。至泖中，值龙下取水，声如万车上奔，船亦随之。舟中见泖塔在船下数丈。徐惧甚。惟诵三元经。须臾船平空稳坠，麦亦无恙。既入小港，男女聚观云：'空中龙护一舟，即此舟也。'"③清道光《蒲溪小志》记七

---

① （清）同治《上海县志》，卷三十一，寺观。
② 褚华纂（1758—1804），上海掌故丛书第一集《沪城备考》卷六。
③ ［清］道光《蒲溪小志》，卷四，遗事。

宝物产,谓当地产棉,除供本地纺织外,"且资远贩、衣食全赖以出。"①可见七宝作为棉业产地,成为粮食的倾销地,这一特点也反映在神话故事中。

第六则神话出自塘湾。在《塘湾乡九十一图志》中有神话一篇:

"吴会间尚三官神,传是天地水三神,奉之可以解厄。或曰周厉王时,有唐宏葛雍周武三人,谏王不听,弃职游吴,后得道仙去,三官神即此。里有施天棋者,崇奉甚笃,每月一、七、十日不茹荤酒,朔望踵庙焚香,积久无间。一日,渡浦方半,风雨暴作,中流巨浪山叠,舟覆浪中。施随波浮沉,自问无生理,瞥见金甲神遥立空中,左右披发者环侍。神命以舟送施,舟自水底涌出,一人驾而促之登,其疾如风,转侧间已抵瓜步。跃登浦岸,重见家园,回望水滨,人舟聚渺,惟奔波拍岸,浊浪滔天而已。归至家,其妇愁坐支头,泪痕满面,见施,愕然曰:'闻同舟人俱被覆没,无一人得生,方议沿浦觅骸骨,君安得生归?'施白所由,惊喜交至。追念甲神状貌,宛在目前,然窃不知其何神,又不解其何以得庇于神。后值月朔入庙,恍悟三官中水神即溺水时所见也,由是敬信益力,屡述其事以勉人云。"②其中"吴会"位于马桥镇西南,明弘治时称吴会镇,清同治年间称吴会市。吴会的三官是指天地水三官,而塘湾的三官出现不同的解释,认为是唐葛周三官,是外来者根据自己的认识给出的解释。塘湾镇兴起于清嘉庆时期,盛产芦席纹布而闻名,《塘湾乡九十一图志》编于道光时期,从嘉庆到道光,说明这时的塘湾吸引着众多的商家。因此就有更为丰富的三官神话诞生。

第七则神话出自罗店,属于三官警示救难型。"清朝朱某幼从塾中归,磨一小刀,见草间蛇长尺许,戏截其尾,蛇不死,去。越二十余年当盛夏时,宴饮回,醉卧床,其妻倚窗刺绣,见狸奴对床鸣鸣作威如捕蛇状,妻异之,近视则一大蛇自帐顶垂下,离某面仅数寸,张口欲吃。大惊,急拖其席坠地,惊醒视其蛇,穿帐孔下,尾有伤痕,以疤阻不得达,乃知幼时所断之蛇复仇也。又东市木

① 《上海县志》,上海地方志办公室官网。
② [清]张杞村辑《塘湾乡九十一图志》,上海乡镇旧志丛书,第十三册,上海市地方志办公室编,上海社会科学院出版社,2005年,第45页。

行一店使夜宿更舍,一日往城收账回时已黄昏,行四五里,前三伟人衣道服阻之,疑为劫贼不敢行,遂宿地藏殿,天明始回。至更舍,见一赤练嚼枕席俱烂,蛇亦死,乃悟昔时亦欧一蛇而去,其人崇奉三元神,三伟人疑即三官也。"[1]随着罗店经济的发展,金罗店地位的确立,不同地区的商家在此汇集,三官神话的内容逐渐转向各种救难型,这里蛇难即是一例。

综上所述,清朝时期上海的市镇的经济逐渐走向繁荣,同时带动各路商家汇集于此,不仅是在盐业、棉业、布业、粮食业等方面的发展,也使得三官神话的内容更加具体化。三官神话从明朝的来历神话逐渐走向以救难为中心的神话,神话中要么展现了各路商家对三官文化的认同之争,要么体现了外来者与本地人的冲突与矛盾。

三、 治病救人： 民国三官神话的主流

1911 年结束了封建统治,中国进入了与以往完全不同的世界,北伐战争、抵抗侵略的战争、解放战争等,在这样的社会生活中,更加容易诞生三官治病救人的神话,其分布如图 4 所示:

首先看松江的三官神话:

"传说在清初,松江府华亭县辖下的某村,有一个三房和一子的仁兄大病在床,辗转求医无效,命在旦夕。那一天,来了一位道长,身穿道袍,飘飘然然有仙风道骨模样,口中念念有词说专治疑难杂症,百病包治。病家一听,忙不迭把他请回家来,三粒灵丹下肚,顷刻霍然而起。道长告辞,病家哪里肯放,推让一番,一定要走。病家送出门来,恳求道长留个地名,日后好去拜访。道长说道:'七月二十七晨,在昆山井亭港泥河滩相见。'说罢化一道清风而去,病家知道遇到神仙了。到了那日,全村老幼,齐来叩谢,却在三官殿里瞧见三官老爷与那位道长的容貌无异。众人大惊,消息在松江一带传开,从此七月二十七日松江人都要到泥河滩三官殿叩拜三官老爷,直到泥河滩上三官殿坍杞,松江

---

① 清光绪《罗店镇志》卷八。

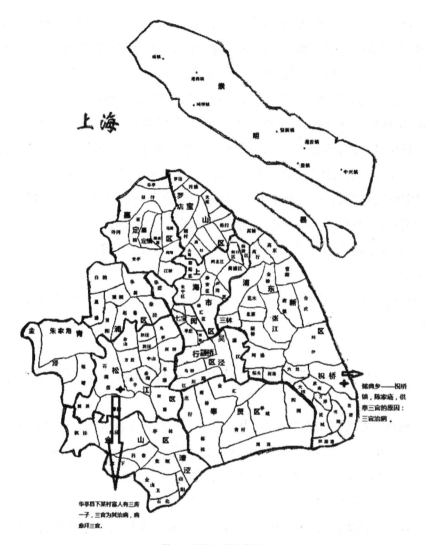

图4 民国三官分布图

人仍有七月二十七日到泥河滩圣地敬香叩拜的风俗。"①

　　还有南汇(今浦东)祝家桥镇陈家庙的神话:"陈家庙:隶储冢牛路堰北,储典乡七甲四百九十六号上则二分八厘一毫。历由陈氏裔孙修葺之。储学洙记略:民国甲子岁,杖朝假归。问俗至是庙。无庙宇饰,同陈君禹垂肃入,见

---

　　① 周本民著:《风情朱家角·寺庙堂观》,上海三联书店出版发行,2007 年,第100 页。

供三神,禹垂曰:'吾陈氏,自汉太邱长五十九世孙善士公,由镇江金坛县渡春申浦,卜居五团七甲。越五世,至廷章公,生有异相,秉性聪慧,持躬朴检,不喜食肉,年二十八便病危,神志昏迷。夕梦见三人立床前,一诊脉、一持药、一捧茶,饮之醒,觉满身松动,病去过半。回忆三人状貌,恍惚间,东方已白。家人进粥,即起坐饮食,越三日病愈。客来问疾,公以梦告,客曰:'殆三官之神乎?由平日做事公正,热心慈善,冥有援救,当建宇供之。卑留感念。'公于清乾隆五十二年,鸠工建佛宇三间。中供三官神像,凡元旦、元宵、中秋等节,虔奉香火,四邻亦皆致敬。历二百年再三重修,不藉他人资助。'学洙闻之肃然起敬,曰:'廷章公建佛宇,报神祀也,义也。子孙世守,昭祖德也,孝也。'孝义足为社会式,迥异乎迷信家之借神敛钱者。记之,以风历晚近薄俗。时民国二十年辛未。①"

在战乱等的影响下,各个市镇的经济走向低潮,随之三官神话也逐渐走向衰败。

四、 来历神话: 当下三官神话的变迁

根据笔者田野调查的资料,当下上海三官神话在各区有多种形态,包括如浦东以天地水三官为中心、嘉定以唐宏葛雍周武三官为中心、青浦则以尧舜禹三官为中心。不过在调查中,多讲三官是谁、三官庙怎么来的,较少有其他类型的如治病、救难等神话。具体分布如图5:

在这些来历神话中,具典型代表的是青浦区 A 村的女三官神话与尧舜禹三官神话,所谓女三官指的是一位名字为三官的姑娘。首先看女三官神话:

"三官是一个姑娘的名字,她有两个哥哥,因她父亲吃醉了酒,对当地一个无恶不作的土豪讽吹了几句,被土豪的家奴活活打死。三官的两个哥哥上告打官司,因为土豪贿赂而官司打输了,弟兄俩还要上告,三官不许。父亲的遗体埋葬的当天晚上,三官失踪了,全家人四处寻找没有找到。再讲这个土豪过

---

① 《二区旧五团乡志》坛祀(南汇区)。

图5 当代三官神话分布图

生日,请了两个戏子唱堂会。清朝时都是男人唱戏,没有女人唱戏的,要么男人扮女人。请来的两个戏子当中的其中一个生的非常美貌,被土豪看中了,生日酒席结束后,土豪约这个漂亮的戏子,来到自己房里,并叫下人守着门口,几个下人正猜想时,听见房里有声响,下人们又不敢叫喊,接着又能听到啪的一声更大的声响,手下人再也忍不住了,就喊了几声,但里面毫无反应,于是就破门而入,进房门一看,土豪死在地上,头也没有了,而这戏子也倒在地上,手里还握着一把雪亮的刀,脖子里还有一根带子,梁上也有一根同样的带子。一看就明白，这戏子杀了土豪后自己上吊，但带子断了才摔倒在地上，这才传出啪的声响。这两个家伙在戏子身上一动，发现这戏子没有死，还有气息，再一看，才看清这戏子原来是女的，这就是三官，这两个家伙对了一下眼色，起了色心，把门一关，想要轮奸，这时的三官不省人事，什么也不知道。可就在这个紧要关头，起了一阵狂风，一根棒头从天而降，正好打在一个家伙的头上，当场七窍流血而死，另一个家伙吓得死去活来，忙跪在地上叩头就拜，他总算免了一死。接着有人去报了官，官吏们来到现场，三官的两个哥哥闻讯赶来，认出是妹子三官，弟兄俩把妹子三官弄到家里，三官还是这样，像个死人又不像个死人，还有一点气息，就是什么也不知道，就这样，一日三日九日，度过了九九八十一天，三官还是老样子。当地老百姓看到心爱的三官这个样子，心里难过极了，于是，经过大家商量，决定集资为她塑身造庙，三官为民除害，为了纪念她的功德，三官堂造起来了，主人就是三官。已经过了好长时间，三官真的演化成一位可敬可爱的菩萨，三太。"①

还有一则就是近几年正在代替女三官的尧舜禹三官神话，据说与乾隆皇帝有关，"乾隆皇帝下江南时，曾两次到此地。第一次的时候，在东横湖中映出一座红颜色的庙，但是四周没有这样的庙，乾隆皇帝就许愿要在此地建一座红庙。当地的官员就领旨建庙。皇帝第二次来的时候，想起曾经许的愿，决定到该地看看，发现庙已经建好了，而且烧香的老百姓有很多，香火很旺盛。皇帝决定要在此地拜三官，即尧舜禹三官，为此，庙宇扩建，三官成为该庙的主祀，官方的记载是三官堂，而当地的百姓称其为红庙。"②

总之，当下三官神话重在说明三官的来历，是有一定的历史原因的，在此不做赘述。上海作为国际大都市，其经济、文化等方面都在日新月异地发展着，这一过程中，三官神话作为都市文化之一同样也获得了相应的发展，尽管目前来看更多的是以来历神话为主，在以后的发展中，逐渐会出现灵验神话等。

---

① 该故事由 A 村民俗表演团的团长提供。
② 当地艺术团老团长（男，70 岁）以及管庙的张姓村民（女，62 岁）。

五、结 语

借助信息图谱列示明朝至今三官神话的分布,其分布同市镇经济以及各路商家的发展相统一。明朝后期,盐场的逐渐衰落与棉布商人的到来,三官的来历成为关注的重点:徽商认为嘉定三官即唐宏葛雍周武;罗店沈潘认为罗店的三官是唐宏葛雍周武,同时又有不同的观点,罗店本地人钱珏认为是尧舜禹三官。清朝时期,随着上海市镇棉业、布业的繁荣,三官神话也进一步具体化、细节化,逐渐出现了以救难为主的神话,如罗店镇的三元救沈潘父子,体现了徽商与当地人的矛盾与冲突;外冈镇的徽商姚氏的神话则表现了外地人对本地文化的认同;闵行镇的洞庭席某的仆人,闵行镇的新安布商则是各路商家在生意场上的暗斗的表达。民国时期以治病神话为主,如松江、陈家庙建庙神话等。当代三官神话在经历"破四旧"以及"文化大革命"以来,随着社会经济的发展,三官神话逐渐复兴,不过三官神话主要以来历神话为核心。总之,三官神话的发展变迁离不开经济要素,也离不开各路商家的推动。因此,三官神话的变迁是在经济的发展和各路商家的推动下共同实现的。三官神话的变迁的研究有利于我们进一步认识上海文化,理解上海文化的包容性与多样性。

19

上海本帮菜肴传统烹饪
技艺的生产性保护研究

程 鹏*

摘 要 国家级非遗项目上海本帮菜肴传统烹饪技艺,是目前较好实践生产
性保护的典型案例。为应对原材料和市场环境的变化,其在强调传
统的同时,又有所创新。保护单位上海老饭店,在注重生产的同时,
也日益重视营销宣传。当然,在装潢上注重展现海派风情的同时,还
应该深入挖掘本帮菜的文化价值、社会价值等内涵,在本帮文化的传
承和宣传上,仍然大有可为。在当代,非遗的生产者与消费者都是重
要的传承群体。面对本土市场的萎缩和年轻消费者的减少,要注意
培养本土的消费群体,对其当地的文化环境进行传承保护,使其本位
性文化得以接续。

关键词 生产性保护 真实性 传承人 消费者 本位性文化

"生产性保护"是指在具有生产性质的实践过程中,以保持非物质文化遗产的真实性、整体性和传承性为核心,以有效传承非物质文化遗产技艺为前提,借助生产、流通、销售等手段,将非物质文化遗产及其资源转化为文化产品的保护方式。它与立法保护、抢救性保护和整体性保护一样,是中国非物质文化遗产的一项基本保护方式。目前主要应用于传统技艺、传统美术和传统医药药物炮制类非物质文化遗产项目。这些非物质文化遗产项目大都具有转化

---

* 程鹏,上海社会科学院文学研究所助理研究员,主要研究方向:文化遗产与文化创意产业。

为文化产品的潜质,并且市场基础条件较好,有的甚至在列入非物质文化遗产名录之前就已经实现了产业化。

对于生产性保护,自其诞生之日起就争议不断,不仅对是否应该实行"生产性保护"存在不同意见,而且即使赞成者对于"生产性保护"的实施范围及途径也存在不同观点,再加上"产业化保护"、"商业化经营"等衍生概念的提出,使得这一问题变得愈加复杂。为了更好地对非遗项目进行传承保护和管理,从更为细致的分类体系中进行探讨和开展具体的个案研究也就非常必要。本文以国家级非遗项目上海本帮菜肴传统烹饪技艺为例,对其生产性保护经验和问题进行研究,希冀能对其他非物质文化遗产的生产性保护有所借鉴。

一、 上海本帮菜肴传统烹饪技艺简介

本帮菜,是上海"土生土长"的本地菜,它从上海本地百姓的日常饮食起步,逐渐吸取了徽菜、淮扬菜、苏锡菜、粤菜等其他帮派的长处,并结合了本地消费者的口味习惯逐步进行改良,最终形成了具有鲜明地域特色的饮食文化风格。本帮菜形成的地域位置虽然主要集中在上海的老城厢以内,但早已在全国餐饮行业内占据了一席之地,并且已经走出国门。

上海本帮菜肴传统烹饪技艺是一代代厨师在长期实践中总结出的一整套独特的、富有鲜明地域特征的厨艺绝活:在选料上注重活、生、寸、鲜,刀功上讲究细、匀、古、雅,烹饪技法以烧、糟、煨、爆见长,调味以咸、甜、糟、香为主,口感上软、糯、绵、爽。浓油赤酱而不失其味,扒烂脱骨而不失其形。在多年的发展历史中,上海本帮菜不仅形成了自己的风格特色,而且积累了诸如虾籽大乌参、八宝鸭、油爆河虾、糟钵头、青鱼秃肺等一大批特色鲜明的经典菜肴。本帮菜所独有的地方风味和独特的烹饪技艺,已经构成了上海文化的一个有机组成部分。上海本帮菜肴传统烹饪技艺于 2011 年入选为上海市非物质文化遗产。2014 年,又被列入第四批国家级非物质文化遗产名录。

作为上海本帮菜肴传统烹饪技艺的保护单位,上海老饭店是目前上海本帮菜传统烹饪技艺的大本营，在目前硕果仅存的几家本帮菜餐饮企业中资历最深。上海老饭店原名荣顺馆，始建于清光绪元年（1875 年），是上海豫园商城属下的中华老字号饭店，在上海乃至全国的烹饪界都享有盛誉，连续多年被认定为"上海市著名商标"、"中国商业名牌"、"上海名牌"、"中国优秀品质饭店"。并且在北京以及日本的东京和名古屋等地也开设有分店，年销售额六千多万元。

上海本帮菜肴传统烹饪技艺是本帮菜大师在长期的烹饪实践中总结出的一整套烹饪经验，是师徒之间口传心授流传下来的精华所在。目前本帮菜传统烹饪技艺的一整套技法得到了较为完整的保存，在上海老饭店的技术队伍中，本帮菜的传承谱系也已经延续到了第六代。然而，面对市场经济的冲击，本帮菜传统烹饪技艺的生存现状仍然存在一定的困难。本帮菜传统烹饪技艺大多为手工操作，且工艺难度较为复杂，在日趋激烈的市场竞争中，企业的生存发展存在一定的隐患；由于厨师的收入水平不高，上海老饭店也存在人才流失严重的现象。受上述多种因素影响，本帮菜新品开发也举步维艰，适宜于现代食材和现代口味的新菜肴较难推出。

上海本帮菜肴传统烹饪技艺自成为非物质文化遗产以来，已经得到日益重视，各项保护工作也先后纳入轨道。比较来说，上海本帮菜烹饪技艺是上海实行生产性保护较好的非遗项目。下面笔者就从《文化部关于加强非物质文化遗产生产性保护的指导意见》中对保持非物质文化遗产的真实性、整体性和传承性要求入手，对其生产性保护中的经验及问题进行分析。

二、 真实性： 坚持传统与发展创新

在非物质文化遗产的传承与保护当中，我们一直强调其真实性，然而什么才是真实性？我们该如何看待非遗自身的发展变化？万事万物都处在不断变化之中，非遗项目在活态传承中也在不断发生着各种变化。以上海本帮菜为例，在其形成发展的过程中，烹调技法和口味也是不断地经历着各种变化。清朝后期，十六铺一带成为上海最早的商业地区，当时从小东门到南京路的上海

菜馆酒楼已有一二百家之多,那时上海菜主要特点是:取用本地食材为主,烹调方法上以红烧、蒸煨、生煸、炸、糟见长。到了民国初年,沪上工商业和港口贸易日趋繁荣,各地菜馆也纷纷来沪,形成了沪、苏、锡、甬、徽、粤等16个地方风味聚于一地的格局。这一阶段,上海菜博采众长、融会贯通,其口味变为卤汁浓淡适中,有清淡素雅,也有浓油赤酱。而到了抗战后,上海已发展成为东方国际大都市,餐饮业异常繁荣,"海派川菜","新派粤菜"风靡一时。本帮菜在激烈的市场竞争中大放异彩,最终形成了以上海和苏锡江南水乡风味为主体,并兼有各地风味的一个地方风味菜。

在当代,随着全球化的发展,不同文化间相互交汇碰撞,对彼此形成诸多影响。上海处于中西文化交流的潮头,各地的文化也在此汇融,这对本帮菜的发展有着很大的影响,使其在发展的过程中不断地与时俱进。分食制的流行和审美价值的变化,使得本帮菜日益精细雅致。如本帮名菜"扣三丝",就经历了从杂乱堆在一起的细丝到"粗扣"再到"细扣"的演变,而为了顺应当代"分食制"的趋势,上海老饭店又推出了每人每份的"迷你扣"。并且随着现代人口味的变化和对营养健康的追求,本帮菜在口味上较原来更为清淡,在营养价值方面也有所提高。

随着环境和生产因素的变化,许多非遗项目在原材料上都存在短缺的问题。如本帮菜烹饪技艺中的糟醉技法,是上海风味中最富地域特点的一种,其制作过程须采用上海独有的一种香糟作为原料,辅以陈年花雕及其他秘方,经贮存后反复过滤而成。然而随着制糟的日益减少,也面临着这一问题。上海老饭店在保持传统技艺的同时,努力克服优质原料短缺的问题,在保证口味的前提下,从原料上积极进行改革创新。比如"八宝鸭"原先用开洋,现在改为了腥味更少的干贝。"虾籽大乌参"的原料因为东海渔业资源的枯竭,现改用南非大乌参,体积更大,外形也更加饱满。同时,随着社会和经济的发展,当代的调料种类也大大增加,尤其是全球化使得国外的调料更易获得,促进了菜品的改良。如"XO八宝酱",就是在传统"八宝辣酱"原材料的基础上加入XO酱,这样一来不仅颜色更加鲜亮,而且也提升了鲜味。而"虾籽大乌参",在改良后也加入了些许XO酱,品尝时进口不辣,收口微辣,挑动着人们日益时尚的味蕾。还有"油爆虾"原先只用传统酱油和砂糖两种调料，现在则要使用黄豆酱油、白酱油、生抽、冰糖、砂糖和蜂蜜多种调料，这样烧出来的"油爆虾"颜色较浅，口味较清淡，在品尝时更具层次感。对于菜品的改良创新来说，最重要的是要遵循原料本性，根据原材料的本来特点合理组合，才能改良成功。如上海名菜"蟹粉豆腐"，就是将豆腐与鲜美的河蟹一起烹调，豆腐在诱导出河蟹鲜味的同时也浸润了河蟹的味道，两者合二为一，可以说是本帮菜创新发展的典范。

就真实性而言，它不是要求墨守成规、一成不变，而是保证核心的东西不流失不变质。上海本帮菜肴传统烹饪技艺，虽然强调传统，却并不阈于传统，在技艺不变的前提下，原料、调料上都有所创新。我们不能一味要求非遗完全保持原状不发生任何变化，也不能要求现在的上市公司再回归家庭小作坊，对于非遗企业来说，保证核心又有所创新才能走得更加久远。

三、 整体性： 表层价值与深层内涵

对于非物质文化遗产生产性保护的另一个重要前提——整体性而言，要保护的不仅包括原材料、生产、销售、消费等非遗本身的全部内容，还包括与其相关的各种习俗、传说、俗语等内容，甚至包括其所生存发展的整个文化环境。上海老饭店在本帮菜肴传统烹饪技艺的生产性保护方面，能够兼顾生产与消费，除了保证烹饪技艺和菜品质量外，还通过平面媒体、网络等多种渠道扩大宣传，如在大众点评网上开展营销，参与上海旅游节等活动。作为本帮菜生存发展的重要文化环境，豫园已由庙市发展成为一处集商业娱乐、餐饮、园林观赏、宗教祭祀于一体的"豫园文化环境圈"。这为上海本帮菜烹饪技艺的传承和发展，提供了一个具有浓郁地方风情的历史文化背景和展示平台。而上海老饭店在装修上，也努力反映老上海所独有的风貌。不仅在每个楼层的墙上都悬挂着上海开埠以来不同阶段的老照片，而且三楼的特色包房区，更是借用有轨电车和旧时招牌等道具呈现老上海灯红酒绿的场景，还有以"沪城八景"命名的八间"石库门"式包房，更是极具海派情调。

就生产性保护而言,几乎所有的传统饮食制作技艺类非遗项目在入选非遗名录之前,都已经面向市场进行生产经营,并且都有相应的企业和门店。而非遗企业以市场为导向,必然也要接受市场的优胜劣汰。所以,传统饮食制作技艺类的非遗项目在传承和保护上基本还是以"企业生存"作为实在性的目标,而对于非遗项目所具有的文化内涵则重视不足。非物质文化遗产是包涵功能价值、文化价值、社会价值、美学价值为一体的综合体系,这些价值或显或隐贯穿于其生产、流通、消费的整个过程。所以非物质文化遗产生产性保护的整体性,更是要求对这一综合价值体系进行保护。大多数传统饮食制作技艺类非遗项目,都非常注重功能价值,其在手艺和口味上往往也比一般的食品更胜一筹。但是我们不能仅仅满足于基本的功能价值,还应该追求更深层次的文化价值和社会价值。作为传统饮食制作技艺类的非物质文化遗产其价值不仅在于生产技艺的独特和口味的美好,而且还在于其所蕴含的历史文化等价值。但大众往往只知其味道可口,却对所蕴含的文化价值知之甚少。这一方面是因为饮食本身的特点,其满足人们口腹之欲要远比满足人们精神享受来得更快更直接,所以其功能价值也光芒更盛。但另一方面也是因为一些传统饮食制作技艺类非遗项目将重点放在功能价值上面,只注意完善食品的手艺和口味,缺乏在文化上做文章的理念和意识,对蕴含的文化价值视而不见,未能进行充分的开发和宣传。上海老饭店虽然在装潢上非常注重展现海派风情,然而在本帮文化的挖掘和宣传上,仍然有许多可以努力的空间。根据调查,老饭店的食客对于老饭店的历史、本帮菜的发展历史、本帮菜的传说故事、本帮菜烹饪技艺核心、本帮菜的特色等方面,表示"非常了解"的比例并不高。[①] 甚至年轻一辈的厨师,由于文化水平有限,对于本帮菜烹饪技艺所蕴含的文化价值及本帮文化也了解不足。

对于上海本帮菜肴传统烹饪技艺来说,它不仅要求传承人掌握烹饪技巧,更要求其必须熟悉本帮菜的文化内涵和所达到的烹饪审美境界。本帮菜的形

---

① 刘慧:《上海老饭店本帮菜文化传承研究》,华东师范大学硕士学位论文,2015 年,第65—67 页。

成和特点,有着重要的地域文化背景,它是上海文化的一个映像,反映了上海本地人在饮食方面的审美价值取向。上海地处江南,在近现代的近一百多年中,由于城市的迅猛发展,工商业者和文化人士相对集中,内外交流相对频繁,这就使得上海地区的饮食审美观逐渐综合了江苏、浙江、安徽等邻近地区的风味特色,并最终在筛选、淘汰和完善中,形成了自己独特的饮食审美理念。这一审美理念既与周边地区一脉相承,又有自己的鲜明特色。江南地区四季分明、物产丰富、文化积淀丰厚,这就使得江南一带的口味特征带有某种相似的普遍性。而上海作为江南文化的集大成者,在菜肴特色上也反映出这种青出于蓝而胜于蓝的特点来。

对于非物质文化遗产的生产性保护,不能仅仅停留在其使用价值上,更要深入挖掘其文化价值、社会价值等内涵。不能只关注生产,却忽视了流通、消费的过程。这种整体性的保护不仅可以避免造成非遗的失真和变异,还可以使其传承发展的道路更加宽广。在文化元素的提炼、创意设计,符号价值的运营,知识产权的交易等方面都大有可为。对相关文化资源的研究和利用,还可以提升非遗的文化价值和品牌价值,形成以文兴文的良性循环。

四、传承性: 生产保护与生活传承

在非物质文化遗产的保护中,传承至关重要,它是延续非遗核心文化内涵的关键。上海老饭店在非遗的传承和保护上,一方面挖掘整理本帮菜肴传统烹饪技艺,组织出版了三本记述了李伯荣、任德峰等传承人厨艺经验的本帮菜菜谱;并在上海烹饪协会的支持下,汇聚全上海的餐饮精英,组织了多期上海菜论坛。另一方面,还将本帮菜烹饪技艺传承纳入规范体系。从2004年起,开展"拜师、带徒、结对子"活动,由国家级技师牵头,通过"传、帮、带"传授本帮菜烹饪技艺。而且从2004年开始,每年组织本店厨师,进行员工岗位培训技能比赛活动,并将比赛结果与个人绩效挂钩,激发员工提高技能的积极性。

实际上,非遗的传承保护,除了保护单位的工作外,传承人更发挥着重要作用。不仅在技艺上承前启后,还起着总结经验、创新发展等作用。如国家高级烹饪技师、中国烹饪大师李伯荣,是本帮技艺第三代传人,当今本帮菜技艺最重要的承前启后者,他不仅继承了本帮菜的整套传统技艺,更重要的是,随着时代的不断发展和上海人口味特征的不断变化,他对本帮菜的传统味型和技法进行合理变革,使之历久弥新。而国家高级烹饪技师、中国烹饪大师、上海老饭店总经理任德峰,是本帮菜技艺第四代传人中的杰出代表,曾获餐饮业杰出贡献奖、中华金厨奖。他针对本帮菜的技艺特征,总结整理出一套相应的操作规范和管理流程,并将新的元素注入传统烹饪技艺中,将经典特色与现代时尚融合在一起,拓展了上海本帮菜的发展空间。除了在店内进行日常的技艺传授外,他还在高级技师班进行授课。然而对于本帮菜肴的烹饪,通常只有上海本地的厨师才能烧出地道的口味,所以上海老饭店也坚持培育上海本地厨师,这在一定程度上也限制了本帮菜烹饪技艺的传承。

在当前的生产性保护中,非遗传承人即生产者的重要性已经得到共识,但对于非遗产品的消费者却常常忽视。消费者作为潜在或间接的传承人,对于非遗的传承与发展同样有着不可替代的作用。非遗的生产性保护旨在使其融入民众的现实生活,找到传承与发展的源头活水。传统饮食制作技艺类项目,大都是与人们生活密切相关的,不同于玉雕、牙雕等一些面向高端群体的传统技艺项目,它的消费群体主要是当地的普通民众。即使是在现代化的市场策略下,销往全国甚至世界各地,其本土文化环境和消费群体仍然是其生存之本。然而以往我们大多将重点放在传承人对非物质文化遗产本身的传承上,却忽略了非物质文化遗产所赖以生存的本土文化环境和消费群体,致使一些传统饮食日益远离当地民众生活。在当代全球饮食文化的强力入侵下,上海本帮菜的生存环境也日益萎缩,无法获得年轻人的青睐,消费群体出现老龄化倾向。据调查,在上海老饭店的顾客人群中,年龄在50岁以上的食客,占据了47.5%左右,将近食客总数的一半。年轻食客的减少,反映出的正是消费群体的传承断裂。

所以我们在强调对非物质文化遗产进行生产性保护的同时,也要注意对其进行生活性保护,使其回归当代民众的日常生活中,满足实用性、审美性、本位性等方面的需求,注意保持原住民的本位性文化。本位性文化,即是原住民在当地长期特有的生态环境和特定的生产、生活方式下，酿就积淀而成的本土固有的系统文化。① 即使现在的非遗产品远销世界各地，也不能忽视这种本位性文化。因为这些非物质文化遗产生于斯、长于斯，它的产生与发展都与它所在的文化环境息息相关，早已融合为一个整体。所以在传承非遗的时候，也要注意对其当地的文化环境进行传承保护，注意培养非遗产品本土的消费群体，使其本位性文化得以接续，这样其生命才会更加长久。

结　语

国家级非遗项目上海本帮菜肴传统烹饪技艺，在其生产性保护中，强调传统，又有所创新，在应对原材料和市场环境的变化上提供了很好的范例。保护单位上海老饭店，在注重生产的同时，也日益重视营销宣传。当然，在装潢上注重展现海派风情的同时，还应该深入挖掘本帮菜的文化价值、社会价值等内涵，在本帮文化的传承和宣传上，仍然有很大发展空间。在当代，非遗的生产者与消费者都是重要的传承群体。面对本土市场的萎缩和年轻消费者的减少，要注意培养本土的消费群体，对其当地的文化环境进行传承保护，使其本位性文化得以接续。

---

① 陈勤建：《当代民众日常生活需求的回归和营造——非物质文化遗产保护方式暨生产性方式保护探讨》，《徐州工程学院学报（社会科学版）》，2012 年 3 月，第 53 页。

20
上海绒绣调查报告

朱玫洁 *

摘　要　上海绒绣是国家级非物质文化遗产项目。绒绣起源于欧洲,近代传入上海,逐渐发展为深受喜爱的民间工艺。但是随着上海城市化的发展,绒绣也面临着生存困境。首先是人才断层严重,能绣制绒绣艺术品,尤其是大型绒绣艺术品的人才缺失;其次是绒绣行业的不良竞争削弱了本行业的力量。上海绒绣界仅有的十余位老师傅分别在四家单位工作,技术力量被明显削弱。而这四家单位之间的不良竞争加剧了这种力量被削弱的情况;此外,上海绒绣也没能得到应有的资金支持。

关键词　绒绣　非物质文化遗产　调查

上海绒绣是近代兴起的汉族工艺美术品种之一,即用彩色羊毛绒线,在特制的布上进行绣制。绒绣产品色彩丰富、绣工精良、层次清晰、造型生动逼真。2011 年 5 月,上海绒绣经国务院批准列入第三批国家级非物质文化遗产名录。

一、 上海绒绣历史、现状概述

(一)上海绒绣的起源

绒绣,又称绒线绣,起源于欧洲。1840 年鸦片战争后,上海徐家汇天主教的修女为了传教在浦东农村教授绒绣等西方技艺,后来发展为由外商专门收购修

---

* 朱玫洁,上海社会科学院文学研究所 2015 级研究生。

女绣制的绣片。19 世纪 20 年代泰兴花边行、谦利洋行、公信洋行等招收绣女,组织绒绣来料加工。当时的绣品以日用工艺品为主,用色比较简单,例如:鞋面花、粉盒面、提包面、靠垫、拖鞋等半成品绒绣花片。1929 年各洋行绣工人数达 300人,月产品已达 1 000 余件。30 年代以后,上海绒绣的从业人数渐多,生产有所发展。陆家嘴杨家宅人杨鸿奎在位于浦东的陆家嘴路开设花边行,对农村从事花边、抽纱和绒绣等副业的妇女发给原料,收回半成品,集中加工整理后供外商出口。

（二）上海绒绣的技艺发展历程

1943 年,刘佩珍创作出第一幅人物肖像《高尔基》,开启了我国绒绣艺术品的先河(之前仅是日用工艺品)。1952 年,高婉玉在绣制《斯大林像》时,首次自主染色、配色、劈线、拼线、加色,使绒绣用线颜色从原先的几十种增加至近千种,有限的色线产生无限的色彩效果,解决了绣制人物肖像时色彩转折过渡的难题,实现了绒绣技法的飞跃(目前中国绒绣普遍采用该种技法)。在接下来的 50 年代至 70 年代,绒绣工艺持续改进,创造出新技法:双面绣、镶嵌绣、混合绣(半针绣混合粗细针绣)等,发展了新材料:如发光彩帷绒色线、人造丝绒等,使得上海绒绣艺术品在形、神、色、光都达到了很高的水平。

90 年代后,绒绣技艺成熟,走上大型绒绣艺术品的路线。因绒绣绣品厚实且不反光,具有沉着、庄重的艺术表现力,常作为高规格的大型建筑的室内装饰,比如北京人民大会堂、中国人民银行总行等。这类大型绒绣艺术品的尺寸能达到二三十平方米。如北京人民大会堂湖南厅《毛主席与各族人民在一起》(830×350 cm)、香港厅《香港维多利亚港湾夜景》(830×360 cm)、国宴厅《万里长江图》(1 408×403 cm)、大庆指挥中心大楼《油田日出》(580×210cm)、北京中美贸易中心大楼《郑和下西洋》(530×320 cm),等等。最大的一幅河南黄河迎宾馆的《嵩岳秋色》(1 630×650 cm)的绣制面积达 106 平方米,令人惊叹。绒绣作品还作为国礼赠送给外国元首,架起中外友谊的桥梁。

（三）上海绒绣产业发展沿革

1954 年,“高桥”(1981 年更名为东方)和“红星”供销生产小组先后在高桥、东昌地区成立。入社社员共计125人,专门承接绒绣加工业务(外发人员)的有1 800人。1955年两个社都划归上海市工艺美术联合社(上海工艺美术研究所前身。)管理,"高桥"由美联社绒绣大师张梅君带教指导,"红星"由另一位绒绣大师高婉玉带教指导。两家绒绣供销生产小组分别在1958年、1959年改名为上海高桥绣品厂、上海美艺绣品厂,产品全部外销。在50年代末60年代初,两社连年创造外汇,并且能为国家换回紧缺物资,比如当时一个绒绣女士手提包出口到苏联,能换回一吨钢铁。同时也开始试制绒绣肖像艺术品,作为国礼送给其他国家,比如赠送给古巴的《卡斯特罗像》。

1966年"文化大革命"兴起,两家绒绣厂(高桥、美艺)又分别改名为上海红卫绒绣厂、上海红星绒绣厂。十一届三中全会后,上海红卫绒绣厂又更名为东方绒绣厂,红星绒绣厂则沿用不变。"文化大革命"期间,出口不景气,产销停滞不前。"文化大革命"一结束,改革开放后,工厂又勃发起来,技术人员积极开辟国际市场,深入了解其他各国人民的流行趋势、偏好的色彩、花样,红星、东方两厂研发了15 000多种新货号。同时在1985年后,随着美国等西方国家与我国关系的改善,绒绣出口重点从原来的欧洲逐步转向美国,产品增添了更多受美国欢迎的圣诞袜、杯垫、地毯装饰毯等等。很多外商到绒绣基地看样订货、洽谈业务,十分热闹。

80年代至90年代中期,绒绣产业持续发展,至1995年达到最高峰。1990年,上海市第二轻工业局所属绒绣单位有红星厂和东方厂,另外还有上海工艺美术研究所一支研究绒绣艺术品的小组,总共有470人,外发加工1.25万人。1994年,红星绒绣厂生产规模发展到厂房面积3 200平方米。1995年红星厂销售额为1 800万元,东方厂为2 000万元。总共出口创汇1 000万美元,是上海绒绣最灿烂的时候。

1996年在"抓大放小"的政策下,东方厂由新天龙集团兼并,红星厂由大桥集团兼并。企业改组,大龄职工签订"协保"或提前退休,中青年技术骨干跳槽、下海或转行,外发加工队伍更属于无人管、自生自灭的状态。与此同时(2000年前后),一些小企业纷纷组建,外资也瞄准中国的廉价劳动力,创办中外合资或独资企业,一时间出现了十几个绒绣工艺品企业,绒绣市场陷入无序竞争的境地：广东交易会上竞相削价，大打价格战；外发点重复发放、绣工工头挑肥拣瘦，绣品完成工期得不到保证；畅销绣样抄袭剽窃。东方厂和红星厂遭遇内外夹击，先后歇业。从 2005 年后，由于物价、人工费用上涨，外发队伍失散，绒绣产业愈加艰难，这批新企业又纷纷退出市场，只剩下几家技术含量低，靠跑量盈利的企业。①

（四）上海绒绣现状

目前，有能力从事绒绣艺术品的企业机构有四家，分别是洋泾绒绣传习所（即黎辉绒绣艺术品有限公司②）、高桥绒绣馆、恒源祥绒绣工作室、上海工艺美术研究所。黎辉绒绣公司和高桥绒绣馆为国家级非物质文化遗产保护单位，恒源祥绒绣工作室和上海工艺美术研究所为上海市级非物质文化遗产保护单位。

黎辉绒绣公司成立于 2000 年，在原红星厂厂长包炎辉的带领下，由上海红星绒绣厂、东方绒绣厂的一批退休、待退休、协保、流失系统外的绒绣技术人员在浦东新区洋泾街道泾南路重组创业。上海绒绣国家级的非遗传承人唐明敏也是其中之一，目前是黎辉绒绣的技术总负责。

高桥绒绣馆建立于 2009 年，坐落在高桥老街上。由高桥镇政府斥资 600 余万建成，集展示、制作、销售、保护四大功能于一体，共有 5 位绒绣师，在馆里向游客展示绒绣绣制技艺，其中有 3 位师傅年事已高，只是有时到绒绣馆，另外两位师傅年纪在 40 岁左右，工作日基本每天都在绒绣馆。高桥绒绣馆作为文化场馆，还对高桥老街的旅游业发展起到了一定促进作用。

上海工艺美术所前身即为上海工艺美术联合社，在五六十年代汇聚了一批沪上民间艺术大师，包括当初的绒绣大师刘佩珍、高婉玉、张梅君。于 2001年设立了博物馆和专业创作室——上海工艺美术博物馆，目前博物馆内也有

---

① 资料来自黎辉绒绣艺术品有限公司。
② 洋泾绒绣传习所、黎辉绒绣艺术品有限公司、黎辉绒绣文化发展有限公司实为同一单位，下面均简称黎辉绒绣公司。

几位绒绣老师傅,辅助博物馆从事绒绣宣传、保护工作。

恒源祥绒绣工作室,成立于2005年,工作室主要服务于恒源祥集团,为企业绣制专属礼品、为企业品牌宣传等。

目前上海在岗的、能绣制绒绣艺术品的老师傅分布在这四家单位。黎辉绒绣公司仅有6位老师傅,其余3个单位的老师傅也不比黎辉绒绣公司多。一共加起来也就仅有十余位老师傅。有能力绣制大型绒绣艺术品的只有黎辉绒绣公司,黎辉绒绣公司是目前唯一坚持生产性保护的单位。同时也是国家级非遗上海绒绣洋泾传习所的所在地,由国家级代表性传承人唐明敏领衔传习,因此本文将主要介绍黎辉绒绣公司的传承和发展情况。

二、 黎辉绒绣的传承与创新情况

(一)传承情况

黎辉绒绣公司(全称:上海黎辉绒绣艺术有限公司)早在2004年就被上海市经委确认为首批原创设计大师工作室(上海绒绣于2007年申报为区级非物质文化遗产项目,2009年申报为市级非物质文化遗产项目,2011年申报为国家级非物质文化遗产项目),因此黎辉绒绣的传承工作开展的较早,从2005就开始了。传承工作主要包括资料整理、编写教材、数字化记录、展演活动、宣传、培训等。培训主要是到各中小学、艺术学院、老年大学、文化馆等地授课,为大家普及绒绣的知识和基本技法,传播绒绣这门艺术的魅力。下面是黎辉绒绣历年非遗培训的清单:

授 课 地 点	年 代	授课教师	备 注
黎辉绒绣工作室	2005.10—12	林和萍	4位绒绣爱好者,每位每月收费900元
复旦视觉艺术学院	2008.10	唐明敏	
浦东新区教育学院实验中学	2008年、2011年	包炎辉、欧岭	

续表

授 课 地 点	年 代	授课教师	备 注
洋泾街道社区(老年)学校	2009 年—2010 年	李琦	
	2011 年—2015 年春季	周玫	
徐家汇街道社区(老年)学校	2011 年春季	李琦	
	2011 年秋季—2015 年春季	周玫	
彭浦新村街道社区(老年)学校	2011 年秋季	陈敏燕、周玫	
静安区青少年活动中心	2011 年	陈敏燕、李琦	
进才中学(北校)	2012.3.9—5.25	周玫	
浦东新区文化艺术指导中心	2012.12.25	包炎辉、周玫	
上海市第二轻工业学校	2013 年—2015 年	宋素萍	
徐汇中学	2014 年 10 月	包炎辉、周玫	
浦东新区社区学院	2014 年 10 月	包炎辉、周玫、欧岭	
上海市环境学校	2014 年—2015 年	欧岭	
徐家汇街道社区(老年)学校	2016 年秋季	周玫	
浦东新区文化馆	2016 年秋季	包炎辉、欧岭	

资料整理、编写教材、数字化记录等传承活动主要由文化部安排项目,并资助经费来完成,现将黎辉绒绣参与的传承项目情况简单整理如下表:

年份	项 目 内 容	扶持资金来源	资金金额
2011	出版上海绒绣(绒绣艺术)大型整装画册	浦东新区宣传文化发展基金	6 万
		浦东新区文化指导中心	1.5 万
		洋泾街道	3 万

年份	项　目　内　容	扶持资金来源	资金金额
2012	传承人资料收集、整理、记录	文化部	8 万
	上海绒绣画册印刷	文化部	10 万
	组织培训活动	文化部	12 万
	撰写培训教材(社区老年大学教材)	文化部	17 万
	完善传习所展览室展品	文化部	16 万

备注：该项目(除画册印刷外)由黎辉绒绣公司与高桥绒绣馆共同完成。扶持资金分配为黎辉绒绣公司 36.5 万(印刷画册 10 万)、高桥绒绣馆 26.5 万。

年份	项　目　内　容	扶持资金来源	资金金额
2014	传承人动静态资料记录	文化部	4 万
	绒绣学习班	文化部	3 万
	中英文双语绒绣教材(上海工艺美术职业学院教材)	文化部	10 万
	绒绣展演活动	文化部	3 万
	数字化保护	文化部	35 万

备注：其中传承人动静态资料记录、绒绣学习班、绒绣展演活动(总计 10 万)这三项由黎辉绒绣公司和高桥绒绣馆共同完成,资金每项对半分配,总计各自五万元。

　　另外,生产性保护主要通过黎辉绒绣公司稳定完成客户订单,维持公司正常运转来完成。公司走绒绣艺术品路线,主要出产大型绒绣艺术品,技术含量高,工艺精湛,因此生产产品的过程就是在实践绒绣这项非遗技艺。公司客户多为政府、事业单位,也有一些大型企业。比如今年接到的订单来自浦东新区政府(政府等厅堂壁挂的绒绣饰品一般 10 年左右就需要更换一次)。包炎辉老师透露订单数量不稳定,一般每年能完成一两个大型绒绣艺术品的订单就能勉强维持企业生存,但是今年这幅作品说不定就是最后一幅大型绒绣艺术品了,因为大型精品需要多人合作,并且技术相当,但现在太缺人手了,以后可能做小型绒绣艺术品多一些了。

(二)创新情况

　　黎辉绒绣公司除了传承绒绣艺术品技艺以外,近年来还走出了一条新路:

绒绣文化创意产品——由包炎辉老师的儿子包粒创立的文创品牌QueensBack，主打绒绣女包。

包粒学过美术，是设计专业出身，在广告公司工作过，在想法和审美上与传统的绒绣师傅有所不同。QueensBack 的灵感起源于一只暴力熊。2010 年前后，包粒的朋友请包粒帮忙为暴力熊的模型上彩。包粒用八张不同的绒绣绣片代替颜料，通过裁剪拼接，给这只暴力熊穿上了绒绣的衣服。作品完成后包老师很激动，感觉摸到了绒绣文创产品的一条路。接着由父子俩在暴力熊的基础上共同创造了作品《爱·鹿》，《爱·鹿》是为一个特别设计的鹿的模型（高 1.73 米）穿上绒绣拼接的衣服，绣片纹样均以爱为主题。《爱·鹿》2013 年 9 月入选"上海第七届美术大展"，11 月入选上海当代工艺美术精品展。总共有三个鹿的模型，有两个在展出后很快就卖出去了，还有一个包老师舍不得卖，留在传习所作展示。

包粒还尝试过一些其他的文创产品，比如一套叫 MING 的椅子，椅子的坐垫和靠背是精心设计的绒绣纹样，几十把椅子在展出后两周内全部售空，除了包老师自己留下的两把。还有早在 2011 年与先锋品牌合作的绒绣男靴，入驻香港买手店 I. T.。

QueenBack 诞生于 2011 年，值得一提的是，QueensBack 算得上是我国绒绣行业历史上第一个绒绣产品的自主品牌，在行业历史中，我国大大小小的绒绣厂虽然设计、生产了不少精致的绒绣产品，但一直是代工厂的角色，不折不扣的工匠，并没有拥有自己的绒绣产品品牌。第一批 QueensBack 的绒绣手包是独特的 W 形，大号生产了 66 个，小号生产了 59 个，在 2013 年进新天地时尚购物中心·B1 设计师的盛宴·新天地太平湖集锦"时堂"，2014 年进北京三里屯SOHOBNC"薄荷·糯米·葱"，2015 进上海虹桥"高岛屋"等买手店。主要是以代销的方式，而买手店因自身铺面昂贵，将售价定到进货价（即黎辉绒绣公司给的价格）的两倍以上，价格太高因此销售状况不尽人意，在买手店里至今买了 5 个左右，反倒是放在传习所的展览室以较低的价格卖出去了十几个。2015 年 7 月，第二批 QueensBack 手包出炉，包形与第一批手包类似，是为外交部定制的国礼，彭丽媛将它们赠给了其他国家的第一夫人。今年出产了第三

批 QueensBack 手包,包形更丰富、实用,也有钱包款式。这批手包先是生产了
100 个左右,销量不错,现在又打算生产 500 个,有数十种纹样,每种纹样生产
5—30 个不等,正在工厂里加工最后的合金标识部分。目前 QueensBack 的销
售路径主要还是熟客生意,依靠以前积累的客源和有时来参观展厅的客人。
包炎辉透露买手店效果不佳,打算今年全部收回。电商渠道正在考虑,其他合
适的销售平台还没有找到。①

QueensBack 第一批产品在买手店销售

QueensBack 第二批产品 国礼款   **QueensBack** 第三批产品

① 资料来自黎辉绒绣艺术品有限公司。

三、 上海绒绣目前的问题

(一) 人才断层严重

能绣制绒绣艺术品尤其是大型绒绣艺术品的人才缺失是目前绒绣行业最为紧迫的一个状况。绒绣艺术品绣制技艺是绒绣非遗项目急需保护、传承的精髓。如前文所叙,上海能绣艺术品的老师傅仅剩十余人,黎辉绒绣包括包炎辉老师、唐明敏老师也仅剩 6 人,平均年龄(2016 年)已经 61 岁了。而能绣艺术品的新人一个也没有。事实上,1974 年是红星绒绣厂、东方绒绣厂最后一年招收学徒,从此绒绣行业再没有新鲜血液进来过(80 年代,东方绒绣厂与上海市工艺美术学校联合开设的"绒绣专业"班,一共只招了 15 名学生,最后留下来了 70 后的金雯一人)。40 年来,在绒绣艺术品人才方面,绒绣行业一直在消耗,而没有补充。

1. 历史原因

在 1974 年之前,属于计划经济,不管愿不愿意,每年总是要分配一些年轻人到绒绣厂做学徒。而 1974 年后,企业也没有自行招收学徒,这与绒绣行业的经营模式有关系。绒绣厂从 19 世纪 30 年代起,到现在主要都是进行来料加工,从外国承接订单、材料,然后由技术人员完成染线、配色等核心工作,再将绣片外发给周边妇女进行绣制。在 90 年底正式的绒绣企业员工仅 470 人,而外发加工人员达到 1.25 万人次,因此外发人员是绒绣的主要生产力,企业培训学徒还不如多组织两个外发团队或者培训已经有较好基础的外发优秀绣工。

但外发绣工毕竟不是固定的职员,在 20 世纪 90 年代以前绒绣行业能以这样的方式稳定生产,是因为在传统小农经济结构下,周边农村家庭也没有别的去处,都将绒绣外发当作增加家庭副业收入的重要来源,形成一个个家庭作坊。而随着改革开放的行进,周边农村家庭的成员进城务工,外发队伍大量失散,绒绣行业的生产力量就显得势单力薄了。事实上 80、90 年代的绒绣行业业绩虽好,但已有人才危机了。1983 年,随着浦东改革开放乡办企业兴起,上海本市外发手工加工队伍开始逐年萎缩。上海绒绣开始将原料、绣片跨地域外发到苏、皖、鲁西等就业机会少、经济欠发达的地区。而在 1988 年，东方厂再次招收学徒，但那时似乎已经晚了，学徒们都不愿意从事这类密集劳动型的手工行业了（15 个当中留下来了 1 个）。更别提 2000 年左右的绒绣行业乱象，让行业骨干流失、元气大伤。

到现在，黎辉绒绣等绒绣保护单位想好好地培养一个学徒也有心无力了。学会基本的绒绣针法不难，但是要培养一个能绣艺术品的绒绣师至少也要两三年。现在的年轻人难以静下心来，并且总得要为生计考虑，若想真正培养传承人，在前面两三年还得给予学徒基本生活补贴，再加上人力成本，以目前黎辉绒绣公司的情况来看是难以承受的。

2. 当下非遗培训重传播而轻传承

近年来，国家和各地政府都大力推进非遗的保护活动，其中培训活动是重头戏，比如非遗进校园、非遗进社区，进行得如火如荼。培训当然是为了非物遗技艺的传承、人才队伍的建设。黎辉绒绣这些年来也做了不少培训活动，也跟各职业学院的学生们上过课。但这似乎没能舒缓包炎辉老师对于后继无人的担忧。包炎辉认为进校园、进社区的培训都类似于兴趣班的性质，能扩大绒绣的影响力，但兴趣班的学员学得浅、也比较随意，不可能朝绒绣艺术品的方向去发展，也担不起传承这门技艺的担子。工艺美术职业学校的学生，有两三位会绣制绒绣，有一定的基础，但对于在绒绣艺术品行业就业还差不少距离，想要学到真本事，还是要实际在企业中再磨炼，而这些学生毕业后很可能不会选择这条路继续精进。所以在绒绣方面，非遗培训轰轰烈烈到现在，更多是一种市民公共文化建设，而没有切实解决急需年轻一代传承人的问题。它看起来十分热闹，给人一种非遗传承形势大好的假象。但是传播不等于传承，热闹的背后是这门技艺尤其是大型绒绣艺术品的技艺后继无人、没有希望种子的寂寥状态。

（二）四足鼎立，恶性竞争多于良性合作

绒绣行业本不景气，仅有的十余位老师傅又分布在 4 个单位，力量进一步削弱。而这4家单位之间仍有恶性竞争的嫌疑。

据包炎辉介绍，在2005年，黎辉绒绣招收了四位学徒，在经历了近两年的磨炼后，仅剩下一位学徒，正当出师之际，却被另一家单位挖走。培训好一名学徒需要大量时间精力，黎辉绒绣两年的付出因此付诸东流（后来那家单位也未能留住这名学徒，这名学徒做了一段时间就辞职回家结婚了）。而此后，绒绣行业持续不景气，黎辉绒绣公司效益下滑，想培养学徒也有心无力了。近十年过去，绒绣传承人匮乏的形势愈加严峻，但"挖人"的恶性竞争手段仍层出不穷。唐明敏老师是国家级代表性传承人，也是黎辉绒绣公司的初创人之一，而现在某家单位仍千方百计的想从黎辉绒绣公司将唐明敏老师挖走。因为绒绣师傅稀缺，各家单位都缺少人手，想要争夺人力资源的迫切心情可以理解。但从上海绒绣行业整体着眼，"挖人"只是拆东墙、补西墙，根本不能解决绒绣人才断层的问题，甚至有害于绒绣的传承。上海还能在岗的绒绣师傅不过十余位了，挖来挖去又能怎样？四家绒绣单位的负责人必须跳出各自为营的视角，为行业整体考虑，从绒绣这项濒危非物质文化遗产的大角度着眼，联手起来解决人才断层问题。

除了"挖人"，在其他方面也有恶性竞争的影子。在2014年，上海女子监狱与黎辉绒绣公司商谈为女子监狱提供培训的事宜，双方已经洽谈好具体细节，起草合约，而另一家单位得知消息后，向女子监狱方表示自己愿意免费提供培训，最后女子监狱就与该家机构合作去了。还有一家机构使用类似十字绣的电脑打印图纸，绣好后再在绣面上过度不灵活的地方添上几针（免去了劈线的工艺，而这正是绒绣技艺的精髓和难点），如此效果外行人一眼看不出来，但是内行人后一看就明白有问题，但这样绣的速度就能提高很多。也有一些单位要搞传承人收徒活动，没有学徒就把自己各方亲戚抓来顶包的事情。另外还有某家单位为宣传自己，或为自己正名寻宗而夸大事实、曲解事实的事情。

实际上，现在每一家的绒绣单位的力量都很单薄，都面临后继无人的窘迫现象，内耗没有意义，为争夺非遗功绩而自欺欺人也没有意义。此时正当是抱团取暖，团结力量，抓住最后的机会复兴绒绣的时候。但是每家公司机构属于不同的地方管辖,属于不同的利益圈,国有单位和私人单位的运行模式和所求的利益点也有很大差异。即使绒绣师傅愿意在一起整合努力,其管理层也多半不乐意。包炎辉有时候感叹,没有搞非遗,2005 年以前的时候,有什么大型作品要做大家还能坐到一起来完成,而现在反而不方便合作了。

(三)文创扶持基金评审专家专业不对口

黎辉绒绣公司在 2013 年、2014 年连续两年申请上海市促进文化产业发展财政扶持资金,2013 申请项目为国家级非物质文化遗产上海绒绣开发利用项目,2014 年申请项目为海派绒绣艺术传承与创意设计能力提升。两次项目申请均未通过,据包炎辉介绍 2014 年申请项目黎辉绒绣准备充分、积极配合,在区级答辩通过,区有关领导到黎辉绒绣公司实地考察,并表示看好该文创项目,但遗憾的是市级答辩未通过。而黎辉绒绣致电评审会询问情况时,评审会答复说专家认为黎辉绒绣的文创产品(QueensBack 系列)产能太小、达不到要求,该项目恐无法盈利,因此拒绝通过申请。另外评审会相关人员还说到该扶持项目"只为锦上添花,并非雪中送炭"。

包炎辉认为:绒绣本为一项手工艺,作为非物质文化遗产,QueensBack 绒绣女包也正是主打纯手工、不可复制等概念,产品定位为轻奢。用大产能去要求纯手工的产品显然是失当的、甚至可笑的。根据包炎辉的了解,此次文化创意产品专家组的成员多是动漫、电子等产品方面的专家,恐怕不太懂得非遗的特点和价值。关于非物质文化遗产的文创项目为何要由八竿子打不着的"专家"来审定?为何又要用对待一般产品的标准来衡量非遗的文创产品?大部分非文化领域的专家并不在意文化价值,衡量项目的标准仅仅是能否盈利以及经济价值有多大。但对非遗来说文化价值是它最为重要和特殊的一个属性,以纯经济学的角度来审定是失当的。

同时非遗的濒危性也应当得到重视,目前非遗的文创发展在起步和摸索的阶段,如果文创扶持项目只是"锦上添花,并非雪中送炭"的话,那么对于非遗文创来说只是吃不到的葡萄。在 2016 年新出台的《上海市非物质文化遗产保护条例》的第六章第三十八条中写道:对合理利用非物质文化遗产代表性项目发展文化产业的单位和个人,符合国家文化产业发展专项资金支持方向的,在申报文化产业发展专项资金时,应当予以支持。该条例无疑是鼓励该项基金对非遗文创产品的支持的。但在具体执行中评审会的衡量标准是否能有所改变呢? 非遗文创有自己的特殊性,在非物遗文创相关项目的审定中,非物遗领域的专家应该要占有更多的话语权。

附　录

21

上海市非物质文化遗产代表性项目名录
（共五批，220 项）

第一批上海市非物质文化遗产名录
（2007 年公布，共计 83 项）

一、 民间音乐(9 项)

序号	编号	项　目　名　称	申报地区或单位
1	I-1	江南丝竹	上海市群众艺术馆、闵行区、长宁区、杨浦区、嘉定区、崇明县、南汇区、徐汇区、普陀区、奉贤区
2	I-2	青浦田山歌	青浦区
3	I-3	上海港码头号子	浦东新区、杨浦区

序号	编号	项 目 名 称	申报地区或单位
4	Ⅰ-4	上海道教音乐	黄浦区、嘉定区
5	Ⅰ-5	孙文明民间二胡曲及演奏技艺	奉贤区
6	Ⅰ-6	泗泾十锦细锣鼓	松江区
7	Ⅰ-7	瀛洲古调派琵琶演奏技艺	崇明县
8	Ⅰ-8	浦东派琵琶演奏技艺	南汇区
9	Ⅰ-9	月浦锣鼓	宝山区

二、 民间舞蹈(3 项)

序号	编号	项 目 名 称	申报地区或单位
10	Ⅱ-1	滚灯	奉贤区
11	Ⅱ-2	手狮舞	闵行区
12	Ⅱ-3	卖盐茶	南汇区

三、 传统戏剧(8 项)

序号	编号	项 目 名 称	申报地区或单位
13	Ⅲ-1	昆曲	上海昆剧团
14	Ⅲ-2	京剧	上海京剧院
15	Ⅲ-3	越剧	上海越剧院、静安区
16	Ⅲ-4	沪剧	上海沪剧院、长宁区
17	Ⅲ-5	淮剧	上海淮剧团
18	Ⅲ-6	皮影戏	闵行区、奉贤区
19	Ⅲ-7	奉贤山歌剧	奉贤区
20	Ⅲ-8	扁担戏	崇明县

四、 曲艺(5 项)

序号	编号	项 目 名 称	申报地区或单位
21	Ⅳ-1	锣鼓书	南汇区
22	Ⅳ-2	评弹	上海市书场工作者协会
23	Ⅳ-3	浦东说书	浦东新区
24	Ⅳ-4	独脚戏	黄浦区
25	Ⅳ-5	宣卷	青浦区

五、 民间文学(5 项)

序号	编号	项 目 名 称	申报地区或单位
26	Ⅴ-1	白杨村山歌	奉贤区
27	Ⅴ-2	浦东地区哭嫁哭丧歌	南汇区
28	Ⅴ-3	陈行谣谚	闵行区
29	Ⅴ-4	沪上闻人名宅掌故与口碑	徐汇区
30	Ⅴ-5	上海花样经	杨浦区

六、 杂技与竞技(4 项)

序号	编号	项 目 名 称	申报地区或单位
31	Ⅵ-1	舞龙竞技	浦东新区
32	Ⅵ-2	鸟哨	南汇区
33	Ⅵ-3	耍石担石锁	闸北区
34	Ⅵ-4	摇快船	青浦区

七、 民间美术(13 项)

序号	编号	项 目 名 称	申报地区或单位
35	VII-1	顾绣	松江区
36	VII-2	竹刻	嘉定区
37	VII-3	海派黄杨木雕	徐汇区
38	VII-4	海派剪纸艺术	徐汇区、上海工艺美术研究所
39	VII-5	海派面塑艺术	上海工艺美术研究所
40	VII-6	何克明灯彩艺术	卢湾区、上海工艺美术研究所
41	VII-7	连环画	徐汇区
42	VII-8	金山农民画艺术	金山区
43	VII-9	灶花	南汇区、崇明县
44	VII-10	奉贤乡土纸艺	奉贤区
45	VII-11	罗店彩灯	宝山区
46	VII-12	吹塑纸版画	宝山区
47	VII-13	石雕	南汇区

八、 传统手工技艺(27 项)

序号	编号	项 目 名 称	申报地区或单位
48	VIII-1	乌泥泾手工棉纺织技艺	徐汇区
49	VIII-2	朵云轩木版水印技艺	上海书画出版社
50	VIII-3	老凤祥金银细金制作技艺	黄浦区
51	VIII-4	杏花楼广式月饼制作技艺	黄浦区
52	VIII-5	培罗蒙奉帮裁缝缝纫技艺	黄浦区
53	VIII-6	亨生奉帮裁缝缝纫技艺	静安区

序号	编号	项 目 名 称	申报地区或单位
54	Ⅷ-7	鼎丰乳腐酿造工艺	奉贤区
55	Ⅷ-8	南翔小笼馒头制作工艺	黄浦区、嘉定区
56	Ⅷ-9	功德林素食制作技艺	黄浦区
57	Ⅷ-10	绿杨村川扬菜点制作工艺	静安区
58	Ⅷ-11	凯司令蛋糕制作技艺	静安区
59	Ⅷ-12	海派旗袍制作技艺	上海艺术研究所、徐汇区
60	Ⅷ-13	钱币生产的手工雕刻技艺	普陀区
61	Ⅷ-14	钩针编织技艺	闵行区
62	Ⅷ-15	鲁庵印泥制作技艺	静安区
63	Ⅷ-16	鸿翔女装制作工艺	静安区
64	Ⅷ-17	钱万隆酱油酿造工艺	浦东新区
65	Ⅷ-18	王家沙本帮点心制作技艺	静安区
66	Ⅷ-19	三林刺绣技艺	浦东新区
67	Ⅷ-20	徐行草编工艺	嘉定区
68	Ⅷ-21	罗泾十字挑花技艺	宝山区
69	Ⅷ-22	上海黄酒传统酿造技艺	金山区
70	Ⅷ-23	枫泾丁蹄制作技艺	金山区
71	Ⅷ-24	高桥松饼制作技艺	浦东新区
72	Ⅷ-25	真如羊肉加工技艺	普陀区
73	Ⅷ-26	马陆篾竹编织技艺	嘉定区
74	Ⅷ-27	龙凤旗袍制作技艺	静安区

九、 传统医药(1项)

序号	编号	项 目 名 称	申报地区或单位
75	Ⅸ-1	石氏伤科疗法	黄浦区、闸北区

十、 民俗(8 项)

序号	编号	项 目 名 称	申报地区或单位
76	X-1	精武体育	虹口区
77	X-2	上海龙华庙会	徐汇区
78	X-3	豫园灯会	黄浦区
79	X-4	罗店龙船	宝山区
80	X-5	匾额习俗	徐汇区
81	X-6	舞草龙	松江区
82	X-7	阿婆茶	青浦区
83	X-8	天气谚语及其应用	崇明县

第二批上海市非物质文化遗产名录
（共计 45 项,2009 年公布）

一、 民间音乐(1 项)

序号	编号	项　目　名　称	申报地区或单位
84	I-10	华漕小锣鼓	闵行区

二、 民间舞蹈(2 项)

序号	编号	项　目　名　称	申报地区或单位
85	II-4	花篮马灯舞	松江区
86	II-5	打莲湘	金山区、原南汇区

三、 传统戏剧(2 项)

序号	编号	项　目　名　称	申报地区或单位
87	III-9	滑稽戏	上海滑稽剧团
88	III-10	海派木偶戏	上海木偶剧团

四、 曲艺(无)

五、 民间文学(1 项)

序号	编号	项 目 名 称	申报地区或单位
89	V-6	崇明山歌	崇明县

六、 杂技与竞技(4 项)

序号	编号	项 目 名 称	申报地区或单位
90	VI-5	古本易筋十二势	嘉定区
91	VI-6	练功十八法	上海市练功十八法协会
92	VI-7	海派杂技	上海杂技团
93	VI-8	海派魔术	浦东新区

七、 民间美术(7 项)

序号	编号	项 目 名 称	申报地区或单位
94	VII-14	擦笔水彩年画技法	闸北区
95	VII-15	紫檀雕刻	中国紫檀文化研究院
96	VII-16	海派玉雕	上海海派玉雕文化协会
97	VII-17	象牙篾丝编织	闸北区
98	VII-18	海派绒绣	浦东新区 上海工艺美术研究所 上海恒源祥(集团)有限公司
99	VII-19	棕榈叶编织	杨浦区
100	VII-20	建筑微雕	杨浦区

八、 传统手工技艺(19 项)

序号	编号	项 目 名 称	申报地区或单位
101	Ⅷ-28	石库门里弄营造技艺	卢湾区
102	Ⅷ-29	五香豆制作技艺	黄浦区
103	Ⅷ-30	梨膏糖制作技艺	黄浦区
104	Ⅷ-31	郁金香酒酿造技艺	嘉定区
105	Ⅷ-32	崇明老白酒传统酿造技法	崇明县
106	Ⅷ-33	三阳泰糕点制作技艺	南汇区
107	Ⅷ-34	涵大隆酱菜制作技艺	青浦区
108	Ⅷ-35	汉字印刷字体书写技艺	上海市印刷技术研究所
109	Ⅷ-36	周虎臣毛笔制作技艺	黄浦区
110	Ⅷ-37	曹素功墨锭制作技艺	黄浦区
111	Ⅷ-38	土山湾手工工艺	徐汇区
112	Ⅷ-39	海派绒线编结技艺	卢湾区、上海工艺美术研究所
113	Ⅷ-40	民族乐器制作技艺	闵行区
114	Ⅷ-41	京剧服饰制作技艺	奉贤区
115	Ⅷ-42	中式服装盘扣制作技艺	徐汇区
116	Ⅷ-43	土布染织技艺	奉贤区
117	Ⅷ-44	药斑布印染技艺	嘉定区
118	Ⅷ-45	手工织带技艺	南汇区
119	Ⅷ-46	法华牡丹嫁接技艺	长宁区

九、 传统医药(5 项)

序号	编号	项 目 名 称	申报地区或单位
120	Ⅸ-2	六神丸制作技艺	黄浦区
121	Ⅸ-3	余天成堂传统中药文化	松江区
122	Ⅸ-4	敛痔散制作技艺	金山区
123	Ⅸ-5	陆氏针灸疗法	上海针灸经络研究所
124	Ⅸ-6	朱氏一指禅推拿疗法	华东医院

十、 民俗(4 项)

序号	编号	项 目 名 称	申报地区或单位
125	Ⅹ-9	石库门里弄居住习俗	虹口区
126	Ⅹ-10	生肖文化	虹口区、上海夏征农民族文化教育发展基金会
127	Ⅹ-11	小青龙舞龙会	嘉定区
128	Ⅹ-12	羊肉烧酒食俗	奉贤区

第一批上海市非物质文化遗产扩展项目名录
（共计5项，随第二批名录一并公布）

一、 民间音乐(1项)

序号	编号	项 目 名 称	申报地区或单位
1	I-1	江南丝竹	浦东新区、宝山区、青浦区

二、 民间舞蹈(无)

三、 传统戏剧(1项)

序号	编号	项 目 名 称	申报地区或单位
18	III-6	皮影戏	松江区

四、 曲艺(1项)

序号	编号	项 目 名 称	申报地区或单位
25	IV-5	宣卷	闵行区

五、 民间文学(无)

六、 杂技与竞技(无)

七、 民间美术(1 项)

序号	编号	项 目 名 称	申报地区或单位
38	Ⅶ-4	海派剪纸艺术	卢湾区、闵行区

八、 传统手工技艺(1 项)

序号	编号	项 目 名 称	申报地区或单位
62	Ⅷ-15	印泥制作技艺(潜泉印泥制作技艺)	黄浦区

九、 传统医药(无)

十、 民俗(无)

　　注:本扩展项目名录的序号、编号均为第一批上海市非物质文化遗产名录的序号和编号。

第三批上海市非物质文化遗产名录
（共计 29 项，2011 年公布）

一、 传统音乐(3 项)

序号	编号	项 目 名 称	申报地区或单位
129	I-11	古琴艺术	上海七弦古琴文化发展基金会
130	I-12	上海玉佛禅寺传统梵呗艺术	普陀区
131	I-13	崇明吹打乐	崇明县

二、 传统舞蹈(3 项)

序号	编号	项 目 名 称	申报地区或单位
132	II-6	花篮灯舞	浦东新区
133	II-7	吕巷小白龙	金山区
134	II-8	调狮子	崇明县

三、 传统戏剧(无)

四、 曲艺(1 项)

序号	编号	项 目 名 称	申报地区或单位
135	IV-6	上海说唱	徐汇区

五、 民间文学(2项)

序号	编号	项 目 名 称	申报地区或单位
136	V-7	新浜山歌	松江区
137	V-8	杨瑟严的故事	崇明县

六、 传统体育、游艺与杂技(2项)

序号	编号	项 目 名 称	申报地区或单位
138	VI-9	绵拳	杨浦区
139	VI-10	益智图	崇明县

七、 传统美术(7项)

序号	编号	项 目 名 称	申报地区或单位
140	VII-21	上海宣传画	上海人民美术出版社
141	VII-22	烙画	青浦区
142	VII-23	上海细刻	上海工艺美术研究所、闵行区
143	VII-24	海派紫砂艺术	上海市收藏协会
144	VII-25	印章艺术雕刻	上海长江企业发展合作公司
145	VII-26	三林瓷刻	浦东新区
146	VII-27	奉城木雕	奉贤区

八、 传统技艺(8 项)

序号	编号	项 目 名 称	中报地区或单位
147	Ⅷ-47	古陶瓷修复技艺	上海博物馆、长宁区
148	Ⅷ-48	老正兴本帮菜肴传统烹饪技艺	黄浦区
149	Ⅷ-49	上海老饭店本帮菜肴传统烹饪技艺	黄浦区
150	Ⅷ-50	本帮菜肴传统烹饪技艺	浦东新区
151	Ⅷ-51	小绍兴白斩鸡制作技艺	黄浦区
152	Ⅷ-52	神仙酒传统酿造技艺	奉贤区
153	Ⅷ-53	上海米糕制作技艺	松江区
154	Ⅷ-54	国际饭店京帮点心制作技艺	上海锦江国际酒店(集团)股份有限公司

九、 传统医药(3 项)

序号	编号	项 目 名 称	申报地区或单位
155	Ⅸ-7	顾氏外科疗法	龙华医院
156	Ⅸ-8	张氏风科疗法	浦东新区
157	Ⅸ-9	竿山何氏中医文化	青浦区

十、 民俗(无)

上海市非物质文化遗产扩展项目名录
（共计8项,随第三批名录一并公布）

一、 传统音乐(无)

二、 传统舞蹈(无)

三、 传统戏剧(无)

四、 曲　艺(无)

五、 民间文学(无)

六、 传统体育、游艺与杂技(1项)

序号	编号	项　目　名　称	申报地区或单位
32	Ⅵ-2	鸟哨	崇明县

七、 传统美术(2项)

序号	编号	项　目　名　称	申报地区或单位
47	Ⅶ-13	石雕	长宁区
94	Ⅶ-14	月份牌年画	上海市美术家协会

八、 传统技艺(2项)

序号	编号	项 目 名 称	申报地区或单位
72	Ⅷ-25	羊肉加工技艺(江桥羊肉加工技艺)	嘉定区
116	Ⅷ-43	土布染织技艺	青浦区

九、 传统医药(2项)

序号	编号	项 目 名 称	申报地区或单位
75	Ⅸ-1	伤科疗法(魏氏伤科疗法、施氏伤科疗法、陆氏伤科疗法)	瑞金医院、黄浦区、静安区
123	Ⅸ-5	针灸疗法(杨氏针灸疗法)	浦东新区

十、 民俗(1项)

序号	编号	项 目 名 称	申报地区或单位
79	Ⅹ-4	端午节(熏中药、挂香袋习俗)	华东医院

注：本扩展项目名录的序号、编号均为第一批、第二批上海市非物质文化遗产名录的序号和编号。

第四批上海市非物质文化遗产代表性项目名录
(共计 22 项,2013 年公布)

一、 传统音乐(2 项)

序号	编号	项 目 名 称	申报地区或单位
158	I－14	浦东山歌	浦东新区
159	I－15	上海工人大锣鼓	杨浦区

二、 传统舞蹈(2 项)

序号	编号	项 目 名 称	申报地区或单位
160	II－9	腰鼓	金山区
161	II－10	鲤鱼跳龙门	闵行区

三、 传统戏剧(无)

四、 曲艺(无)

五、 民间文学(3 项)

序号	编号	项 目 名 称	申报地区或单位
162	V－9	萧泾寺传说	宝山区
163	V－10	小刀会传说	青浦区
164	V－11	上海绕口令	徐汇区

六、 传统体育、游艺与杂技（1 项）

序号	编号	项 目 名 称	申报地区或单位
165	Ⅵ-11	船拳	青浦区

七、 传统美术（2 项）

序号	编号	项 目 名 称	申报地区或单位
166	Ⅶ-28	上海砚刻	上海工艺美术研究所
167	Ⅶ-29	海派瓷艺	普陀区

八、 传统技艺（7 项）

序号	编号	项 目 名 称	申报地区或单位
168	Ⅷ-55	古琴斫制技艺	上海市收藏协会 上海音乐学院 上海七弦古琴文化发展基金会
169	Ⅷ-56	漆器制作技艺	闵行区
170	Ⅷ-57	木牛流马制作技艺	长宁区
171	Ⅷ-58	王宝和蟹宴烹饪技艺	黄浦区
172	Ⅷ-59	永青假发制作技艺	黄浦区
173	Ⅷ-60	兰花栽培技艺	浦东新区
174	Ⅷ-61	赵家花园菊花种植技艺	普陀区

九、 传统医药（2 项）

序号	编号	项 目 名 称	申报地区或单位
175	IX-10	范氏眼科疗法	上海中医药大学附属龙华医院
176	IX-11	益大中药饮片炮制技艺	浦东新区

十、 民俗（3 项）

序号	编号	项 目 名 称	申报地区或单位
177	X-13	圣堂庙会	浦东新区
178	X-14	钱氏家训及其家教传承	上海钱镠研究会
179	X-15	海派膏方文化	上海中医药大学附属曙光医院

上海市非物质文化遗产代表性项目扩展名录
（共计 13 项，随第四批名录一并公布）

一、 传统音乐（3 项）

序号	编号	项 目 名 称	申报地区或单位
2	I-2	上海田山歌	金山区
9	I-9	海派锣鼓	上海市演出行业协会
129	I-11	古琴艺术	上海音乐学院

二、 传统舞蹈（无）

三、 传统戏剧（1 项）

序号	编号	项 目 名 称	申报地区或单位
18	III-6	皮影戏	徐汇区

四、 曲艺（1 项）

序号	编号	项 目 名 称	申报地区或单位
25	VI-5	宣卷	浦东新区

五、 民间文学（无）

六、 传统体育、游艺与杂技（无）

七、 传统美术（5 项）

序号	编号	项 目 名 称	申报地区或单位
38	Ⅶ-4	海派剪纸艺术	松江区
41	Ⅶ-7	连环画	徐汇区
47	Ⅶ-13	石雕	普陀区
96	Ⅶ-16	海派玉雕（水晶雕刻）	普陀区
145	Ⅶ-26	瓷刻	普陀区

八、 传统技艺（无）

九、 传统医药（3 项）

序号	编号	项 目 名 称	申报地区或单位
75	Ⅸ-1	伤科疗法（石氏伤科疗法）	上海中医药大学附属曙光医院
155	Ⅸ-7	外科疗法（夏氏外科疗法）	上海中医药大学附属曙光医院
157	Ⅸ-9	竿山何氏中医文化	上海中医药大学

十、 民俗（无）

注：本扩展名录的序号、编号均为第一批、第二批、第三批上海市非物质文化遗产名录的序号和编号。

第五批上海市非物质文化遗产代表性项目名录
（2015 年公布，共计 41 项）

一、 传统音乐（1 项）

序号	编号	项 目 名 称	申报地区或单位
180	I－16	浙派古筝艺术	上海音乐学院

二、 传统舞蹈（无）

三、 传统戏剧（无）

四、 曲艺（无）

五、 民间文学（3 项）

序号	编号	项 目 名 称	申报地区或单位
181	V－12	川沙民间故事	浦东新区
182	V－13	淀山湖传说	青浦区
183	V－14	崇明俗语	崇明县

六、传统体育、游艺与杂技(3 项)

序号	编号	项 目 名 称	申报地区或单位
184	Ⅵ-12	太极拳	上海鉴泉太极拳社、浦东新区
185	Ⅵ-13	卢式心意拳	普陀区
186	Ⅵ-14	打花棍	闸北区

七、传统美术(5 项)

序号	编号	项 目 名 称	申报地区或单位
187	Ⅶ-30	海上书法	上海市书法家协会
188	Ⅶ-31	上海牙雕	上海工艺美术有限公司工艺美术研究所
189	Ⅶ-32	帛画	上海穆益林帛画艺术馆
190	Ⅶ-33	海派盆景技艺	浦东新区
191	Ⅶ-34	微型明清家具制作技艺	浦东新区

八、传统技艺(22 项)

序号	编号	项 目 名 称	申报地区或单位
192	Ⅷ-62	碑刻传拓及拓片装裱技艺	上海图书馆(上海科学技术情报研究所)
193	Ⅷ-63	青铜器修复技艺	上海博物馆
194	Ⅷ-64	犀皮鬃饰工艺	上海市收藏协会
195	Ⅷ-65	金银玉石镶嵌技艺	上海海派玉雕文化协会
196	Ⅷ-66	传统建筑营造和装饰技艺	上海云丽莎艺术装饰设计有限公司

续表

序号	编号	项 目 名 称	申报地区或单位
197	Ⅷ-67	传统家具制作技艺（海派家具制作技艺、明清家具榫卯制作技艺）	上海亚振家具有限公司 上海紫东阁艺术馆
198	Ⅷ-68	传统木结构营造技艺	上海市房地产学校
199	Ⅷ-69	塈金彩塑	上海市房地产学校
200	Ⅷ-70	传统铜香炉铸造技艺	上海仁巍铜制品有限公司
201	Ⅷ-71	錾刻技艺	徐汇区
202	Ⅷ-72	古书画装裱技艺	徐汇区
203	Ⅷ-73	古船模型制作技艺	浦东新区
204	Ⅷ-74	沉香香品制作技艺	徐汇区
205	Ⅷ-75	香囊制作技艺	杨浦区
206	Ⅷ-76	风筝制作技艺	奉贤区
207	Ⅷ-77	簖具制作技艺	青浦区
208	Ⅷ-78	老大同香糟制作技艺	黄浦区
209	Ⅷ-79	乔家栅糕点制作技艺	徐汇区
210	Ⅷ-80	下沙烧卖制作技艺	浦东新区
211	Ⅷ-81	清真菜点制作技艺	杨浦区
212	Ⅷ-82	精制花茶制作技艺	嘉定区
213	Ⅷ-83	青团制作技艺	奉贤区

九、 传统医药(4项)

序号	编号	项 目 名 称	申报地区或单位
214	Ⅸ-12	丁氏内科疗法	上海中医药大学
215	Ⅸ-13	朱氏妇科疗法	上海中医药大学附属岳阳中西医结合医院

续表

序号	编号	项 目 名 称	申报地区或单位
216	Ⅸ-14	丁氏推拿疗法	上海中医药大学附属岳阳中西医结合医院
217	Ⅸ-15	徐氏儿科疗法	上海中医药大学附属龙华医院

十、 民俗(3 项)

序号	编号	项 目 名 称	申报地区或单位
218	Ⅹ-16	珠算	上海市珠算心算协会
219	Ⅹ-17	三林老街民俗仪式	浦东新区
220	Ⅹ-18	朱泾花灯会	金山区

上海市非物质文化遗产代表性
项目名录扩展项目名录
（共计 16 项，随第五批名录一并公布）

一、 传统音乐（无）

二、 传统舞蹈（1 项）

序号	编号	项 目 名 称	申报地区或单位
86	Ⅱ-5	打莲湘	奉贤区

三、 传统戏剧（1 项）

序号	编号	项 目 名 称	申报地区或单位
16	Ⅲ-4	沪剧	宝山区

四、 曲艺（2 项）

序号	编号	项 目 名 称	申报地区或单位
22	Ⅳ-2	评弹	上海评弹艺术传习所（上海评弹团）
135	Ⅳ-6	上海说唱	浦东新区

图书在版编目（CIP）数据

上海非物质文化遗产发展报告.2017 / 荣跃明主编.
—上海：上海书店出版社，2017.4
ISBN 978 - 7 - 5458 - 1421 - 7

Ⅰ.①上⋯ Ⅱ.①荣⋯ Ⅲ.①非物质文化遗产—研究
报告—上海—2017 Ⅳ.①G 127.51

中国版本图书馆 CIP 数据核字（2017）第 039244 号

责任编辑 王　璇
技术编辑 丁　多
装帧设计 汪　昊

上海非物质文化遗产发展报告（2017）
主　　编　荣跃明
执行主编　毕旭玲

出　　版　上海世纪出版股份有限公司　上海人民出版社　上海书店出版社
　　　　　（200001　上海福建中路 193 号　www.ewen.co）
发　　行　上海世纪出版股份有限公司发行中心
印　　刷　上海叶大印务发展有限公司
开　　本　710×1000mm　1/16
印　　张　21
版　　次　2017 年 4 月第 1 版
印　　次　2017 年 4 月第 1 次印刷
ISBN 978 - 7 - 5458 - 1421 - 7/G.116
定　　价　88.00 元